Guérir l'anxiété pour les nuls

Guérir l'anxiété pour les nuls

Dr Charles H. Elliott
Dr Laura L. Smith
Psychologues

Dr Martine André
pour l'adaptation française

FIRST
Editions

Guérir l'anxiété pour les Nuls

Titre de l'édition américaine : *Overcoming Anxiety for Dummies*

Traduction : Jean-Luc Rostan
Édition : Lisa Marie
Illustrations : Rick Tennant
Mise en page : Florian Hue
Couverture : Catherine Kédémos

ISBN : 978-2-412-02260-3
Dépôt légal : mars 2017

Éditions First, un département d'Édi8
12, avenue d'Italie
75013 Paris – France
Tél. : 01 44 16 09 00
Fax : 01 44 16 09 01
Courriel : firstinfo@editionsfirst.fr
Site Internet : www.pourlesnuls.fr

Sommaire

Introduction

Nous étions tous deux des élèves à l'école primaire dans les années 50 et 60 aux États-Unis. Nous nous souvenons tous les deux des sirènes d'alarme de l'école qui retentissaient et des instituteurs qui nous ordonnaient de nous tapir sous nos pupitres d'écolier en bois avec les mains sur la tête. Cela était censé nous protéger d'une attaque nucléaire imminente. La plupart des enfants suppliaient leurs parents de creuser un trou profond dans le jardin pour y construire un abri contre les bombes. Nous savions tous qu'il était inutile de nous accroupir sous nos pupitres. Nous étions angoissés.

Les élèves peuvent d'aujourd'hui avoir des raisons de se faire aussi du souci : agressions, violence, attentats terroristes, conflits politico-religieux. Les enfants de certains lycées et collèges sont angoissés à l'idée d'aller à l'école.

Le monde d'aujourd'hui nous donne donc des tas de bonnes raisons de nous inquiéter, et il l'a toujours fait. Mais de même que nous ne voulons pas être victimes d'actes de terrorisme, nous ne pouvons pas non plus nous permettre de devenir victimes de l'anxiété. L'anxiété perturbe notre raisonnement et affaiblit notre volonté de vivre à fond notre vie. Pourtant, nous savons qu'une certaine dose d'anxiété est réaliste et inévitable. Et nous pouvons empêcher qu'elle domine nos vies. Même sous la contrainte, nous pouvons garder un certain degré de sérénité ; nous pouvons conserver notre humanité, notre vigueur, et notre joie de vivre. Nous pouvons aimer et rire.

Étant donné que nous croyons dur comme fer à notre robustesse collective, nous avons adopté une approche humoristique et parfois irrévérencieuse pour conquérir l'anxiété. Notre message se fonde sur des méthodes sans danger et dont l'efficacité est prouvée scientifiquement. Mais nous n'allons pas vous ennuyer avec les détails scientifiques. Au contraire, nous vous présentons un ensemble de techniques claires et que l'on peut mettre en œuvre rapidement pour repousser l'anxiété et gagner la guerre contre les soucis.

Pourquoi ce livre ?

En écrivant ce livre, nous avons trois objectifs. D'abord, nous voulons que vous compreniez exactement ce qu'est l'anxiété et quelles sont ses différentes formes. Deuxièmement, nous pensons qu'il est bon que vous connaissiez les aspects négatifs et les aspects positifs de l'anxiété. Enfin, nous traitons ce qui vous intéresse probablement le plus, c'est-à-dire les moyens de découvrir comment vaincre votre propre anxiété.

Contrairement à la plupart des livres, il n'est pas nécessaire que vous commenciez à le lire à la première page pour ne vous arrêter qu'à la fin. Servez-vous du sommaire détaillé pour choisir ce que vous allez lire. Ne vous préoccupez pas de lire des parties dans un ordre particulier. Par exemple, si vous ne voulez vraiment pas beaucoup de renseignements sur le qui, le quoi, le quand, le où et le pourquoi de l'anxiété, n'hésitez pas à sauter la première partie, que vous soyez anxieux ou non. Toutefois, nous vous suggérons de la lire au moins en diagonale, parce qu'elle contient des informations et des renseignements fascinants, ainsi que des idées pour démarrer.

Comment ce livre est organisé

Guérir l'anxiété pour les Nuls est organisé en cinq parties totalisant seize chapitres. En ce moment, nous sommes en train de vous présenter un peu chaque partie.

Première partie : Détecter et mettre à jour l'anxiété

Dans ces deux premiers chapitres, nous vous apportons beaucoup d'informations sur l'anxiété : cela ira de quelles personnes souffrent d'anxiété à pourquoi les gens deviennent anxieux. Nous vous y expliquons les différents types de troubles d'anxiété. Ils ne sont pas tous identiques, et nous vous expliquons quelles sont les personnes les plus exposées, et pourquoi.

Deuxième partie : Les thérapies de la pensée

Dans la deuxième partie, vous allez découvrir comment les pensées contribuent aux sentiments d'anxiété. Nous allons vous montrer diverses techniques éprouvées qui permettent de transformer les pensées anxiogènes en pensées sereines.

Troisième partie : Les actions anti-anxiété

L'une des meilleures manières de s'attaquer à l'anxiété, c'est par l'action. Ici, pas de poules mouillées ! Nous allons vous montrer comment regarder vos peurs en face et comment les vaincre. Nous explorons également d'autres actions anxiolytiques (anti-anxiété), comme les changements de votre style de vie.

Quatrième partie : Concentrez-vous sur les émotions

Cette partie est un véritable creuset d'idées pour dompter les émotions anxieuses. Cela va des techniques de respiration spéciales aux voyages imaginaires en passant par diverses préparations médicinales pour détendre votre corps et votre esprit. Nous vous informons des derniers résultats de la recherche scientifique sur les plantes médicinales, les compléments alimentaires et les médicaments, en vous indiquant ce qui marche et ce qui ne marche pas.

Cinquième partie : La partie des Dix

Que vous cherchiez une solution rapide ou simplement une vue d'ensemble, jetez un œil à ces listes utiles, dont voici les titres : dix manières de stopper rapidement l'anxiété ; dix approches pour gérer une rechute.

Les icônes utilisées dans ce livre

À ESSAYER

Cette icône indique un conseil particulier pour se débarrasser de l'anxiété.

TEST D'ANXIÉTÉ

Cette icône indique que vous pouvez faire un petit test. Ne vous en faites pas, ils ne sont pas notés !

N'OUBLIEZ PAS !

Cette icône est placée là où nous voulons attirer votre attention. Veuillez lire les informations cruciales qu'elle signale.

CONSEIL

Cette icône vous signale des conseils ou des éclaircissements importants pour le discernement.

ATTENTION !

Cette icône est placée là où vous devez être prudent ou consulter un professionnel de santé.

Et maintenant ?

Guérir l'anxiété pour les Nuls vous propose les meilleurs conseils fondés sur la recherche scientifique dans le domaine des troubles anxieux. Nous savons que si vous mettez en œuvre les techniques et les stratégies présentées, il est très probable que vous serez plus calme qu'auparavant. Pour la plupart des gens, ce livre devrait être un guide complet pour combattre l'anxiété et la peur.

Toutefois, certaines formes d'anxiété plus récalcitrantes nécessitent davantage de soins et d'attention. Nous conseillons à ceux dont l'anxiété gêne de façon significative la vie professionnelle ou la vie privée de consulter un professionnel de la santé. Commencez par votre médecin de famille. L'anxiété, ça se surmonte. Donc n'abandonnez pas !

Toutefois, certaines formes d'anxiété plus récalcitrantes nécessitent davantage de soins et d'attention. Nous conseillons à ceux dont l'anxiété gêne de façon significative la vie professionnelle ou la vie privée de consulter un professionnel de la santé. Commencez par votre médecin de famille. L'anxiété, ça se surmonte. Donc n'abandonnez pas !

1

Détecter et mettre à jour l'anxiété

« LA TRANSPIRATION SOUDAINE, LA RESPIRATION SUPERFICIELLE ET L'ACCÉLÉRATION DU RYTHME CARDIAQUE SONT TOUS DES SIGNES D'ANXIÉTÉ. POURTANT, LE FAIT QUE TOUS CES SYMPTÔMES N'APPARAISSENT QUE LORSQUE LE TECHNICIEN QUI EST CHARGÉ DE L'ENTRETIEN DE VOTRE PISCINE TRAVAILLE DANS VOTRE JARDIN, SOULÈVE QUELQUES QUESTIONS »

DANS CETTE PARTIE...

Tout en explorant les tenants et les aboutissants de l'anxiété, nous allons vous parler de l'épidémie d'anxiété qui sévit et vous montrer comment l'anxiété affecte le corps tout entier. Dans cette partie, nous vous présentons toutes les principales catégories de troubles anxieux, et avec un aperçu de ce que vous pouvez faire pour réduire l'anxiété. Vous allez voir qu'il est facile de se bloquer en s'attaquant à sa propre anxiété, et nous allons vous expliquer comment éviter ce piège. Finalement, nous allons vous donner les moyens de dépister votre anxiété, et vous pourrez vous réjouir des progrès que vous ne manquerez pas de faire dans la réduction de votre anxiété.

Chapitre 1

Analysez votre anxiété, et passez à l'action !

DANS CE CHAPITRE :

- **L'anxiété : elle se développe par bonds**
- **L'anxiété, on en paie la note**
- **Comprendre les symptômes de l'anxiété**
- **Jouer avec les phobies**
- **Le choix du bon plan pour combattre l'anxiété**

L'anxiété, le stress, les soucis. Tout le monde en a à un moment ou à un autre. Mais l'anxiété fait souffrir un nombre surprenant de personnes. Elle cause des ravages dans les foyers, détruit des couples, est cause d'absentéisme chez les employés, et empêche ses victimes de vivre des vies productives et épanouies.

Lorsque les gens parlent de leur anxiété, on entend souvent l'une ou plusieurs des descriptions suivantes :

- Je n'arrive pas à trouver les mots pour décrire mes sentiments. C'est comme l'effroi et l'échec, mais un millier de fois pire. Je veux hurler, appeler à l'aide, mais je suis paralysé. C'est la pire des sensations du monde.
- Lorsque mon accès de panique commence, je sens que ma poitrine est prise dans un étau. C'est comme si j'étais en train de me noyer, de suffoquer, et je me mets à transpirer. Ce sentiment de peur me submerge. J'ai l'impression que je vais mourir, et je dois m'asseoir rapidement pour éviter de m'évanouir.

- Je me sens seul. J'ai toujours été effroyablement timide. Je veux avoir des amis, mais je suis trop gêné pour appeler qui que ce soit. J'ai l'impression que celui ou celle que j'appellerais pensera de toute façon que je ne vaux pas la peine qu'on me parle.
- Je me réveille chaque matin avec des soucis, même les week-ends. J'ai l'impression de n'en avoir jamais fini, il y a toujours une liste de choses à régler, toujours des responsabilités. Je me fais du souci tout le temps. Parfois, lorsque ça va vraiment mal, je pense à aller me coucher pour ne plus jamais me réveiller.

Dans ce chapitre, vous allez apprendre à reconnaître les symptômes de l'anxiété. Nous donnons aussi un éclairage sur les coûts de l'anxiété, ceux de la personne touchée et ceux de la collectivité. Nous allons passer brièvement en revue les traitements présentés plus dans le détail dans des chapitres ultérieurs, et vous donner un outil pour choisir celui qui conviendra peut-être le mieux à votre personnalité pour surmonter l'anxiété.

L'anxiété : tout le monde est concerné

On estime qu'environ 25 millions d'Américains souffrent d'un trouble d'anxiété chaque année, et certaines prévisions indiquent que jusqu'à 25 % de tous les Américains pourront souffrir d'un trouble d'anxiété à un moment ou à un autre de leur vie. Les statistiques peuvent varier quelque peu d'un pays à l'autre, il n'empêche que l'anxiété est le plus courant des troubles mentaux du monde. Et même si vous ne souffrez pas d'un véritable trouble d'anxiété, il est possible que vous soyez plus anxieux que vous ne le souhaitez.

En d'autres termes, vous n'êtes aucunement seul(e) si vous souffrez d'anxiété. Et les chiffres ont augmenté au cours des années. À aucune autre période de l'histoire l'anxiété n'a tourmenté autant de gens qu'elle ne le fait aujourd'hui. Pourquoi ?

La vie n'a jamais été aussi compliquée qu'elle ne l'est de nos jours. Les conditions de travail se sont dégradées. Les familles séparées et mélangées causent des difficultés grandissantes qu'il faut gérer. Les journaux télévisés claironnent les dernières catastrophes dans votre salon. Les journaux et les magazines font la chronique des crimes, des guerres et de la corruption. Le terrorisme a atteint de nouveaux sommets. Le portrait par les médias de ces fléaux modernes est fait à l'aide d'images tout en couleurs dont les détails graphiques atteignent une précision inconnue à ce jour.

Malheureusement, bien que le monde soit aussi stressant et anxiogène (générateur d'anxiété), seule une minorité de personnes qui souffrent d'anxiété cherche à se soigner. C'est un problème, parce que l'anxiété cause non seulement de la douleur émotionnelle et de l'angoisse, mais aussi la mort, étant donné qu'elle contribue parfois à la décision de se suicider. En outre, l'anxiété occasionne des coûts élevés pour la société.

Le calcul des coûts de l'anxiété

L'anxiété coûte cher. Pour celui qui en souffre, elle a un coût émotionnel, physique et financier. Mais cela ne s'arrête pas là. L'anxiété impose également un fardeau financier à tous. Le stress, les soucis et l'anxiété dérangent les relations, le travail et la vie de famille.

Quels sont pour vous les coûts de l'anxiété ?

Il est évident que si vous avez un problème d'anxiété, vous faites face au coût des sentiments d'angoisse et d'anxiété. Avec de l'anxiété, on se sent horriblement mal. Pas besoin de lire un livre pour savoir ça. Mais saviez-vous que l'anxiété que l'on ne soigne pas se paie elle aussi, et ce, de diverses manières ? Ces coûts comprennent :

» **Un prix physique** : une tension artérielle plus élevée, des maux de tête dus à la tension et des symptômes gastro-intestinaux peuvent vous affecter. En fait, des recherches récentes ont montré que certains types de troubles anxieux chroniques modifient les structures du cerveau.

- **Un prix à payer par vos enfants** : les parents anxieux ont plus souvent que d'autres des enfants anxieux. C'est partiellement héréditaire, mais aussi dû au fait que les enfants apprennent en observant.
- **L'obésité !** L'anxiété et le stress augmentent la production de cortisol, l'hormone de stress. Celle-ci entraîne le stockage de graisses dans la région abdominale, ce qui augmente le risque de maladie cardiaque et d'attaque d'apoplexie. Le stress induit également que l'on mange davantage.
- **Davantage de visites chez le médecin** : car ceux qui souffrent d'anxiété ont souvent des symptômes physiques inquiétants. En outre, ils se font souvent beaucoup de souci au sujet de leur santé.
- **Des problèmes de couple** : les personnes qui souffrent d'anxiété sont souvent irritables. Parfois, elles se retirent sur le plan émotionnel, ou adoptent l'attitude inverse et se cramponnent à leur partenaire.
- **L'absentéisme** : elles sont plus souvent absentes au travail que d'autres personnes, à cause de leurs efforts pour dompter temporairement leur angoisse.

Les coûts supportés par la société

L'anxiété a un coût élevé en France et dans le monde. Même les pays qui dépensent peu dans le domaine de la santé mentale subissent des coûts substantiels relatifs aux troubles anxieux. Ces coûts comprennent :

- Une baisse de productivité ;
- Des frais médicaux ;
- Des médicaments.

TU ME FENDS LE CŒUR !

Deux études récentes ont montré un lien crucial entre l'anxiété et les maladies cardiaques. Une enquête menée à l'Université Duke aux États-Unis a divisé un nombre de patients souffrant de troubles cardiaques en trois groupes : un groupe de personnes qui font de l'exercice, un groupe qui pratique la gestion du stress, et un groupe avec l'emploi du temps normal. Au bout de cinq ans, le groupe qui pratiquait la gestion du stress avait moins de nouveaux problèmes cardiaques que les deux autres groupes. Bien qu'il s'agisse d'une petite étude, un chercheur a conclu que la gestion du stress et de l'anxiété constitue l'un des outils les plus puissants contre les maladies cardiaques. L'autre étude, publiée dans le numéro de janvier 2002 du journal Stroke (« accident cérébral »), a établi que les personnes qui souffrent d'anxiété et de dépression risquent davantage que d'autres de mourir d'un accident cérébral que celles qui n'ont pas ces problèmes psychologiques.

La baisse de productivité dans une entreprise est souvent due aux effets nuisibles de l'anxiété sur la santé du personnel voire aux tentatives de suicide liées à une anxiété majeure. Mais les pertes financières provenant de l'absentéisme et des soins médicaux n'incluent pas les euros perdus dans l'abus de médicaments, auxquels ont recours de nombreux anxieux pour faire face à leur problème d'anxiété. Partant, de manière directe et indirecte, l'anxiété fait payer un lourd tribut à la fois à la personne qui en souffre et à la société en général.

Reconnaissez les symptômes de l'anxiété

Il se peut que vous ne sachiez pas que vous souffrez d'anxiété ou d'un trouble anxieux. Car l'anxiété se manifeste par un nombre assez important de symptômes. Chaque personne fait l'expérience d'une constellation de ces symptômes, et cette constellation est légèrement différente d'une personne à l'autre. Votre constellation personnelle détermine le type de trouble d'anxiété que vous pourriez avoir. Nous exposons les différents types d'anxiété en détail au **chapitre 2**.

Pour le moment, sachez que certains signes d'anxiété apparaissent sous la forme de *pensées* ou de *croyances*. D'autres signes indicateurs d'anxiété se manifestent par des *sensations corporelles*. D'autres symptômes encore apparaissent sous la forme de *comportements* anxieux. Chez certaines personnes on observe les trois types de symptômes, tandis que chez d'autres elle ne se manifeste que d'une ou de deux façons.

Le mode de pensée anxiogène

Dans la deuxième partie, nous traitons la pensée anxiogène dans le détail. Mais pour commencer, les anxieux pensent en général d'une manière qui diffère de celle dont pensent les autres. Vous êtes probablement anxieux si :

CONSEIL

- Vous dépendez toujours de l'approbation des autres ;
- Vous vivez dans l'avenir en prédisant le pire ;
- Vous exagérez ;
- Vous êtes perfectionniste ;
- Vous avez une mauvaise concentration ;
- Vos pensées affluent sans cesse.

Détectez l'anxiété dans votre corps

Quasiment toutes les personnes qui souffrent d'une forme grave d'anxiété font l'expérience de ses effets physiques. Ces sensations ne se produisent pas simplement dans votre tête, elles sont aussi réelles que ce livre que vous tenez dans les mains. Les réponses à l'anxiété varient considérablement d'une personne à l'autre. Elles peuvent prendre la forme :

CONSEIL

- de l'accélération du rythme cardiaque ;
- d'une poussée d'hypertension ;
- de vertiges ;
- de fatigue ;
- de troubles gastro-intestinaux ;

- de douleurs et de maux généralisés ;
- de tension musculaire ou de spasmes musculaires ;
- de transpiration.

Il s'agit simplement des effets temporaires de l'anxiété sur le corps. L'anxiété chronique non soignée représente des risques sérieux pour la santé. Nous expliquons les effets sur la santé en général de façon plus détaillée au **chapitre** 2.

DEVINEZ LE NOM DE CETTE PHOBIE !

Nom technique	Signifie une peur de
1. Ophidiophobie	A. Vieillir
2. Zoophobie	B. Dormir
3. Gérascophobie	C. L'esprit
4. Acrophobie	D. L'imperfection
5. Lachanophobie	E. Des serpents
6. Hypnophobie	F. De la peur
7. Atélophobie	G. De la nouveauté
8. Phobophobie	H. Des animaux
9. Sesquipedalophobie	I. Des petites choses
10. Néophobie	J. Des miroirs
11. Psychophobie	K. Des hauteurs
12. Tapinophobie	L. Des longs mots
13. Eisoptrophobie	M. Des légumes

Réponses : 1-E, 2-H, 3-A, 4-K, 5-M, 6-B, 7-D, 8-F, 9-L, 10-G, 11-C, 12-I, 13-J.

Le comportement anxieux

Nous avons trois mots pour décrire le comportement anxieux : évitement, évitement, évitement. Les anxieux essaient inévitablement de se tenir à l'écart de ce qui cause leur anxiété. Qu'il s'agisse de serpents, de hauteurs, de foules, d'autoroutes, de fêtes, de payer leurs factures, de souvenirs de fichus moments, ou de parler en public, les anxieux cherchent à s'échapper.

À court terme, l'évitement réduit le niveau d'anxiété. Il vous permet peut-être de vous sentir un peu mieux. Toutefois, à long terme, l'évitement maintient et augmente le niveau d'anxiété. Nous traitons le rôle que joue l'évitement dans l'encadré « Éviter, cela ne fait qu'augmenter l'anxiété » du **chapitre** 2. Au **chapitre** 6, nous vous donnons des outils pour démolir l'évitement.

L'un des exemples les plus courants et les plus évidents de comportement d'évitement induit par l'anxiété, c'est la manière dont les gens réagissent à leurs phobies. Avez-vous déjà vu la réaction d'une personne souffrant d'une phobie des araignées lorsqu'elle se trouve en présence de l'une de ces bestioles ? D'habitude, la personne concernée bat en retraite en toute hâte.

Faites-vous aider pour combattre votre anxiété

Comme nous l'avons dit plus haut, la plupart des gens choisissent simplement de vivre avec leur anxiété plutôt que de chercher de l'aide. Certains craignent que le traitement ne marche pas. D'autres croient que le seul traitement efficace disponible sera à base de médicaments, et ils détestent l'éventualité d'effets secondaires. D'autres encore tremblent en pensant au coût d'une assistance. D'autres enfin craignent que s'attaquer à leur anxiété puisse provoquer une augmentation telle de leur peur qu'ils ne pourraient plus la supporter.

CONSEIL

Bon, arrêtez d'ajouter souci sur souci. Vous allez pouvoir réduire votre anxiété de façon significative grâce à diverses techniques intéressantes. La plupart de celles-ci ne devront pas vous coûter un centime. Et si l'une d'entre elles ne marche pas, essayez-en une autre. La plupart des gens trouvent qu'au moins deux des approches que nous présentons ici ont marché pour eux.

ATTENTION !

L'anxiété non soignée peut causer des problèmes de santé à long terme. Cela n'a aucun sens d'essayer d'éviter de faire quelque chose contre votre anxiété.

Les bonnes thérapies en fonction des symptômes

Les symptômes d'anxiété peuvent être regroupés en trois catégories :

- » Les pensées ;
- » Les comportements ;
- » Les émotions.

Les traitements correspondent à chacune des trois catégories.

Les thérapies cognitives

L'une des thérapies les plus efficaces pour traiter toute une série de problèmes affectifs, la *thérapie cognitive*, ou thérapie de la pensée, traite la manière dont vous voyez, percevez et interprétez tout ce qui est important pour vous, y compris :

- » Les opinions que vous avez de vous-même ;
- » Les événements qui se produisent dans votre vie ;
- » Votre avenir.

N'OUBLIEZ PAS !

Lorsqu'une personne se sent plus anxieuse et se fait plus de souci que d'habitude, elle déforme inévitablement sa manière de voir ces choses. Cette déformation peut en fait causer une bonne part de son anxiété.

Par exemple **Anne**, une jeune étudiante, est physiquement malade avant chaque examen. Elle vomit, elle a la diarrhée, et son cœur bat la chamade. Elle s'imagine qu'elle va échouer à chaque test et que l'université va finir par la renvoyer. Pourtant, sa plus mauvaise note à ce jour est un 12 sur 20. Une approche cognitive l'aiderait à capturer les prédictions négatives et les résultats catastrophiques qui traversent son esprit. Ensuite, elle la guiderait pour chercher la preuve de ses véritables résultats et réaliser une évaluation plus réaliste de ses véritables chances d'échec.

Aussi simple que cette approche semble être, des centaines d'études ont prouvé qu'elle marche bien pour réduire l'anxiété. La deuxième partie de ce livre présente diverses techniques de thérapie cognitive, encore appelée thérapie par la pensée.

Les thérapies comportementales

Un autre type de thérapie très efficace est connu sous le nom de *thérapie comportementale*. Comme le nom l'indique, cette approche s'intéresse aux actions que l'on peut entreprendre et aux comportements que l'on peut adopter pour soulager l'anxiété. Certaines actions sont assez simples :

- Faites davantage d'exercice (voir le **chapitre** 8).
- Simplifiez votre vie (voir le **chapitre** 7).
- Dormez davantage (voir le **chapitre** 9).

Un autre type d'action peut être un peu plus effrayante, c'est l'*exposition* : il s'agit d'analyser vos peurs pour former des étapes d'exposition graduellement croissante à ces peurs et de les maîtriser l'une après l'autre. Pour en savoir plus sur l'exposition, rendez-vous au **chapitre** 6.

Les thérapies des émotions, pour apaiser la tempête intérieure

L'anxiété déclenche une tempête de symptômes physiques pénibles, tels qu'un cœur qui bat très rapidement, des troubles de la digestion, de la tension musculaire, de la transpiration, des vertiges, etc.

Nous avons diverses propositions pour vous aider à dompter cette agitation. Vous pourriez essayer les remèdes par les plantes. Si vous souhaitez en savoir plus sur les tisanes et les plantes médicinales contre l'anxiété, rendez-vous au **chapitre** 12. Certains de ces remèdes semblent très bien fonctionner, alors que d'autres sont plus affaire de mode que véritables remèdes.

Avez-vous 5 minutes que vous pouvez retrancher de votre emploi du temps quotidien ? Si oui, vous pouvez essayer plusieurs de nos stratégies de relaxation en 5 minutes. La clé de toutes les techniques de relaxation est très simple : si vous êtes détendu, il est assez difficile d'être anxieux. Voyez le **chapitre** 10 pour des manières rapides et faciles de se détendre.

D'autre part, certains choisissent de prendre des médicaments. Si c'est votre choix, le **chapitre** 13 vous présente les options disponibles. La décision de prendre des médicaments implique plusieurs coûts et avantages, que vous devriez attentivement soupeser. Nous vous donnons les outils pour prendre cette décision.

Où commencer ?

Nous avons organisé ce livre de telle sorte que vous puissiez commencer à le lire où vous le souhaitez. Mais vous vous demandez peut-être si un ensemble de stratégies pouvait mieux marcher pour vous qu'un autre. Bien que nous ne puissions vraiment pas prédire avec certitude ce qui marchera le mieux pour vous, nous avons en revanche un guide destiné à vous aider à choisir l'approche qui pourrait sembler la plus compatible avec vos efforts initiaux. D'autre part, si vous souhaitez simplement lire le livre du début à la fin, c'est très bien aussi.

Dans le test sur l'anxiété qui suit, cochez tous les éléments qui s'appliquent à votre situation. Si vous avez coché plus d'éléments dans une catégorie que dans les autres, vous pourriez envisager de commencer par la partie du livre qui y est consacrée. Par exemple, la deuxième partie est spécialement consacrée aux « penseurs », aux personnes intellectuelles, et elle présente la thérapie cognitive ; la troisième partie s'adresse aux battants, aux « hommes et aux femmes d'action », et elle donne les éléments essentiels des thérapies comportementales et d'autres actions directes que l'on peut entreprendre contre l'anxiété ; la quatrième partie est consacrée aux personnes sensibles, émotives, qui pourraient tirer le plus grand profit des techniques destinées à dompter les sensations corporelles et les sentiments troublants. Si vous cochez un nombre égal d'affirmations dans deux ou trois catégories, voyez si l'une des catégories vous correspond mieux et commencez par celle-là.

TEST D'ANXIÉTÉ

Les penseurs (voir la deuxième partie pour vous attaquer à ce problème)

- J'aime analyser les problèmes.
- J'aime soigneusement évaluer les avantages et les inconvénients.
- J'aime bien traiter des faits.
- J'aime les choses logiques.
- J'aime prévoir les choses.

Les battants (voir la troisième partie)

- Si j'ai un problème, j'agis immédiatement.
- J'adore faire avancer les choses.
- Je suis dynamique.
- Je suis une personne active.
- Je déteste ne rien avoir à faire.

Les personnes sensibles (voir la quatrième partie)

- Je suis toujours conscient de chaque sensation de gêne de mon corps.
- Je déteste le sentiment d'anxiété.
- J'adore me plonger dans les arts.
- La musique me parle.
- J'adore la sensation causée par un massage ou un bain chaud.

Pour trouver l'aide appropriée

Donc si vous décidez que vous avez besoin d'aide, où aller ? Nous pensons qu'étant donné que vous lisez ce livre, il n'est pas présomptueux de supposer que vous souffrez d'anxiété ou qu'une personne que vous connaissez en souffre. Et que vous aimeriez probablement vous attaquer vous-même à ce problème. Ce livre est un guide pour s'aider soi-même, après tout.

CONSEIL

Aide-toi, le ciel t'aidera. Il est parfois possible de faire face à des problèmes importants et difficiles à résoudre sans l'aide d'un professionnel de santé. Ceux qui s'aident eux-mêmes en bénéficient nettement. Leur état s'améliore et reste meilleur.

La plupart des techniques proposées ici sont fondées sur des méthodes qui ont fait leurs preuves. Si la science n'a pas encore prouvé la valeur d'une approche particulière, nous prenons soin de vous le signaler.

Quelles que soient les sources, les techniques ou les stratégies que vous allez choisir, surmonter l'anxiété, ce sera l'un des défis les plus gratifiants que vous aurez jamais relevés. Cette entreprise vous effrayera peut-être au début, et le processus commencera peut-être lentement pour avoir ensuite des hauts et des bas. Mais accrochez-vous, et nous sommes sûrs que vous finirez par sortir des marécages de l'anxiété pour atteindre la terre ferme de la sérénité !

Chapitre 2

Qu'est-ce que l'anxiété ?

DANS CE CHAPITRE :

» **Les types d'anxiété**

» **Comment savoir si vous avez un problème d'anxiété ?**

» **Les fausses alertes : symptômes de l'anxiété, mais causes différentes**

» **Voyez comment l'anxiété affecte votre corps**

Les symptômes physiques de l'anxiété peuvent constituer une partie de ce que l'on ressent normalement et chaque jour. Mais parfois, ils signalent quelque chose de plus grave. Comment allez-vous ? Avez-vous déjà pensé que vous aviez une dépression nerveuse, ou vous êtes-vous déjà demandé avec angoisse si vous n'étiez pas en train de devenir fou ?

Dans ce chapitre, nous vous aidons à trouver ce qui se passe vraiment, que vous souffriez ou non d'un trouble d'anxiété, d'anxiété normale ou de quelque chose d'autre. Vous apprendrez aussi comment votre corps répond à l'anxiété.

Pour montrer la différence entre quelque chose d'aussi grave qu'un trouble d'anxiété et une réaction normale, lisez la description qui suit et mettez-vous dans la peau de Stéphanie pendant 10 minutes.

Au début, **Stéphanie** se sent agitée avec un léger sentiment d'ennui. Debout, elle se balance d'un pied sur l'autre. En marchant un peu en avant, elle remarque une légère tension dans sa poitrine. Sa respiration s'accélère. Elle ressent un mélange bizarre d'excitation et de tension croissante. Elle s'assied et fait de son mieux pour se détendre, mais l'anxiété continue de s'intensifier. Tout à coup, son corps est ébranlé par une forte secousse. Elle s'agrippe aux deux côtés de la chaise et serre les dents pour réfréner un cri. Elle a l'impression qu'elle est sur le point de vomir tout son estomac. Puis les choses se calment. Elle sent son cœur qui bat la chamade et son visage en train de rougir. Puis son estomac semble de nouveau vouloir absolument sortir par sa bouche. Les émotions de Stéphanie se déchaînent. Le vertige, la peur et une sensation de précipitation la submergent comme des vagues, l'une après l'autre.

Vous vous demandez peut-être ce que Stéphanie peut bien avoir. Peut-être souffre-t-elle d'un trouble d'anxiété. Peut-être fait-elle une dépression nerveuse. Peut-être est-elle en train de devenir folle.

Mais en fait, Stéphanie a passé ces 10 minutes, et de nombreuses autres, dans un parc d'attractions. D'abord, elle a fait la queue pour acheter un ticket, et elle s'est ennuyée. Puis, elle a tendu son ticket à l'ouvreur et s'est installée dans un chariot de montagnes russes. Nous pensons que vous avez compris la suite. Stéphanie n'a pas de trouble d'anxiété, elle ne fait pas de dépression nerveuse et elle n'est pas non plus en train de devenir folle. Comme son histoire l'illustre si bien, les symptômes de l'anxiété peuvent être une réaction normale aux événements de la vie.

Les sept principaux types d'anxiété

L'anxiété prend des formes diverses. Le mot anxieux vient du mot latin angere qui signifie « étrangler » ou « étouffer ». La sensation d'étouffement ou de tension dans la gorge ou la poitrine est un symptôme courant de l'anxiété. Pourtant, l'anxiété implique aussi d'autres symptômes, comme la transpiration, les tremblements, la nausée et des battements de cœur accélérés ; l'anxiété peut également inclure des peurs – la peur de perdre le contrôle ou la peur d'être malade ou de mourir. En outre, les gens qui ont un niveau d'anxiété trop élevé évitent de manière excessive diverses situations, certaines personnes, certains animaux ou objets. Les psychologues et les psychiatres ont compilé une liste de sept catégories principales de troubles d'anxiété :

- Trouble d'anxiété généralisé (TAG) ;
- Phobie sociale ;

- » Trouble panique ;
- » Agoraphobie ;
- » Phobie spécifique ;
- » État de stress post-traumatique ;
- » Trouble obsessionnel compulsif (TOC).

ATTENTION !

Dans ce chapitre, nous décrivons les signes et les manifestations de chacun des principaux types de troubles d'anxiété. On sait que les étudiants en médecine croient avoir chacune des nouvelles maladies qu'ils sont en train d'étudier. Les lecteurs de livres de psychologie font parfois de même. Ne paniquez pas si l'un de vos proches souffre des mêmes symptômes. Quasiment tout le monde en a quelques-uns.

CONSEIL

Pas besoin d'un diagnostic détaillé pour trouver que vous avez un problème d'anxiété. Nombreux sont ceux qui ont davantage d'anxiété qu'ils ne le souhaitent, mais leur état ne correspond pas complètement à un trouble d'anxiété type.

ATTENTION !

Seul un professionnel de la santé mentale pourra vous dire avec certitude de quel type d'anxiété vous souffrez, parce que d'autres troubles peuvent y ressembler, y compris des problèmes médicaux couverts dans la section sur les causes d'origine médicale de symptômes semblables à l'anxiété du présent chapitre.

Bien que nous décrivions les principaux signes et symptômes de chaque type d'anxiété, afin que vous puissiez vous faire une idée de la catégorie à laquelle votre type d'anxiété pourrait correspondre, pour vraiment comprendre le type de votre anxiété, il faudra que vous consultiez un professionnel de la santé mentale. Et si vous consultez un professionnel, les idées de ce livre pourront contribuer à soulager vos problèmes d'anxiété.

Le trouble d'anxiété généralisé

Certains considèrent le trouble d'anxiété généralisé (TAG) comme le plus fréquent des troubles d'anxiété. Car le trouble d'anxiété généralisé, que l'on désigne aussi par l'acronyme TAG, accable plus de personnes dans le monde entier que tout autre trouble d'anxiété. Donc si vous-même ou l'un de vos proches en souffrez, vous êtes en bonne compagnie. Les sujets sont dans un état de tension et d'inquiétude qui dure depuis longtemps et qui est quasi permanent. Mais si vous avez des soucis en rapport avec la réalité, cela ne veut pas dire que vous souffrez d'un TAG. Par exemple, si vous vous faites du souci au sujet de votre situation financière alors que vous venez juste de perdre votre emploi, ce n'est pas un TAG, c'est la vie bien réelle ! En revanche, si vous vous faites constamment du souci au sujet de l'argent et que vous vous appelez Bill Gates, alors là, vous avez peut-être bien un TAG !

CONSEIL

Vous souffrez peut-être d'un TAG si votre anxiété s'est manifestée presque chaque jour au cours des six derniers mois. Vous essayez d'arrêter de vous faire du souci, mais vous ne pouvez pas vous en empêcher. Et vous êtes souvent confronté à plusieurs des problèmes suivants :

- » Vous êtes agité, souvent irritable, crispé, nerveux ou tendu.
- » Vous vous fatiguez facilement.
- » Vos muscles sont tendus, surtout dans le dos, le cou ou les épaules.
- » Vous avez des difficultés à vous concentrer, à vous endormir ou à rester endormi.

Tout le monde n'a pas les mêmes symptômes d'anxiété. C'est pourquoi seul un professionnel est en mesure d'établir un diagnostic. Certaines personnes se plaignent d'autres problèmes, comme de crispations nerveuses, de tremblements, d'une respiration courte, de transpiration, d'une bouche sèche, de troubles de la digestion, elles se sentent malades, sont facilement effrayées, éprouvent des difficultés à avaler, et ne réalisent pas qu'en fait elles souffrent d'un TAG.

Le profil de l'exemple suivant illustre la forme que peut prendre un TAG. Dans un métro, **Bruno** tape légèrement du pied, nerveusement. Il cambre le dos pour étirer les muscles de ses épaules tendues et regarde l'heure à sa montre, en s'inquiétant qu'il pourrait arriver avec 3 ou 4 minutes de retard au travail. Il déteste être en retard. Il n'a pas dormi beaucoup la nuit dernière parce que les pensées sur la présentation des plans d'un nouveau centre touristique ont envahi son sommeil ; il est habituel qu'une préoccupation ou une autre dérange le sommeil de Bruno. Il lutte pour se concentrer sur le journal qu'il tient entre ses mains, et réalise qu'il ne peut pas se rappeler ce qu'il vient juste de lire.

En arrivant au bureau, Bruno s'adresse d'un ton sec à sa nouvelle assistante. Après s'être mis en colère à cause d'elle, il ressent un remord immédiat et se réprimande lui-même, ce qui augmente encore son niveau d'anxiété. Ses collègues lui disent souvent de se calmer. Ses résultats ont toujours surpassé les attentes de son employeur, et il n'a donc aucune raison d'avoir peur de perdre son emploi. Pourtant, il se fait du souci. Bruno souffre d'un trouble d'anxiété généralisé.

La phobie sociale

Les personnes qui souffrent de phobie sociale ont peur d'être exposées à l'examen des autres. Elles ont souvent peur de se produire ou de parler en public, d'aller à des fêtes, de rencontrer de nouvelles personnes, de faire partie de groupes, de manger en public et/ou d'interagir avec les personnes en position d'autorité. Elles trouvent ces situations difficiles parce qu'elles s'attendent à recevoir des jugements humiliants de la part des autres. Elles croient être d'une manière ou d'une autre mauvaises et incompétentes. En conséquence, elles supposent qu'elles vont rater leur discours, renverser leur boisson, serrer des mains avec la main moite, ou commettre n'importe quel autre faux pas social et donc se retrouver gênées.

LE PARADOXE DE LA PHOBIE SOCIALE

En raison de l'anticipation et de la peur de l'humiliation, les personnes qui souffrent de phobie sociale se retirent et évitent les situations sociales à chaque fois que c'est possible. Lorsqu'elles sont contraintes à de telles rencontres, elles inhibent leurs réactions afin d'éviter de dire ou de faire quelque chose qui pourrait selon elles être perçu comme étant stupide. Ces personnes évitent souvent de regarder leur interlocuteur dans les yeux, elles restent souvent à l'écart, contribuent peu à une conversation et ont en général l'air coincées.

Malheureusement, la peur qu'ont ces gens de s'exprimer les fait parfois sembler peu amicaux, froids, distants et/ou égocentrés. Ces personnes souffrent en fait d'une peur intense dans ces circonstances, et elles réagissent avec surprise lorsqu'on leur dit qu'elles ont l'air égocentrées et inamicales. Parfois, elles se rendent compte que d'autres les trouvent inamicales, ce qui ne fait qu'apporter de l'eau au moulin de leur phobie pour les convaincre que les autres ne vont pas les aimer et qu'elles ne savent pas comment dialoguer avec succès. En d'autres termes, un cercle vicieux s'est installé, plus le phobique essaie d'éviter les réactions négatives, plus les autres réagissent négativement à ce comportement.

N'OUBLIEZ PAS !

Tout le monde est gêné ou nerveux de temps en temps, surtout dans des situations nouvelles. Par exemple, si vous avez des peurs sociales depuis moins de six mois, il est possible que vous ne souffriez pas de phobie sociale. Ce peut être une réaction temporaire à un nouveau stress, par exemple à un déménagement dans un nouveau voisinage ou à un nouvel emploi. Toutefois, il est possible que vous souffriez de phobie sociale si vous observez sur vous-même les symptômes suivants pendant une période prolongée :

- Vous avez peur des situations dans lesquelles des personnes qui ne vous sont pas familières sont présentes ou bien dans lesquelles on pourrait vous observer ou vous évaluer d'une manière ou d'une autre.
- Lorsque vous êtes obligé de vous trouver dans une situation inconfortable en société, votre niveau d'anxiété s'accroît fortement. Par exemple, si vous avez peur de parler en public, votre voix tremble, et vos genoux se

mettent à trembler au moment où vous commencez à parler.

» Vous vous rendez compte que votre peur est plus grande que la situation ne le justifie vraiment. Par exemple, si vous avez peur de rencontrer de nouvelles personnes, logiquement vous savez que rien d'horrible ne se produira, mais des vagues d'adrénaline et d'anticipation craintive vous courent à travers les veines.

» Vous évitez les situations qui vous font peur autant que vous le pouvez ou vous ne les endurez qu'avec beaucoup de douleur.

Lisez l'histoire qui suit au sujet d'un événement dans la vie d'une personne souffrant de phobie sociale, et voyez si certains éléments vous semblent familiers.

Quentin, célibataire de 35 ans, beau parti, souhaite une relation de couple sérieuse. Les femmes trouvent qu'il est assez attirant, qu'il s'habille bien, et elles savent qu'il a un emploi très bien payé. Ses amis essaient de le caser, et l'invitent donc à des fêtes et à d'autres événements sociaux. Malheureusement, il déteste l'idée d'y aller. Le lendemain de Noël, il commence à avoir peur de la fête du Nouvel An. Dans son esprit, Quentin se débrouille pour trouver des tas de bonnes excuses pour se défiler. Pourtant, son désir de rencontrer des candidates potentielles finit par l'emporter. Il passe et repasse dans sa tête des scénarios de rencontre avec des femmes. Chaque fois qu'il imagine l'une de ces scènes, il ressent une impatience intense et angoissée. Il se réprimande en réalisant que cette peur est absurde, mais il se sent incapable de la combattre.

L'après-midi qui précède la fête, il passe des heures à se préparer et n'a aucun appétit. Lorsque Quentin arrive, il se dirige immédiatement vers le bar pour dompter son anxiété grandissante. Ses mains tremblent au moment où il prend son premier verre. En avalant rapidement sa boisson, il en commande une autre, en espérant ainsi engourdir ses émotions. Au bout d'une heure passée à boire sans s'arrêter, il se sent bien plus courageux. Il aborde un groupe de femmes attrayantes et leur déverse toute une série de blagues qu'il a apprises par cœur pour l'occasion. Puis il approche diverses femmes au cours de la soirée, parfois en flirtant et en faisant des commentaires suggestifs. Il ne va pas loin, mais il est satisfait de ses performances.

Le lendemain, Quentin se réveille dans une chambre qu'il ne connaît pas, en ayant oublié comment la soirée s'est terminée. Son ami passe la tête à travers le chambranle de la porte et lui dit : « Tu étais si parti hier soir qu'on a pris tes clés et qu'on t'a mis au lit. Te rappelles-tu ce qui s'est passé ? » Quentin fait non de la tête, et il se met à rougir de gêne. Son ami continue : « Désolé de devoir te le dire, mais tu faisais des avances assez osées à Brenda. Son frère a presque perdu son calme, et toi, tu étais sur le point de te battre avec lui ! Bref, ce n'était pas beau à voir. »

Quentin souffre de phobie sociale. Elle s'accompagne souvent d'abus de médicaments et d'alcool. Vous comprenez peut-être pourquoi.

Le trouble panique

Bien sûr, tout le monde est un peu paniqué de temps en temps. Les gens disent souvent qu'ils paniquent à l'idée d'une date butoir, d'une présentation qu'il vont devoir faire, ou de la préparation d'une fête. Il est probable que vous entendiez ce terme employé dans le contexte d'événements aussi banals.

Mais les personnes qui souffrent de trouble panique parlent de phénomènes complètement différents. Ils traversent des périodes de peur et d'anxiété incroyablement intenses. Si vous n'avez jamais eu d'attaque de panique, nous ne vous le souhaitons pas. Ces crises durent d'habitude environ 10 minutes, et nombreuses sont les victimes qui croient qu'elles vont mourir durant la crise. Ce n'est pas précisément les dix meilleures minutes de leurs vies. Les attaques de panique se manifestent normalement par toute une série de symptômes marqués qui attirent l'attention :

- Un rythme cardiaque irrégulier, rapide ou frénétique ;
- La transpiration ;
- Une impression d'étouffement, de suffocation ou de manque d'air ;

- Le vertige ou l'étourdissement ;
- Une douleur ou une autre gêne dans la poitrine ;
- L'impression que les événements sont irréels ou l'impression d'être détaché de soi-même ;
- L'engourdissement ou des picotements ;
- Des vagues subites de chaleur ou de froid ;
- La peur de mourir, bien qu'elle soit en fait non fondée ;
- La nausée ou des troubles digestifs ;
- Un sentiment de grande nervosité ou des tremblements ;
- L'idée que l'on est en train de devenir fou ou de perdre complètement le contrôle de soi.

Les professionnels s'entendent généralement sur le fait que pour porter le diagnostic d'un trouble panique complet, les attaques de panique doivent se produire plus d'une seule fois. Les personnes qui en souffrent se font du souci à l'idée même de la prochaine crise, ou à l'idée qu'elles vont perdre le contrôle de soi et se trouver dans l'embarras. Finalement, elles finissent habituellement par se mettre à changer de mode de vie en évitant certains endroits et certaines activités.

Les attaques de panique commencent par un événement qui déclenche un certain type de sensation, comme un effort physique ou des variations normales des réactions psychologiques. Cet événement déclencheur induit des réponses physiologiques, comme l'augmentation du niveau d'adrénaline. Pas de problème jusque-là.

Mais ce processus tourne mal à l'étape suivante, lorsque le sujet (la personne) qui souffre de trouble panique interprète mal la signification des symptômes physiques. Au lieu de les considérer comme un événement normal, il pense que c'est le signal d'un danger imminent, comme une crise cardiaque ou une attaque cérébrale. Cette interprétation entraîne une escalade de la peur et augmente l'état d'excitation physique. En d'autres termes, c'est un cercle vicieux. Heureusement, le corps ne peut maintenir de telles réponses physiques élevées que pendant un temps limité, et il finit par se calmer.

CONSEIL

Bonne nouvelle : un grand nombre de gens ne subissent qu'une seule attaque de panique dans leur vie, et n'en ont plus jamais ensuite. Donc pas de panique si vous faites une attaque de panique.

L'histoire de Marie est un bon exemple d'une attaque de panique unique.

Marie a quitté l'hôpital après avoir rendu visite à son voisin de palier. Elle n'arrive toujours pas à croire qu'il a eu une crise cardiaque alors qu'il n'est âgé que de 42 ans. Marie, qui ne s'inquiète jamais de sa propre santé, médite le fait qu'elle vient juste d'avoir 46 ans. Elle décide de perdre ses 10 kilos de trop et de se mettre à faire de l'exercice.

Lors de sa troisième visite au club de remise en forme, elle règle le tapis de jogging au niveau 6. Presque instantanément, son rythme cardiaque s'accélère. Alarmée, elle abaisse le niveau à 3. Elle se met à respirer rapidement et de façon superficielle, mais elle a l'impression qu'elle n'arrive pas à avaler suffisamment d'air. Et réduire davantage le niveau ne semble rien y faire. Elle arrête le tapis et va aux vestiaires. En transpirant abondamment et avec la nausée, elle trouve une cabine libre. Elle s'y assoit et pense que peut-être elle a un peu exagéré avec l'exercice au tapis de jogging. Mais les symptômes s'intensifient et sa poitrine se raidit. Elle veut crier mais elle n'arrive pas à aspirer suffisamment d'air. Elle est certaine d'être en train de mourir, et elle espère que quelqu'un va la trouver avant qu'elle ne trépasse. Elle entend quelqu'un et appelle faiblement à l'aide. Une ambulance l'emporte illico à la salle des urgences de l'hôpital le plus proche, tandis qu'elle prie le ciel pour survivre à sa crise cardiaque.

Dans la salle des urgences, les symptômes de Marie décroissent, et le médecin vient lui expliquer les résultats de l'examen. Il lui dit qu'elle a vraisemblablement eu une attaque de panique, et lui demande ce qui a bien pu la déclencher. Elle répond qu'elle faisait de l'exercice à cause de son inquiétude au sujet de sa surcharge pondérale et de sa santé, et elle mentionne la crise cardiaque de son voisin.

« Ah, cela explique tout, la rassure le docteur. Vos inquiétudes au sujet de votre santé vous ont rendue hypersensible à tout symptôme corporel. Lorsque votre rythme cardiaque s'est accéléré de façon naturelle sur le tapis de jogging, vous vous êtes alarmée. Cette peur a fait produire davantage d'adrénaline à votre corps, qui à son tour a généré davantage de symptômes. Plus vous aviez de symptômes, plus grande était votre peur et plus élevé votre niveau d'adrénaline. Le fait de savoir comment cela se passe vous aidera probablement. J'espère qu'à l'avenir les variations physiques normales de votre corps ne vous effraieront pas. Votre cœur est en parfait état. Je vous recommande de retourner faire des exercices, mais de ne les augmenter que graduellement au bout d'un certain temps et sans changement brusque d'intensité. Vous pourriez aussi essayer quelques techniques simples de relaxation. Je vais demander à l'infirmière de venir vous en informer. J'ai toutes les bonnes raisons de penser que vous n'aurez plus jamais d'épisodes comme celui que vous venez de vivre. Enfin, vous pourriez aussi lire *Guérir l'anxiété pour les Nuls* de Charles Elliott et Laura Smith ; c'est un très bon bouquin ! ».

Marie n'a pas de trouble panique, parce qu'elle n'a pas eu plus d'une seule crise, et il est possible qu'elle n'en aura jamais plus. Si elle croit ce que lui a dit le médecin et si elle suit ses conseils, la prochaine fois que son rythme cardiaque s'accélérera, elle ne sera probablement pas aussi effrayée. Elle utilisera probablement aussi les techniques de relaxation que lui a montrées l'infirmière.

N'OUBLIEZ PAS !

Si vous avez peur de souffrir d'un trouble panique, rappelez-vous que cela se soigne. Ce chapitre vous donne les connaissances nécessaires, et d'autres (voyez surtout les **chapitres** 6 et 8) vous expliqueront comment passer à l'action sur la base de ce que vous aurez compris.

L'agoraphobie

Environ la moitié des personnes souffrantes de trouble panique ont aussi un problème qui l'accompagne : l'*agoraphobie*. Contrairement à la plupart des peurs ou des phobies, ce trouble étrange commence d'habitude à l'âge adulte. Les personnes qui en souffrent vivent dans la terreur d'être pris au piège.

En outre, elles s'inquiètent d'avoir une attaque de panique, de vomir ou d'avoir la diarrhée en public. Elles évitent désespérément les situations desquelles elles ne peuvent pas s'échapper facilement, et elles craignent aussi les endroits où de l'aide ne pourrait pas les atteindre facilement dans le cas où elles en auraient besoin. L'agoraphobe peut commencer avec une seule crainte, comme celle d'être dans une foule, mais dans de nombreux cas les situations redoutées se multiplient au point que la personne craint le simple fait de sortir de chez elle.

Lorsque l'agoraphobie accompagne le trouble panique, les personnes qui en souffrent ont peur de n'importe quelle situation dans laquelle elles pourraient avoir une crise. Lorsque l'agoraphobie se joint à la panique, les peurs doublent, à savoir la crainte de ne pas pouvoir obtenir du secours et l'horreur à l'idée de se sentir enseveli sans la moindre issue, entraînent fréquemment une isolation paralysante.

Vous souffrez peut-être d'agoraphobie si :

- » Vous craignez de vous trouver quelque part où vous ne pouvez ni sortir ni obtenir du secours dans le cas où quelque chose arriverait, comme une attaque de panique.
- » Vous appréhendez chacune des choses de la vie quotidienne comme quitter votre foyer, vous trouver au milieu de groupes importants ou voyager.
- » À cause de votre anxiété, vous évitez tellement les endroits qui vous font peur que cela envahit votre vie, et vous devenez un prisonnier de votre peur.

Si l'un de vos proches a ces symptômes, il souffre peut-être d'agoraphobie.

CONSEIL

Vous êtes peut-être inquiet lorsque vous vous sentez piégé, ou lorsque vous vous retrouvez au milieu d'une foule ou lorsque vous devez quitter votre maison. C'est le cas de nombreuses personnes. Mais si votre vie continue sans grand changement ou contrainte importante, vous n'êtes probablement pas agoraphobe.

Néanmoins, votre peur pourrait quand même vous causer des problèmes dans ces domaines, mais ce n'est pas obligé. Par exemple, il est possible que l'idée de vous rendre dans un grand stade vous fasse frémir. Vous imaginez des foules qui se bousculent et se malmènent, ce qui vous fait basculer par-dessus le garde-fou et tomber en dessous de la foule pour être piétiné par elle alors que vous hurlez. Dans ce cas, vous pourriez vivre une vie dans la béatitude la plus complète en évitant les stades de sport. Comme ça, vos peurs ne vous gêneront pas trop. Mais si vous adorez vivre des événements sportifs en direct, ou si vous venez juste d'obtenir un emploi en tant que reporter sportif, cette peur pourrait être *vraiment terrible*.

AU SECOURS ! JE MEURS !

Les symptômes des attaques de panique, comme la douleur dans la poitrine, la respiration courte, la nausée et la peur intense ressemblent souvent à ceux des crises cardiaques. Alarmés, ceux qui subissent ces terribles symptômes foncent en direction de la salle d'urgences la plus proche. Puis une fois que de nombreux tests se sont avérés négatifs, des médecins surmenés disent à la victime d'une attaque de panique : « C'est tout dans votre tête. » Les patients incrédules sont alors sûrs que quelque chose a été oublié. Lors de la crise suivante et de celles d'après, il est probable que les victimes vont retourner encore et encore à la salle des urgences pour y chercher une nouvelle fois l'avis médical. Les visites répétées sont frustrantes pour les patients comme pour le personnel médical. Pourtant, une simple intervention psychologique de 20 à 30 minutes dans la salle réduit considérablement le nombre des visites. De quoi s'agit-il ? Il peut s'agir simplement d'informer sur le trouble et de décrire quelques techniques de relaxation profonde à essayer lorsque l'attaque de panique se produit. (Vous trouverez de nombreuses autres idées dans ce livre.)

L'histoire de Patricia illustre l'anxiété accablante qui submerge souvent les agoraphobes.

Patricia a fêté son quarantième anniversaire sans problème émotionnel significatif. Elle a traversé les vicissitudes habituelles de la vie, comme la perte d'un de ses parents, les difficultés scolaires de son enfant et un divorce dix ans plus tard. Elle se targue d'être en mesure de faire face à n'importe laquelle des situations que la vie lui présente.

Ces derniers temps, elle a remarqué que cela la stresse de faire ses courses au centre commercial. Elle doit chercher un cadeau d'anniversaire, et elle ne veut pas le faire parce que le centre commercial est particulièrement bondé le week-end. Elle finit par trouver une place de parking à l'extrémité d'une rangée. Ses mains moites laissent une tâche sur la porte à tambour en verre à l'entrée du centre. Elle a l'impression que la foule des gens qui font leurs courses est en train de l'écraser, et elle se sent prise au piège. Elle est si effrayée qu'elle n'arrive pas à acheter le cadeau, et elle s'enfuit du magasin.

Au cours des quelques mois suivants, ses peurs se propagent. Bien que cela ait commencé au centre commercial, la peur et l'anxiété la submergent aussi dans une épicerie bondée. Plus tard, elle n'arrive plus non plus à supporter de simplement conduire dans la circulation. Patricia souffre d'agoraphobie. Si elle n'est pas soignée, elle pourrait finir immobilisée chez elle.

CONSEIL

Souvent, la panique, l'agoraphobie et l'anxiété frappent des personnes qui sont dénuées de problèmes émotionnels profonds. Donc si vous souffrez d'anxiété, cela ne veut pas nécessairement dire que vous aurez besoin d'années de psychothérapie. Vous n'aimez peut-être pas l'anxiété, mais ce n'est pas une raison pour vous dire que vous êtes cinglé !

Les phobies spécifiques : araignées, serpents, tornades, avions et autres choses effrayantes

De nombreuses peurs semblent être profondément gravées dans le cerveau humain. Les hommes et les femmes des cavernes avaient de bonnes raisons d'avoir peur des serpents, des étrangers, des hauteurs, de l'obscurité, des grands espaces et de la vue du sang : les serpents pouvaient être venimeux, les étrangers pouvaient être des ennemis, on pouvait tomber des hauteurs, l'obscurité pouvait cacher des dangers inconnus, les grands espaces pouvaient rendre une tribu primitive vulnérable aux attaques venues de tous côtés, et la vue du sang pouvait signifier une crise, et même la mort potentielle. La peur inspirait la prudence et l'évitement du danger. Ceux qui avaient ces peurs avaient une meilleure chance de survivre que ceux qui étaient naïvement courageux.

C'est pourquoi de nombreuses peurs parmi celles qui sont les plus courantes aujourd'hui reflètent les dangers du monde d'il y a des milliers d'années. Aujourd'hui encore, il est raisonnable d'identifier soigneusement une araignée avant de la ramasser. Pourtant, la peur augmente parfois jusqu'à atteindre un niveau handicapant. Vous souffrez peut-être d'une phobie spécifique :

- » Si vous avez une peur exagérée d'une situation ou d'un objet spécifique.
- » Lorsque vous vous trouvez dans des situations redoutées, vous souffrez immédiatement d'une très forte anxiété. Votre anxiété pourrait se manifester par de la transpiration, l'accélération du rythme cardiaque, le désir de vous enfuir, le raidissement de la poitrine ou de la gorge, ou des images de quelque chose d'affreux en train d'arriver.
- » Pourtant, vous savez que votre peur est déraisonnable. En revanche, des gosses avec des phobies spécifiques ne savent pas toujours que leur peur est déraisonnable. Par exemple, ils peuvent vraiment penser que tous les chiens mordent.
- » Vous évitez autant que possible l'objet ou la situation qui cause votre frayeur.
- » Votre peur est si intense que vous en venez à modifier votre comportement quotidien au travail, à la maison ou dans vos rapports avec les autres. En conséquence, votre peur vous cause des désagréments et elle en cause peut-être à d'autres, et elle limite votre vie.

Près de deux tiers des gens ont peur d'une chose ou d'une autre. Par exemple, moi-même, Laura Smith, co-auteur de ce livre, je déteste les bestioles. Chaque fois qu'un grillon est dans la maison, je l'évite ou je demande à quelqu'un d'autre de le faire disparaître. Une année, j'avais mon bureau dans un vieil immeuble. Chaque matin, des cafards morts jonchaient le sol. J'imaginais alors le moyen d'en débarrasser mon bureau en utilisant des piles de serviettes en papier. Si, au contraire, j'avais dû démissionner de mon travail à cause de ces bestioles, j'aurais eu un diagnostic de phobie spécifique. Mais mes peurs n'entravent pas ma vie de façon significative. Tout comme moi, vous avez peut-être une peur excessive de quelque chose. Cela ne veut pas dire que l'on diagnostiquerait une phobie spécifique, tant qu'elle ne perturbe pas grandement votre vie. Et vous pourrez faire quelque chose pour la combattre, ou au contraire ne rien faire du tout. Pour le cas où vous vous le demanderiez, cela ne me gêne pas particulièrement que les bestioles me dégoûtent. J'ai l'intention de vivre ma vie entière de cette manière, et je n'ai aucunement l'intention de résoudre ce problème.

La description qui suit de la vie de Théodore est un exemple de premier choix de ce que peut traverser une personne qui souffre d'une phobie spécifique.

Théodore monte péniblement les escaliers de huit étages pour atteindre son bureau chaque matin, mais il dit à tout le monde qu'il adore cet exercice. Lorsque Théodore passe devant un ascenseur en allant à la cage d'escalier, son cœur se met à cogner, et il a l'impression d'être condamné. Il imagine qu'on le force à monter dans l'ascenseur, que les portes se referment, et qu'il n'y a pas d'issue. Dans sa tête, la cabine de l'ascenseur s'élève tirée par des vieux câbles rouillés, elle a soudain des soubresauts, puis elle tombe en chute libre et s'écrase finalement au sous-sol.

Théodore n'a jamais vécu quelque chose de semblable dans la réalité, et personne non plus parmi les gens qu'il connaît. Il n'a jamais aimé les ascenseurs, mais il n'a commencé à les éviter qu'au cours des dernières années. Il semble que plus il les évite, plus sa peur augmente. Autrefois, il pouvait prendre des escaliers mécaniques sans problème, mais maintenant, il se rend compte qu'il les évite aussi. Il y a plusieurs semaines, à l'aéroport, il n'a eu d'autre alternative que de prendre un escalier roulant. Il a réussi à monter dessus, mais il a ensuite été tellement effrayé qu'il a dû s'asseoir pendant un moment après avoir atteint le deuxième étage.

Un après-midi après le bureau, Théodore descend les escaliers à toute vitesse, en retard à un rendez-vous. Il glisse et se casse la jambe. Maintenant plâtré, Théodore fait face au défi de sa vie. Théodore souffre d'une phobie spécifique.

L'état de stress post-traumatique

C'est tragique, mais la guerre, le viol, le terrorisme, les accidents, la brutalité, la torture et les désastres naturels font partie de la vie. Vous avez peut-être vécu l'un des traumatismes de la vie, ou peut-être que c'est le cas de l'une de vos connaissances. Personne ne sait exactement pourquoi, mais certaines personnes semblent se rétablir et surmonter ces événements sans symptôme handicapant. Pourtant, de nombreuses autres souffrent considérablement des séquelles de leur tragédie, parfois durant toute une vie.

Le plus souvent, le traumatisme cause au moins quelques réactions émotionnelles et/ou physiques gênantes pendant une certaine durée. Ces réponses peuvent se manifester immédiatement après le désastre, mais elles font parfois surface des années après. Ces symptômes sont la manière avec laquelle le corps et l'esprit font face à ce qui s'est passé et traitent l'événement. Si un événement extrêmement malheureux se produit, il est normal de réagir fortement.

LES DIX PEURS LES PLUS COURANTES (D'APRÈS SONDAGES)

10. Les chiens.
9. Être seul la nuit.
8. La foudre et les éclairs.
7. Les araignées et les insectes.
6. Être bloqué dans un espace étroit.
5. L'avion.
4. Les rongeurs.
3. Les hauteurs.
2. Prononcer un discours.
1. Et finalement, **la peur numéro 1** : les serpents.

ATTENTION !

Le diagnostic d'état de stress post-traumatique est compliqué. Si vous soupçonnez que vous en souffrez, vous devriez consulter un professionnel. D'autre part, vous vous rendrez peut-être compte que vous avez certains de ces symptômes mais pas le trouble complet. Dans ce cas, et si votre problème semble modéré et ne perturbe pas votre vie, vous pourrez peut-être travailler vous-même à réduire cette difficulté pendant une certaine période. Mais consultez un professionnel si vous ne vous sentez pas mieux après.

Vous souffrez peut-être d'un trouble de stress post-traumatique si vous avez personnellement vécu ou été témoin d'un événement que vous percevez comme mettant potentiellement la vie en danger ou faisant des dommages graves, ou si vous avez découvert que l'un de vos proches a vécu un tel événement. Si votre réponse se manifestait par de la terreur, de l'horreur ou du désespoir, *trois types de problèmes* se produisent aussi si vous souffrez d'un trouble de stress post-traumatique :

- » Vous revivez l'événement d'une façon ou d'une autre.
- » Vous évitez tout ce qui vous rappelle le traumatisme et vous essayez de supprimer ou d'endormir vos sentiments.
- » Vous vous sentez *sur la défensive.*

À quoi cela ressemble, un état de stress post-traumatique ? Pour Wayne, un ancien soldat américain, c'est une lutte incessante :

Wayne a pris sa retraite de l'armée américaine à l'âge de 40 ans avec le grade de colonel. Avant de partir en retraite, les années qui ont suivi la guerre du Golfe ont été dures. Il dormait mal, et les cauchemars le réveillaient fréquemment. Il se mettait facilement en colère, et se sentait détaché de la vie.

Wayne suppose que ses problèmes proviennent tous de questions relatives à l'armée : ses heures de travail, les séparations fréquentes d'avec sa famille, les nombreux déplacements à travers le pays, et la pression intense pour être promu. Il a envie d'entrer en retraite et d'avoir un style de vie moins stressant. Il promet à sa femme et à ses enfants que son objectif principal, c'est de passer plus de temps avec eux.

Mais Wayne trouve que la retraite est moins gratifiante qu'il ne l'avait espéré. Il continue à avoir du mal à dormir. Il essaie de tenir la promesse faite à sa femme et à ses enfants, mais il n'arrive tout simplement pas à s'enthousiasmer pour leurs activités. Il n'arrive pas à trouver quelque chose dont il puisse se réjouir à l'avance, et sa distance vis-à-vis de sa famille s'accroît. Il continue de se sentir irritable et nerveux. Après six mois de retraite, sa femme insiste pour qu'ils aillent consulter un conseiller conjugal.

En passant en revue leur histoire, le psychologue demande à Wayne de lui parler de ce qu'il a vécu pendant la guerre du Golfe. Wayne lui répond qu'il ne veut pas en parler ; c'est comme ça qu'il traite les souvenirs perturbants de la guerre. Cette réponse suggère au psychologue que Wayne souffre d'un trouble de stress post-traumatique.

Le trouble obsessionnel compulsif

Le trouble obsessionnel compulsif (TOC) cause des ravages incroyables dans la vie des gens, car il frustre et déroute non seulement les personnes qui en souffrent, mais aussi leurs familles et leurs proches. S'il n'est pas soigné, il est possible qu'il dure toute la vie. Et même avec un traitement, les symptômes réapparaissent souvent. C'est triste mais, heureusement, il existe des traitements efficaces.

Une personne qui souffre d'un TOC peut avoir des comportements qui incluent une obsession, une compulsion ou les deux. (Le tableau 2-1 donne la liste des obsessions et des compulsions les plus courantes.)

Les *obsessions* sont des images, des impulsions ou des pensées importunes et répétitives qui traversent l'esprit. Les sujets trouvent que ces pensées et ces images sont perturbantes et ne peuvent pas s'en débarrasser. Par exemple, un homme pieux pourrait avoir une pensée l'exhortant à crier des obscénités pendant la messe, ou une mère aimante pourrait avoir les pensées intolérables de faire du mal à son bébé. Heureusement, les personnes concernées ne mettent pas ce type de pensées à exécution, mais leurs obsessions les hantent.

Les *compulsions* sont des actions ou des stratégies mentales non désirées et répétitives qui sont exécutées pour réduire temporairement le niveau d'anxiété. De temps en temps, une pensée obsessionnelle provoque l'anxiété. D'autres fois, l'anxiété provient d'un événement craint ou d'une situation redoutée qui déclenche la compulsion.

Par exemple, une femme pourrait se laver les mains littéralement des centaines de fois chaque jour afin de réduire sa peur des microbes, ou un homme pourrait avoir un rituel de mise au lit élaboré consistant à toucher certains objets, à aligner certains vêtements d'une certaine manière, à placer son portefeuille près de ses clés dans une certaine position, à empiler sa monnaie, à se mettre au lit d'une certaine manière qui est précisément la bonne, et à lire un passage de la Bible avant d'éteindre la lumière. Et s'il exécute une partie du rituel de manière moins que « parfaite », il se sent obligé de recommencer jusqu'à ce que l'exécution soit correcte.

N'OUBLIEZ PAS !

Vous souffrez peut-être d'un TOC si vous avez des obsessions, des compulsions, ou les deux. Voici ce dont il faut tenir compte avec les *obsessions* :

- Vos pensées obsédantes n'impliquent pas des problèmes de la vie réelle.
- Lorsque les pensées se produisent, vous essayez de vous en débarrasser en pensant à quelque chose d'autre ou en faisant quelque chose d'autre.
- Vous savez que vos pensées obsessionnelles viennent de votre propre cerveau et pas d'une autre source.
- Les pensées concernées vous gênent considérablement.

Ce qui suit s'applique aux *compulsions* :

- Les compulsions sont des actions et des comportements ou des stratégies mentales que vous vous sentez obligé de répéter à l'infini en réponse à l'une de vos pensées obsédantes ou parce que vous respectez une sorte de règle rigide en pensant qu'il est impossible de la transgresser.

» Vous croyez que vos actes compulsifs peuvent d'une manière ou d'une autre empêcher qu'un événement terrible ne se produise ou qu'ils peuvent soulager votre angoisse, mais ce que vous faites n'a pas vraiment de sens.

Le cycle du TOC

Fréquemment, un schéma de comportement se met en place, dans lequel les pensées obsédantes génèrent l'anxiété, ce qui fait que le sujet s'engage dans un acte compulsif afin de réduire l'anxiété et de se soulager. Ce soulagement temporaire l'encourage fortement à croire que l'acte compulsif lui est utile. Malheureusement, le cycle recommence car la pensée obsédante revient.

TABLEAU 2-1 Les obsessions et compulsions les plus communes

Obsessions	Compulsions
Angoisse de la contamination, par exemple de la saleté, des microbes, de la radiation et des produits chimiques.	Lavage de mains ou nettoyage excessif dus à la peur obsessionnelle de la contamination.
Doutes de s'être souvenu d'avoir éteint le four, d'avoir fermé la porte à clé, etc.	Vérifications répétitives pour s'assurer que le four est éteint, que les portes sont fermées à clé, etc.
Images sexuelles perverses dont la personne concernée a honte.	Collection et accumulation d'objets qui ne sont pas des objets de collection et n'ont que peu ou pas du tout de valeur, comme par exemple des peluches, des piles de magazines, des ficelles, des piles, etc.
Pensées involontaires de faire du mal à une personne chère.	Rituels répétés maintes et maintes fois, souvent accompagnés de la croyance que quelque chose de mauvais va arriver s'ils ne le sont pas.
Pensées d'actes qui violeraient les croyances religieuses du sujet ou ses principes de façon très honteuse s'ils étaient exécutés.	Disposition d'objets d'une manière stricte et précise. Souvent, la personne se sent obligée de recommencer lorsque l'exécution n'est pas parfaite.
Pensées qui exhortent à se comporter d'une manière étrange et inacceptable sur le plan social.	Comptage à n'en plus finir des marches de l'escalier, des dalles du plafond, des pas effectués, etc.

Lorsque l'on voit un TOC là où il n'y en a pas

CONSEIL

Il se peut que vous vous souveniez, alors que vous étiez un enfant, avoir marché avec vos petits amis pour vous rendre à l'école en évitant soigneusement les fissures du trottoir. Si l'un de vous a marché accidentellement sur l'une d'elles, un autre a peut-être crié qu'un malheur allait arriver. Et peut-être que lorsque vous vous rendiez tout seul à l'école, vous avez eu la même pensée et vous avez donc évité de marcher sur les fissures. Il est évident que vous saviez que marcher sur une fissure, cela n'entraînerait pas de malheur. Donc ne pas marcher sur les fissures, c'est presque une compulsion. Car vous l'avez fait de façon répétée en sachant que cela n'empêcherait pas la chose néfaste de se produire. Mais si vous l'avez fait en considérant cela uniquement comme un jeu, et que cela ne vous a pas beaucoup dérangé, le fait d'éviter les fissures n'était pas difficile, et pas grave non plus. En outre, les enfants ont souvent des pensées magiques ou superstitieuses, qu'ils perdent d'habitude avec l'âge.

En revanche, si une partie de vous-même craint vraiment que quelque chose de terrible n'arrive dans le cas où vous marcheriez sur une fissure, et que vous ne pouviez même pas vous rendre à l'école à cause cette peur, vous aviez probablement une véritable compulsion. Nombreux sont ceux qui vérifient plus d'une fois qu'ils ont bien fermé la porte à clé, qui reviennent sur leurs pas pour s'assurer que la cafetière est éteinte deux fois de plus, ou qui comptent les marches ou les volées d'escaliers de façon inutile. Ce n'est qu'à partir du moment où ces choses commencent à prendre trop de temps et interfèrent avec les rapports avec les autres, le travail ou la vie quotidienne qu'il y a vraiment un problème.

La préoccupation extrême de Lise, qui s'accroche à des objets sans aucune valeur et qui ne font qu'encombrer sa maison constitue un exemple de TOC.

Lise est une collectionneuse, mais on ne peut pas vraiment dire que c'est une collectionneuse au sens habituel, parce que ce qu'elle collectionne n'a jamais de véritable valeur pour quiconque. Elle garde chaque élastique qui a servi à maintenir enroulé son journal quotidien ; elle n'a jamais jeté un seul magazine ; son garage ne contient rien d'autre qu'un bazar de piles, de ficelles, de galets, de morceaux de fil de fer, de boulons et d'écrous, et de bouts de papier. Lise n'arrive tout simplement pas à se décider à jeter quoi que ce soit. Sa maison est pleine à craquer de choses inutiles.

Mais justement, Lise pense qu'elle pourrait peut-être un jour avoir besoin de ces objets. Lorsqu'elle réfléchit à ce dont elle pourrait avoir besoin, elle n'arrive que rarement à trouver l'objet en question parmi tous les détritus. Au fur et à mesure que les années passent, Lisa devient isolée. Elle ne peut plus inviter quiconque parce qu'elle a honte de l'état dans lequel se trouve sa maison. Son obsession la fait s'inquiéter de manquer de quelque chose dont elle pourrait avoir besoin. En conséquence, elle a la compulsion de ne jamais jeter quelque chose. Lise souffre d'un TOC.

Faites la distinction entre ce qui est normal et ce qui ne l'est pas

Imaginez une vie sans aucune anxiété. Ce serait merveilleux ! Vous vous réveillez chaque matin en n'escomptant rien d'autre que des moments plaisants. Vous n'avez peur de rien. L'avenir ne vous réserve que douce sécurité et joie.

Réfléchissez-y à deux fois. Sans anxiété, lorsque le type dans la voiture devant vous écrase la pédale de frein, votre réaction est plus lente, et vous lui rentrez dedans. Sans angoisse de l'avenir, votre retraite pourrait bien finir par se retrouver plutôt triste. L'absence complète d'anxiété pourrait vous inciter à vous rendre sans préparation à une réunion de travail dans laquelle vous devez faire une présentation.

L'anxiété est une bonne chose ! Elle vous prépare à agir. Elle mobilise votre corps pour les cas d'urgence. Elle vous avertit d'un danger imminent. Soyez content d'avoir de l'anxiété. Votre anxiété vous permet d'éviter les problèmes.

CONSEIL

L'anxiété ne pose un problème que si :

» Elle dure trop longtemps et vous gêne, ou elle se manifeste trop souvent ;

» Elle perturbe ce que vous voulez faire ;

» Elle dépasse de loin le niveau réel de danger ou de risque. En d'autres termes, lorsque votre corps et votre esprit ont l'impression qu'une avalanche est sur le point de vous ensevelir alors que tout ce que vous devez faire, c'est d'aller passer un test à l'école, alors cela va trop loin ;

» Vous luttez pour contrôler vos angoisses, mais celles-ci vous perturbent et ne s'apaisent pas.

Sachez ce que l'anxiété n'est pas

Des symptômes d'anxiété peuvent accompagner d'autres troubles. Il est donc possible que vous ayez de l'anxiété avec d'autres troubles émotionnels. En fait, la moitié environ des personnes qui souffrent de troubles d'anxiété font de la dépression, surtout si leur anxiété n'est pas soignée. Le traitement des autres problèmes émotionnels diffère quelque peu de celui de l'anxiété. Il est donc important de connaître la différence entre ces problèmes et l'anxiété. Bien sûr, il arrive que certaines personnes souffrent des deux.

Par ailleurs, certains médicaments et certaines maladies peuvent causer des symptômes qui font penser à l'anxiété. Vous pensez peut-être que vous êtes terriblement anxieux, mais il est possible que vous soyez en fait malade ou que vous ne souffriez des effets secondaires d'un médicament.

ÉVITER L'ANXIÉTÉ, ÇA NE FAIT QUE LA RENFORCER

L'*évitement* sous-tend tous les troubles d'anxiété. Personne n'aime se sentir angoissé. Les gens réagissent en général à l'anxiété en se tenant à l'écart des choses qui les angoissent. C'est logique, n'est-ce pas ?

Eh bien, oui et non. Au moment de l'évitement, le niveau d'anxiété décroît. Le problème, c'est que le soulagement momentané augmente en fait le désir de continuer à éviter la situation. De plus, la gamme des événements craints commence à s'élargir, comme le montre l'exemple suivant :

Nathan n'aime pas les fêtes, en particulier les mariages. Il a peur que quelqu'un lui demande de danser et d'avoir l'air d'un imbécile sur la piste de danse. Il a aussi peur de ne pas faire la conversation de façon appropriée et de ne pas porter les vêtements adéquats. Au début, il trouve qu'il est assez simple d'éviter les mariages. Il décline simplement les invitations avec une excuse ou une autre et pousse un soupir de soulagement chaque fois qu'il en évite un.

Cette sensation de soulagement l'encourage à commencer à éviter davantage de situations sociales, et il décline les invitations à d'autres types de fêtes, les réunions familiales et les pots après le travail. Chaque acte d'évitement soulage brièvement son anxiété.

Pourtant, Nathan se retrouve de plus en plus isolé, et son anxiété commence à se manifester quasiment dans chaque situation où il se trouve avec d'autres personnes. Maintenant, il suffit qu'il doive parler sur le lieu de travail pour qu'il soit tendu. Il évite d'utiliser le téléphone chaque fois qu'il le peut, et il évite aussi la salle de détente au travail. Ce qui a commencé sous la forme d'une peur gérable ronge maintenant toute sa vie.

C'est comme ça que fonctionne l'évitement. Il fertilise les frayeurs. Avec suffisamment d'évitement, l'anxiété s'accroît pour devenir incontrôlée.

Tout le monde évite certaines choses. Vous évitez peut-être les serpents, et ce n'est pas grave parce qu'ils sont assez faciles à éviter. Vous évitez peut-être aussi à l'occasion une rencontre sociale qui vous cause de l'anxiété. Tant que vous vous forcez à vous rendre au moins à quelques rencontres sociales, il n'est pas probable que votre anxiété se développe.

Les autres troubles émotionnels

L'anxiété accompagne souvent d'autres problèmes émotionnels. Pourtant, sachez que si vous souffrez d'anxiété, cela ne veut aucunement dire que vous devez souffrir de l'un de ces autres troubles. Comprenez donc bien que l'anxiété n'est pas l'un de ces autres troubles émotionnels :

» **La dépression** : on peut percevoir la dépression comme la vie en mouvement ralenti. La personne concernée perd son envie de se consacrer à des activités qui auparavant lui plaisaient. Elle est triste.

  Il est extrêmement probable qu'elle soit fatiguée, et que son sommeil soit agité. Comme avec l'anxiété, il lui est peut-être difficile de se concentrer ou de prévoir. Mais contrairement à l'anxiété, la dépression sape son énergie et sa motivation.

» **Les troubles bipolaires** : ces troubles évoluent avec des hauts et des bas. Parfois, le sujet à l'impression de dominer le monde. Il a des idées grandioses et besoin de peu de sommeil. Il va peut-être investir dans des plans risqués, faire des achats imprudents, s'engager dans des aventures sexuelles, ou perdre son bon sens d'autres manières infâmes. Il va peut-être se mettre à travailler avec frénésie sur des projets importants ou constater que des flots d'idées lui traversent l'esprit. Puis tout à coup, il s'effondre brutalement. Son humeur tourne au vinaigre et la dépression s'installe.

» **La psychose** : la psychose peut rendre anxieux, mais ses symptômes perturbent profondément la vie. Elle introduit des hallucinations dans la vie quotidienne. Par exemple, certains entendent des voix qui leur parlent ou voient des silhouettes qui ressemblent à des ombres alors qu'il n'y a pas un chat. Le délire, qui constitue un autre des facteurs de la psychose, déforme également la réalité. Les hallucinations psychotiques communes peuvent par exemple être constituées par la croyance que des agents secrets ou des extraterrestres surveillent le sujet. D'autres hallucinations prennent la forme de croyances grandioses : le sujet peut par exemple s'imaginer qu'il est

Jésus-Christ ou qu'il est investi de la mission de sauver le monde.

Si vous pensez que vous entendez sonner le téléphone alors que vous êtes en train de vous sécher les cheveux ou que vous êtes sous la douche, pour découvrir que le téléphone n'a pas sonné, vous n'êtes pas psychotique. La plupart des gens entendent ou voient de temps en temps des choses banales qui n'existent pas. Ce n'est que lorsque ces perceptions diffèrent sérieusement de la réalité qu'il faut s'inquiéter et déterminer s'il s'agit d'une psychose. Heureusement, les troubles d'anxiété n'entraînent pas de psychose.

» **L'abus de substances** : lorsqu'une personne devient dépendante de médicaments ou de l'alcool, l'état de manque peut causer une anxiété importante. Les symptômes dus au manque de médicaments ou d'alcool prennent la forme de tremblements, d'un sommeil interrompu, de transpiration, d'un rythme cardiaque accéléré, d'agitation et de tension. Toutefois, si ces symptômes ne se manifestent qu'en réponse à une récente abstinence de l'usage de la substance, il ne s'agit pas d'un trouble d'anxiété. En revanche, certains anxieux abusent parfois, lorsqu'ils sont mal inspirés, de substances toxiques pour essayer de contrôler leur angoisse.

Certains médicaments et certaines maladies peuvent causer des symptômes semblables à ceux de l'anxiété

Aussi banals que soient les troubles d'anxiété, il n'est que trop facile de croire que vous souffrez d'anxiété alors que ce n'est pas le cas. Les médicaments délivrés sur ordonnance peuvent avoir de nombreux effets secondaires, dont certains ressemblent aux symptômes de l'anxiété. Diverses maladies s'accompagnent aussi de symptômes semblables aux signes de l'anxiété.

Les médicaments dont les effets ressemblent aux symptômes de l'anxiété

L'industrie pharmaceutique établit chaque année des rapports sur les catégories de médicaments les plus largement ordonnés. Pour vous montrer comme il est facile de prendre des effets secondaires d'un médicament pour des symptômes d'anxiété, nous avons dressé la liste des dix médicaments les plus souvent prescrits sur ordonnance, avec leurs effets secondaires semblables aux symptômes de l'anxiété dans le tableau 2-2. Ces médicaments ont de nombreux autres effets secondaires qui ne sont pas indiqués ici.

TABLEAU 2-2 L'anxiété dans l'armoire à médicaments

Popularité	Nom du médicament	Objet	Effets secondaires semblables à des symptômes d'anxiété
N° 1	Codéine	Soulage la douleur et calme la toux non productive	Troubles émotionnels, étourdissements, nausée, baisse de l'appétit, palpitations, rougissements et agitation
N° 2	Inhibiteurs calciques	Stabilise l'angine de poitrine et réduit l'hypertension	Étourdissements, rougissements, palpitations, diarrhée, troubles gastriques, insomnie, anxiété, désarroi, vertige, fatigue
N° 3	Antiulcéreux	Traitement des ulcères	Étourdissements, anxiété, désarroi, faiblesse, diarrhée, rougissements, transpiration, tremblements
N° 4	Inhibiteurs de l'enzyme de conversion de l'angiotensine (iec)	Réduit la tension artérielle	Impuissance, étourdissements, insomnie, maux de tête, nausée, vomissements, faiblesse

Popularité	Nom du médicament	Objet	Effets secondaires semblables à des symptômes d'anxiété
N° 5	Inhibiteurs du recaptage de la sérotonine (isrs)	Traitement de la dépression, de l'anxiété, et de la boulimie	Maux de tête, insomnie, anxiété, étourdissements, nervosité, fatigue, mauvaise concentration, agitation, nausée, diarrhée, appétit réduit, transpiration, bouffées de chaleur, palpitations, mouvements convulsifs, et impuissance
N° 6	Statine	Réduction du taux de choles-térol	Maux de tête, étourdissements, diarrhée, nausée, crampes musculaires, tremblements
N° 7	Bêtabloquants	Réduit l'angine de poitrine et l'hypertension artérielle, traite les dysrythmies	Étourdissements, diarrhée, nausée, palpitations, impuis-sance et désorientation
N° 8	Substitut hormones	Réduisent les symptômes de la ménopause, traitent l'ostéo-porose et le déficit ovarien	Étourdissements, maux de tête, nausée, vomissements, diarrhée, et modifications de l'appétit
N° 9	Anti-arthritiques et anti-inflam-matoires	Traitent l'arthrite et la douleur	Fatigue, anxiété, étourdisse-ments, nervosité, insomnie, nausée, vomissements, transpi-ration, tremblements, désarroi, respiration courte
N° 10	Benzodiazé-pines (bzd) (classe d'anxio-lytiques)		Étourdissements, maux de tête, tremblements, stimulation, insomnie, nausée et diarrhée

Intéressant, n'est-ce pas ? Il existe même des médicaments contre l'anxiété qui peuvent provoquer des effets secondaires semblables aux symptômes de l'anxiété. Bien sûr, la plupart des patients ne souffrent pas de tels effets secondaires lorsqu'ils prennent ces médicaments, mais le risque est bien réel. Si vous

vous sentez anxieux alors que vous prenez l'une ou l'autre de ces substances habituellement prescrites sur ordonnance, parlez-en à votre médecin.

En outre, divers médicaments vendus sans ordonnance peuvent avoir des effets secondaires semblables aux symptômes de l'anxiété. Sont compris ici les médicaments contre les rhumes, les bronchodilatateurs et les décongestionnants. De plus, de nombreux types d'aspirine contiennent de la caféine, qui peut provoquer des symptômes d'anxiété lorsqu'on en consomme à l'excès. Ces médicaments peuvent entraîner de l'agitation, des palpitations cardiaques, une respiration courte et de l'irritabilité.

L'ANXIÉTÉ VENDUE SANS ORDONNANCE À LA PHARMACIE

L'un des principes actifs les plus communs des médicaments contre les rhumes vendus sans ordonnance s'appelle la *pseudoéphédrine*. C'est un décongestionnant très courant. Moi-même, Charles Elliott (co-auteur de ce livre), je suis spécialisé dans le traitement du trouble panique et des troubles d'anxiété. Il y a deux ans, j'avais un mauvais rhume et de la toux pendant plus longtemps que d'habitude. Je l'ai soigné avec le plus fort médicament sans ordonnance que j'ai pu trouver. Comme si cela ne suffisait pas, j'en ai pris un peu plus que ne le recommandait la notice pendant la journée, afin de pouvoir voir des patients sans devoir tousser durant la séance. Pendant ce traitement, j'ai remarqué un jour que mon rythme cardiaque était anormalement élevé et j'avais de grandes difficultés à respirer. Je me suis demandé pendant un moment si j'avais une attaque de panique. Cela ne me semblait pas possible, mais les symptômes étaient bien là. Avais-je été « contaminé » par un de mes patients souffrant d'un trouble panique ?

Pas vraiment. En y réfléchissant bien, je me suis rendu compte que j'avais peut-être pris un peu trop du médicament contre les rhumes qui contenait de la pseudoéphédrine. J'arrêtai alors de le prendre, et les symptômes disparurent.

La morale de cette histoire, c'est qu'il faut être prudent lorsqu'on prend des médicaments sans ordonnance. Lisez soigneusement la notice qui se trouve dans l'emballage. N'essayez pas comme moi de remplacer votre médecin au pied levé !

Les causes d'origine médicale de symptômes semblables à ceux de l'anxiété

À ESSAYER

Un nombre important de maladies ou d'affections peuvent aussi générer des symptômes semblables à ceux de l'anxiété. C'est pourquoi nous vous recommandons fortement de consulter votre médecin, surtout si vous avez pour la première fois des symptômes d'anxiété. Il pourra vous aider à déterminer si vous avez ou non un problème physique, une réaction à un médicament, un problème d'anxiété d'origine affective, ou si vous souffrez d'une combinaison de ces facteurs.

Le tableau 2-3 donne la liste de quelques-unes des affections qui entraînent des symptômes d'anxiété. De plus, le simple fait de tomber malade peut causer de l'inquiétude à propos de sa santé. Par exemple, lorsqu'on communique à un patient le diagnostic d'une maladie cardiaque grave, d'un cancer, ou d'un trouble chronique progressif, il est probable que celui-ci va s'angoisser au sujet de la façon dont il va gérer les conséquences de cette maladie. Les techniques qui sont enseignées dans ce livre peuvent aussi aider à gérer ce type d'anxiété.

TABLEAU 2-3 Les causes d'origine médicale de symptômes semblables à ceux de l'anxiété

État médical	Ce dont il s'agit	Symptômes semblables à ceux de l'anxiété
Hypoglycémie	Faible concentration de glucose dans le sang, accompagne parfois d'autres troubles ou se produit seul. Il s'agit d'une complication courante du diabète	Désarroi, irritabilité, tremblements, transpirations, battements cardiaques rapides, faiblesse et sensation de moiteur froide
Hyperthyroïdie	Excès de sécrétion d'hormones thyroïdiennes. Les causes en sont variées	Nervosité, agitation, transpiration, fatigue, troubles du sommeil, nausée, tremblements et diarrhée

État médical	Ce dont il s'agit	Symptômes semblables à ceux de l'anxiété
Autres déséquilibres hormonaux	Diverses affections associées aux fluctuations des taux d'hormones, telles que le syndrome prémenstruel, la ménopause ou le post-partum. Les symptômes sont très variables	Tension, irritabilité, maux de tête, sautes d'humeur, comportement compulsif, fatigue et panique
Lupus	Maladie auto-immunitaire où le système immunitaire du patient attaque certains types de ses propres cellules	Anxiété, mauvaise concentration, irritabilité, maux de tête, rythme cardiaque irrégulier et mémoire affaiblie
Prolapsus de la valvulve mitrale	La valvulve mitrale du cœur ne se ferme pas correctement, ce qui permet à du sang de revenir dans l'oreillette gauche. Dans les diagnostics, on la confond souvent avec des attaques de panique	Palpitations, respiration courte, fatigue, douleur de poitrine et respiration difficile
Syndrome de ménière	Trouble de l'oreille interne qui inclut le vertige, la perte des facultés auditives, et des bourdonnements ou d'autres sons dans l'oreille	Vertige comprenant des sensations anormales associées au mouvement, étourdissements, nausée, vomissements et transpiration

Prêt à se battre ou à s'enfuir !

Votre corps réagit à des menaces en se préparant à l'action de trois manières : physique, mentale et comportementale. Lorsque le danger se présente, vous vous préparez par réflexe à y faire face et à vous battre, ou à vous enfuir en courant. Votre corps se mobilise de manières complexes et fantastiques pour réagir au péril. La figure 2-1 illustre comment.

D'abord, le cerveau envoie des signaux ordonnant l'état d'alerte à travers le système nerveux. Il ordonne aux glandes surrénales de pousser à fond la production d'adrénaline et de noradrénaline. Ces hormones stimulent le corps de différentes manières. Le cœur bat plus rapidement, vous commencez à respirer plus rapidement, en envoyant davantage d'oxygène aux poumons tandis que le sang afflue aux grands muscles, ce qui les prépare au combat ou à la fuite face au danger.

La digestion se ralentit afin d'économiser de l'énergie pour relever le défi, et les pupilles se dilatent pour améliorer la vue. Le flux sanguin arrivant aux mains et aux pieds décroît afin d'éviter une perte de sang en cas de blessure, et de maintenir l'afflux sanguin vers les grands muscles. La transpiration s'accélère afin de maintenir le corps à une température fraîche, et cela rend votre corps glissant, de telle sorte que les agresseurs ne puissent pas vous attraper et ni vous tenir fermement. Tous les muscles se raidissent afin de se préparer à passer à l'action.

LA COLITE, OU INFLAMMATION DU CÔLON

La colite est une affection courante qui s'accompagne d'autres problèmes, habituellement des crampes ou des douleurs de l'abdomen, de la diarrhée et/ou de la constipation. Ces symptômes surviennent chez des gens n'ayant aucun problème physique connu de leurs systèmes digestifs. Pendant de nombreuses années, les médecins disaient à ces patients que la colite était causée exclusivement par le stress, les soucis et l'anxiété.

En 1999, un médecin, Catherine Woodman, et ses collègues découvrirent qu'un gène mutant était plus souvent présent chez les malades souffrant de colites que chez les autres. Il est intéressant de noter que le même gène est également plus souvent présent chez les personnes souffrant de trouble panique. D'autres causes possibles de la colite pourraient être dues à une mauvaise communication entre les muscles et les nerfs dans le côlon.

Divers médicaments ont été mis au point pour atténuer certains des symptômes les plus graves de la colite. En outre, la psychothérapie, qui enseigne les techniques de relaxation, le biofeedback et les techniques de gestion du stress et de l'anxiété, atténue aussi les symptômes de la colite. Donc à ce jour, personne ne sait vraiment dans quelle mesure la colite est provoquée par des causes physiques, par l'anxiété ou par le stress. Toutefois, il est plus probable que l'esprit et le corps interagissent étroitement et qu'il ne soit pas possible de clairement séparer l'un de l'autre.

Mentalement, vous scrutez automatiquement et intensément votre environnement. Votre attention se concentre sur la menace et sur rien d'autre. En fait, vous ne pouvez pas prêter attention à autre chose.

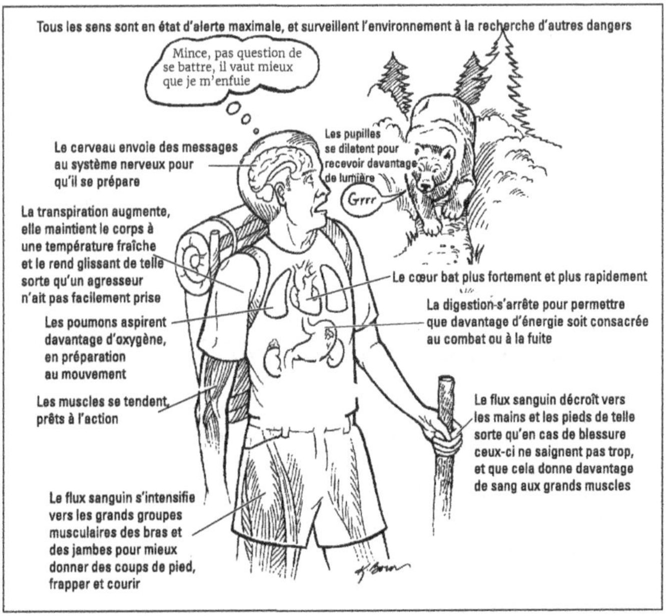

FIGURE 2-1 : Se battre ou s'enfuir ?

Sur le plan comportemental, vous êtes maintenant prêt soit à courir, soit à vous battre. Vous avez besoin de cette préparation en face du danger. Lorsque vous devez affronter un ours, un lion ou un guerrier, il vaut mieux que toutes vos ressources soient en état d'alerte maximale.

Mais il y a un hic : dans le monde d'aujourd'hui, la plupart des gens ne rencontrent pas de lions ni d'ours. Malheureusement, votre corps réagit trop facilement de la même manière pour affronter la circulation, respecter les dates butoirs, parler en public et faire face à tous les soucis de la vie quotidienne.

Lorsque les êtres humains ne rencontrent rien contre quoi ils puissent se battre ou en face de quoi ils doivent s'enfuir, il faut que toute cette énergie sorte d'une manière ou d'une autre. Dans cette situation, il est donc possible que vous ayez fortement envie de gigoter et de remuer les pieds et les mains. Que vous ayez envie de sauter hors de votre peau. Que vous tempêtiez peut-être impulsivement contre ceux qui sont autour de vous.

LA PRÉVENTION DU DIABÈTE

Comme si la douleur de l'anxiété chronique ne suffisait pas, voici deux bonnes raisons supplémentaires pour vous efforcer d'éliminer les excès de stress :

- Les sujets exposés durablement au stress sont bien plus prédisposés au diabète de type 2 ;
- Ce n'est pas surprenant, car le stress augmente le taux de glucose dans la circulation sanguine.

Les chercheurs de l'université Duke ont mené une étude sur plus de 100 personnes, et découvert que lorsque la gestion du stress était ajoutée aux soins des adultes souffrant de diabète, le taux de sucre dans le sang se réduisait. Ces techniques n'étaient pas complexes, elles ne demandaient pas non plus beaucoup de temps. La plupart d'entre elles sont les mêmes que celles que vous pouvez lire dans ce livre.

Le résultat ahurissant de cette étude est le suivant : les taux de glucose de ceux qui avaient trouvé comment se calmer eux-mêmes étaient tombés aussi bas que s'ils avaient pris un médicament supplémentaire pour contrôler le diabète. Donc si vous n'avez pas de diabète, protégez-vous en surmontant l'anxiété, et si vous avez du diabète, le fait de calmer vos pensées pourrait vous aider vous-même et aider votre médecin à contrôler la maladie.

La plupart des experts croient que si ces effets physiques de l'anxiété sont vécus de façon fréquente et chronique, cela ne peut pas être bon pour la santé. Diverses études indiquent qu'il est possible que l'anxiété et le stress chroniques contribuent à de nombreux problèmes physiques, comme rythme cardiaque anormal, hypertension, colite, asthme, ulcères, troubles digestifs, des reflux acides, des spasmes musculaires chroniques, des tremblements, des douleurs de dos chroniques, des maux de tête dus à la tension, et un système immunitaire affaibli. La figure 2-2 illustre le prix que doit payer le corps en cas d'anxiété chronique.

Pourtant, avant que vous n'angoissiez à cause de votre anxiété, veuillez réaliser qu'il n'existe pas encore de preuves certaines et irréfutables que l'anxiété chronique soit une cause majeure de ces problèmes. Néanmoins, suffisamment d'études ont indiqué qu'elle peut aggraver ces troubles et qu'il vaut mieux ne pas la prendre à la légère. En d'autres termes, soyez préoccupé, mais pas paniqué.

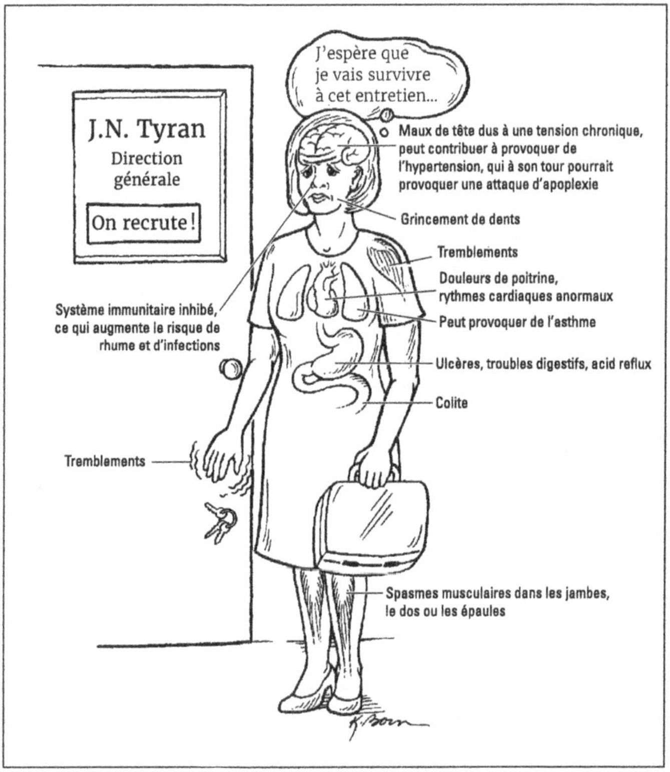

FIGURE 2-2 : Les effets chroniques de l'anxiété.

Chapitre 3

Ouvrez la voie au changement !

DANS CE CHAPITRE :

- » **Déterminez d'où provient votre anxiété**
- » **Découvrez que si vous êtes anxieux, ce n'est pas de votre faute**
- » **Comprenez pourquoi on résiste au changement**
- » **Sautez les obstacles**

Il est probable que si vous lisez ce livre, vous souhaitez agir contre votre propre anxiété ou aider l'un de vos proches. Dans ce cas, sachez que les gens démarrent souvent sur la voie du changement avec les meilleures intentions, mais qu'en avançant, ils rencontrent soudainement du verglas, se mettent à patiner, et glissent hors de la route.

Ce chapitre vous donne en quelque sorte du sel et du sable à jeter sur le verglas pour continuer à avancer. D'abord, nous vous expliquons d'où vient l'anxiété. Une fois que vous aurez compris ses origines, vous pourrez cesser vos reproches à vous-même pour vous accepter comme vous êtes, en dirigeant donc votre énergie ailleurs que vers les mauvais traitements auto-infligés, pour l'employer à des activités plus productives. Ensuite, nous vous montrons les autres grands obstacles qui ont tendance à bloquer la voie du changement. Enfin, nous vous donnons des techniques efficaces pour que vous restiez en toute sécurité sur la voie qui vous mènera à surmonter l'anxiété.

Déterrez les racines de l'anxiété

Les trois principales causes de l'anxiété sont :

- **Les gènes** : il s'agit de votre patrimoine héréditaire ;
- **L'éducation parentale** : c'est la manière dont vous avez été élevé par vos parents ;
- **Le traumatisme** : nous parlons ici des événements contrariants de la vie quotidienne.

Des études montrent que lorsque des personnes vivent un traumatisme non anticipé, seule une minorité finit par contracter une anxiété grave. C'est parce que l'anxiété provient habituellement d'une combinaison de causes – peut-être les gènes et le traumatisme ou le traumatisme et l'éducation parentale. Parfois les trois se liguent pour causer l'anxiété. Dans le même temps, un seul facteur, s'il est suffisamment puissant, pourrait être la source unique du problème tout entier.

Par exemple, **Sophie** arrive à grandir dans une zone de guerre de gangs de drogues sans contracter de symptômes terriblement affligeants. Une nuit, les balles sifflent en faisant éclater la vitre de sa chambre, et l'une d'elles perce son abdomen. Elle fait preuve d'une résistance surprenante au cours de sa convalescence. Pour traverser avec succès un tel épisode, elle doit sans doute avoir des gènes solidement résistants à l'anxiété, et peut-être aussi des parents qui sont vraiment bons. Pourtant, lorsqu'à 16 ans elle est violée, elle contracte un grave problème d'anxiété. Elle a enduré un traumatisme de trop.

En conséquence, on ne peut jamais déterminer avec une certitude absolue la cause exacte de l'anxiété de quiconque. Pourtant, lorsqu'on examine les rapports d'enfance d'un sujet avec ses parents, l'histoire de sa famille et les divers événements de sa vie (comme les accidents, la guerre, la maladie, etc.), on peut généralement se faire une idée assez bonne des raisons pour lesquelles l'anxiété pose problème aujourd'hui. Si vous avez de l'anxiété, pensez à passer en revue ces causeurs de misère et essayez de trouver lesquels pourraient avoir généré le plus de problèmes.

Mais quelle différence cela fait-il de savoir d'où provient votre anxiété ? Pour surmonter l'anxiété, il ne faut pas forcément savoir d'où elle provient. Les remèdes changent peu, que l'on soit né anxieux ou qu'on l'ait contractée bien plus tard dans la vie.

Eh bien, l'identification de la source de votre anxiété peut vous aider à réaliser que votre anxiété n'est pas une chose que vous avez provoqué vous-même. L'anxiété se développe pour plusieurs bonnes raisons. La faute n'est pas celle de la personne qui en souffre.

Le sentiment de culpabilité et l'auto-accusation ne peuvent que saper votre énergie. Au contraire, le pardon à soi-même et l'acceptation de soi renforcent vos efforts et les vitalisent.

Identifiez vos propres criminels génétiques

Si vous souffrez de soucis excessifs et de tensions trop importantes, observez le reste de votre famille. Chez les anxieux, il est typique qu'un quart de leurs parents souffrent avec eux. Donc votre oncle Jean ne combat peut-être pas l'angoisse, mais votre tante Irma ou votre sœur Charlotte pourraient bien en souffrir.

Vous pourriez vous rendre compte que l'oncle Jean, la tante Irma et votre sœur Charlotte ont tous dû vivre avec votre grand-mère, qui aurait angoissé n'importe qui. En d'autres termes, ils ont vécu dans un environnement anxiogène (induisant l'anxiété). Peut-être que cela n'a rien à voir du tout avec les gènes.

LES GAFFES GÉNÉTIQUES

Des études ont montré une mutation génétique chez les anxieux. Cette mutation affecte la disponibilité de la *sérotonine*, un neurotransmetteur dont on croit qu'il contribue au bien-être émotionnel. Si la sérotonine ne circule pas en quantité suffisante dans votre cerveau, il est probable que vous allez devenir la proie des soucis, de l'anxiété ou du cafard. Certains médicaments peuvent augmenter la disponibilité de la sérotonine (voir le **chapitre 13**).

Divers chercheurs ont réalisé des études avec des frères et sœurs et des jumeaux qui vivent ensemble, afin de vérifier que le rôle des gènes quant à la manière dont les gens vivent et gèrent l'anxiété. Comme prévu, les vrais jumeaux avaient des réactions bien plus semblables en termes d'anxiété que les faux jumeaux ou d'autres frères et sœurs. Pourtant, même si vous êtes né avec une prédisposition génétique à l'anxiété, d'autres facteurs tels que l'environnement, votre entourage et la manière dont vos parents vous ont éduqué font partie du mélange.

C'est la faute de mes parents !

S'attaquer à ses parents, c'est à la mode. Il est facile de rejeter sur ses parents la responsabilité de quasiment tout ce dont on souffre. Cependant, les parents font habituellement de leur mieux. Élever des enfants, c'est une tâche gigantesque. Donc dans la plupart des cas, les parents ne méritent pas d'être calomniés. Pourtant, ils assument vraiment une part de responsabilité dans la manière dont vous avez été élevé et il est donc possible qu'ils aient contribué à vos malheurs.

Les styles d'éducation parentale qui suivent favorisent l'anxiété chez les enfants :

- **Protecteur à l'excès** : ces parents protègent leurs enfants de tout stress ou dommage imaginable. S'ils trébuchent, ils les rattrapent avant même qu'ils ne touchent le sol. Lorsque leurs enfants sont contrariés, ils résolvent le problème. Ce n'est donc pas une surprise que leurs enfants n'arrivent pas à trouver comment tolérer la peur, l'anxiété ou la frustration.
- **Contrôleur à l'excès** : ces parents gèrent étroitement toutes les activités de leurs enfants. Ils les dirigent dans le moindre détail, depuis la façon dont ils doivent jouer jusqu'aux vêtements qu'ils doivent porter et jusqu'à la manière dont ils doivent résoudre leurs problèmes d'arithmétique. Ils découragent l'indépendance et favorisent la dépendance et l'anxiété.

- **Incohérent** : ces parents donnent à leurs enfants des règles et des limites irrégulières. Un jour, ils réagissent avec compréhension lorsque leurs enfants ont des problèmes à faire leurs devoirs. Le lendemain, ils explosent lorsque leurs enfants leur demandent de l'aide. Les enfants n'arrivent pas alors à trouver la relation entre leurs propres efforts et un résultat prévisible. En conséquence, ils ont l'impression de n'avoir que peu de contrôle sur ce qui se passe dans la vie. Pas étonnant qu'ils soient anxieux.

C'est la faute du monde !

Le monde d'aujourd'hui tourne à un rythme plus rapide que jamais. La vie moderne regorge de complexité et de danger. C'est peut-être la raison pour laquelle les professionnels de la santé mentale voient plus de personnes ayant des problèmes relatifs à l'anxiété qu'ils n'en ont jamais vu auparavant. Quatre types spécifiques d'événements contrariants peuvent déclencher un problème d'anxiété chez une personne, même si celle-ci n'en a pas souffert beaucoup auparavant :

- **Des menaces non anticipées** : la prévisibilité et la stabilité contrecarrent l'anxiété, le contraire l'alimente. Par exemple, **Paul** est un artisan, il doit travailler de nombreuses heures pour gagner sa vie correctement. Néanmoins, il vit de paie en paie avec peu d'argent de reste pour des économies. Un glissement inattendu sur le trottoir verglacé le rend incapable de travailler pendant six semaines, et il devient alors obsédé par le souci de savoir comment payer ses factures. Même de retour au travail, il angoisse plus que jamais à cause du prochain traquenard financier qui l'attend.

- **Des attentes plus élevées** : rien de tel qu'une promotion. Du moins, c'est ce que **Jacques** se dit lorsque son supérieur lui propose une opportunité de carrière du type qui n'arrive qu'une seule fois dans la vie. Il s'agit du poste à hauts risques de directeur du nouveau service de recherche-développement. Jacques n'avait jamais espéré atteindre un poste aussi élevé si tôt dans sa carrière, ni le doublement de son salaire. Bien sûr, de nouvelles tâches, de nouvelles attentes, et de nouvelles responsabilités accompagnent la promotion. Jacques se met maintenant à s'inquiéter et à se faire du souci. Que se passera-t-il s'il n'est pas à la hauteur ? L'anxiété commence à s'emparer de sa vie.

» **Les événements qui sapent la confiance** : **Patricia** est sur un petit nuage. Elle a un bon emploi, et elle est aux anges à l'idée de son mariage qui approche. Elle est pourtant stupéfaite lorsqu'elle apprend que son fiancé retire sa proposition. Maintenant, elle se fait constamment du souci en se disant que quelque chose ne va pas chez elle. Peut-être qu'elle n'aura jamais la vie dont elle avait rêvé.

» **Les traumas terrorisants** : personne ne veut subir d'événements horrifiants ou dangereux pour la vie. Malheureusement, ces pilules amères se présentent de temps en temps. Les sévices sexuels, les accidents terribles, les blessures à la guerre et les viols se produisent depuis des siècles, et nous soupçonnons que ce sera toujours le cas. Lorsqu'ils se produisent, des problèmes graves d'anxiété émergent souvent. (Voir le **chapitre** 2 pour en savoir davantage sur le trouble de stress post-traumatique).

Passer de la maltraitance à l'acceptation de soi

De temps en temps, nous voyons que nos patients soucieux et tendus souffrent d'une autre source de douleur inutile. Leur anxiété leur suffit bien, mais ils s'acharnent sur eux-mêmes *parce qu*'ils ont un problème d'anxiété. Si vous vous infligez cette punition, nous vous conseillons d'essayer l'approche du pardon de soi qu'a adopté Gérard.

Gérard a contracté un trouble panique. Ses attaques, durant lesquelles il a la nausée, des étourdissements, perd la respiration et pense qu'il devient fou, se sont récemment aggravées. Il a honte et il est profondément gêné par le fait que quelqu'un comme lui ait ce problème. Lorsqu'il commence à avoir des attaques de panique au travail, il s'avoue vaincu et se met à chercher de l'aide. Il dit à son psychologue qu'un homme, un vrai, n'aurait jamais ce type de problème. Le psychologue aide Gérard à davantage se pardonner. Il demande à Gérard d'écrire les trois principales causes de son anxiété. Il lui demande de passer soigneusement sa vie en revue et de trouver autant de contributeurs à ses soucis qu'il le peut. Le tableau 3-1 indique ce que Gérard a trouvé.

Si vous souhaitez mieux comprendre les causes de votre anxiété, écrivez-les comme Gérard l'a fait dans le tableau 3-1. Organisez-les dans un tableau avec les mêmes têtes de colonne : « Possible influence génétique », « Éducation parentale » et « Événements : anciens et nouveaux ». Prenez votre temps, ne bâclez pas ce travail. Vous pouvez en faire plusieurs brouillons avant d'obtenir une liste définitive. Vous pouvez aussi répartir ce travail sur plusieurs jours.

TABLEAU 3-1 Les causes d'anxiété de Gérard

Possible influence génétique	Éducation parentale	Événements : anciens et nouveaux
Ma tante Marie ne quitte quasiment jamais sa maison. Peut-être qu'elle a quelque chose comme moi.	Eh bien, mon père avait un caractère assez imprévisible ! Je ne savais jamais à quel moment il allait exploser.	Lorsque j'avais 6 ans, nous avons eu un terrible accident de voiture, et j'ai passé trois jours à l'hôpital. J'étais effrayé.
Ma cousine Marguerite semble timide. Peut-être qu'elle est trop anxieuse.		Mon premier mariage s'est terminé lorsque j'ai surpris ma femme en train de me tromper. Je ne pouvais pas imaginer qu'elle pourrait faire une chose pareille. Bien que j'aie confiance en ma nouvelle épouse, je m'inquiète trop de sa fidélité.

Possible influence génétique	Éducation parentale	Événements : anciens et nouveaux
Ma mère est toujours tendue.	Les humeurs de ma mère étaient extrêmement variables. Je ne pouvais jamais prévoir comment elle allait réagir lorsque je lui demandais quelque chose.	Mon école primaire se trouvait dans un quartier très malfamé. Des bandes y faisaient la loi. Il fallait que je regarde par-dessus mon épaule à chaque tournant.
Mon frère se fait tout le temps du souci. Il a l'air complètement stressé.		Il y a deux ans, on a diagnostiqué que j'avais le diabète. Ajourd'hui, je m'inquiète trop de ma santé.

CONSEIL

Après avoir établi la liste des coupables présumés qui ont causé votre malheur, posez-vous quelques questions, comme celles qui suivent :

- Est-ce que j'ai demandé à avoir mon anxiété ?
- Y a-t-il eu une seule fois dans ma vie où j'ai en fait voulu me sentir anxieux ?
- Suis-je le premier/la première à porter la responsabilité de mes soucis ?
- Quel pourcentage de responsabilité puis-je m'affecter de façon objective, par rapport aux gènes, à l'éducation parentale, aux événements nouveaux et anciens ?
- Si deux de mes amis avaient des problèmes d'anxiété, qu'est-ce que je leur dirais ?
  - Penseraient-ils qu'ils en sont responsables ?
  - Aurais-je d'eux une opinion aussi mauvaise que celle que j'ai de moi-même ?
- Avoir une mauvaise opinion de moi-même, cela m'aide-t-il à surmonter mon anxiété ?
- Si je décidais d'arrêter de me punir moi-même, est-ce que j'aurais davantage d'énergie pour m'attaquer vraiment à mes problèmes ?

L'ANXIÉTÉ CHEZ LES RICHES ET LES CÉLÉBRITÉS

Tant de nos patients semblent penser qu'ils sont les seules personnes au monde à lutter contre l'anxiété. Nous leur disons que de très nombreuses autres personnes en souffrent. Peut-être que vous ne vous sentirez plus aussi seul si vous considérez, à travers l'histoire, les exemples de certaines célébrités qui ont souffert de l'un ou l'autre des troubles d'anxiété dont traite ce livre.

Il paraît qu'Albert Einstein et Eleanor Roosevelt souffraient tous deux de la peur des situations sociales. Charles Darwin a fini par devenir virtuellement un ermite à cause de l'agoraphobie qui le paralysait (voir le **chapitre** 2).

Le milliardaire Howard Hugues avait de nombreux problèmes émotionnels, parmi lesquels un trouble obsessionnel compulsif (voir le **chapitre** 2), semble-t-il. Hugues voulait absolument que trois exemplaires du même magazine lui soient livrés. Il tirait l'exemplaire du milieu en ayant recouvert ses mains de papier de soie. Puis il demandait à un assistant de brûler les deux autres exemplaires. Il avait en outre une pléthore d'autres compulsions bizarres, relatives à la manière dont ses repas étaient préparés, au maniement de certains objets, et à sa toilette.

Pour conclure, disons qu'une brève recherche sur Internet vous montrera qu'il semble que des centaines de personnes célèbres souffrent de problèmes graves d'anxiété de tous les types. Servez-vous simplement d'un moteur de recherche et tapez « célébrités anxiété ». Vous serez surpris par ce que vous allez trouver.

Nous espérons que ces questions pourront vous aider à mieux vous accepter vous-même. Une fois que vous aurez découvert qu'avoir de l'anxiété, cela n'a rien du tout à voir avec votre valeur personnelle en tant qu'être humain, vous aurez peut-être une opinion de vous-même un peu plus déridée. Nous vous le recommandons vivement. Si vous trouvez que vous êtes incapable d'abandonner complètement les sévices que vous vous infligez, vous pouvez chercher de l'aide auprès d'un professionnel. Vous savez, il arrive que les gens s'en prennent à eux-mêmes. Mais l'autodestruction acharnée et chronique, c'est une autre histoire. Vous en apprendrez davantage sur l'acceptation de soi dans un sens plus large et plus profond au **chapitre** 14.

Réfléchissez à deux fois avant de changer

Il est sûr que personne n'aime être anxieux, tendu et nerveux, ni se trouver dans une situation où l'anxiété pourrait atteindre de tels sommets qu'elle submerge les ressources personnelles et la capacité à y faire face. Une anxiété grave et chronique sert souvent de prélude à une dépression grave. Il est évident que quiconque subissant ce supplice sauterait sur l'occasion de s'y attaquer.

Avec de bonnes intentions, les gens achètent des guides pour s'aider soi-même, participent à des ateliers, et se mettent même en quête d'une thérapie. Ils ont la ferme intention de réaliser des changements significatifs dans leurs vies. Pourtant, comme le dit le proverbe, « l'enfer est pavé de bonnes intentions. »

Vous êtes-vous déjà rendu dans un centre de remise en forme en janvier ? Ils sont pleins à craquer de nouveaux membres enthousiastes. À la mi-mars, le nombre des membres revient à la normale. Comme de si nombreuses résolutions de nouvelle année, la poussée initiale s'affaiblit souvent. Qu'est-il donc advenu de toute cette détermination ?

Lorsque vous avez acheté ce livre, vous vous êtes juré de faire quelque chose contre votre anxiété une bonne fois pour toutes. Comme les fanas de la forme du mois de janvier, vous vous sentez peut-être encore motivé et concentré. Dans ce cas, n'hésitez pas à sauter cette section.

N'OUBLIEZ PAS !

En revanche, si vous commencez à perdre votre volonté ou votre croyance en votre capacité à faire quelque chose contre votre anxiété, revenez à cette section ! Elle pourra vous aider à vous remettre sur les rails.

Qu'est-il arrivé aux membres des centres de la forme en mars ? D'habitude, ils pensent qu'ils ont tout simplement perdu leur volonté. En fait, des pensées importunes se glissent dans leur esprit et sapent leur motivation. Ils commencent à penser qu'ils n'ont ni le temps ni l'argent, ou qu'ils pourront se remettre en forme plus tard. Ces pensées les séduisent et les incitent à abandonner leurs objectifs.

Il est possible qu'à un moment donné, des pensées relatives à l'abandon de votre quête visant à surmonter l'anxiété viennent perturber vos efforts. Dans ce cas, le premier pas consiste à identifier quelle pensée ou quelles pensées vous traversent l'esprit. Ensuite, nous vous donnons des techniques pour les combattre. Voici les dix principales excuses avancées pour rester bloqué :

10. L'anxiété n'est pas vraiment un problème si important que ça pour moi.

9. Si j'échoue après avoir essayé, j'aurais l'air ridicule.

8. Mon anxiété me semble trop écrasante pour que je puisse m'y attaquer.

7. J'ai peur d'essayer et que cela ne mène à rien. Je me sentirais alors encore plus mal que si je n'avais rien fait du tout.

6. Les sentiments ne peuvent pas vraiment être contrôlés.

5. Je ferai quelque chose contre mon anxiété lorsque j'aurai la motivation pour.

4. Qui serais-je sans mon anxiété ? C'est comme ça que je suis, tout simplement.

3. Je ne crois pas pouvoir vraiment changer. Après tout, j'ai été comme ça pendant toute ma vie jusqu'à aujourd'hui.

2. Je suis trop occupé pour faire quelque chose contre mon anxiété. Ces activités ont l'air de prendre du temps.

1. La raison numéro un pour laquelle les gens restent bloqués est la suivante : chaque fois que je pense à faire face à mon anxiété, ça me fait aller encore plus mal.

Regardez plusieurs fois la liste que vous avez établie précédemment. Réfléchissez à chaque excuse et entourez celles qui vous semblent familières ou raisonnables. Chacune de celles avec lesquelles vous êtes d'accord gênera vos progrès. Maintenant, nous avons quelques méthodes à vous proposer pour récuser ces excuses, aussi raisonnables qu'elles puissent sembler.

Décidez si, oui ou non, vous voulez vraiment vous y mettre !

Si une ou des idées, quelles qu'elles soient, parmi les dix meilleures pour rester bloqué trouvent votre approbation, alors votre décision de surmonter l'anxiété n'est pas solide. Ces pensées peuvent saboter vos meilleures intentions. Ne sous-estimez pas leur pouvoir.

Nous avons trois types de techniques à vous proposer pour vous aider à transformer vos intentions en actions :

» **Débattez vous-même de la décision.**

  Dressez la liste de vos excuses pour rester bloqué et confrontez-lez aux raisons d'avancer.

» **N'attendez pas le moment magique d'arrivée de la motivation.**

» **Démarrez au pied votre programme.**

Les décisions prises à contrecœur mènent à la remise à plus tard et à l'évitement des tâches à effectuer. L'anxiété fait mal, mais c'est dur de changer. La section suivante vous montre comment écarter la peur du changement.

Débattez de la décision

Faites comme si vous étiez en train de juger une discussion. Une partie est en faveur du statu quo, elle ne veut rien changer. L'autre partie prend la position pour le changement. Demandez-vous quelle partie a le plus raison, et nommez un vainqueur.

Michel se fait du souci à n'importe quel sujet. Il se réveille tôt le matin en pensant à ce qu'il doit faire cette journée à l'école. Il rêve qu'il va en cours sans avoir fait ses devoirs et qu'il est mis dans l'embarras par son professeur. Il remet à plus tard sa demande d'admission à l'université de peur de ne pas être pris, bien que ses notes et ses résultats ne posent aucun problème. Il se sent nerveux, tendu et irritable la plupart du temps. Dernièrement, ses soucis perturbent tant sa concentration qu'il est complètement absent en pensée alors même qu'il assiste au cours. Ses parents insistent pour qu'il voie un conseiller pour obtenir de l'aide contre son anxiété, mais Michel ne croie pas que cela sera utile. Le conseiller, en dressant un tableau semblable au tableau 3-2 de ce chapitre, travaille avec lui pour discuter de sa réticence à surmonter son anxiété.

TABLEAU 3-2 Le grand débat de Michel

Excuses pour rester coincé	Raisons pour aller de l'avant
Si j'échoue après avoir essayé, j'aurais l'air ridicule. Mes amis et ma famille penseront que j'ai été stupide d'avoir simplement essayé.	Nombreux sont mes amis qui ont vu un conseiller, et je n'ai jamais pensé du mal d'eux, même si un ou deux d'entre eux n'ont pas eu l'air d'aller bien mieux. Au moins, ils ont essayé. De plus, j'ai de bonnes chances de succès ; c'est habituellement le cas pour la plupart des choses auxquelles je m'attaque.
J'ai peur d'essayer et que cela ne mène à rien. Je me sentirais alors encore plus mal que si je n'avais rien fait du tout. J'aurais l'impression d'être un raté.	Le seul vrai échec serait de ne rien faire du tout. Cette anxiété m'empêche de réaliser mes performances maximales à l'école. Mon risque d'échec est plus grand si je reste coincé.
Les sentiments ne peuvent pas vraiment être contrôlés. Penser le contraire, c'est simplement se mentir à soi-même. On se sent comme on se sent.	Le simple fait que j'aie l'impression qu'il est sans espoir de faire quelque chose ne veut pas dire que c'est vrai. Nombreux sont ceux qui font une thérapie pour une raison ou une autre ; il est certain que cela les aide à aller mieux, car sinon le monde n'aurait pas une foultitude de thérapeutes.
Qui serais-je sans mon anxiété ? C'est juste comme ça que je suis. Je suis une personne anxieuse. Je suis comme ça.	L'anxiété ne définit pas qui je suis. Elle ne fait que se trouver sur mon chemin. J'ai plein de qualités que je ne vais pas changer.

Laquelle des parties remporte le débat contradictoire ? Nous pensons que les raisons pour aller de l'avant méritent une nette victoire.

Si vous avez quelques excuses pour rester bloqué, essayez de les soumettre à un débat contradictoire comme l'a fait Michel dans le tableau 3-2. Sur une feuille vierge, dressez à gauche la liste de vos « Excuses pour rester coincé » et à droite celle de vos « Raisons pour aller de l'avant ». Les questions suivantes pourraient vous aider à développer vos arguments afin d'aller de l'avant.

- Est-ce que mes excuses sont exagérées ?
- Puis-je trouver une preuve, quelle qu'elle soit, pour contredire mon excuse ?
- Puis-je penser à des gens à qui mon excuse ne s'applique pas ? Et si elle ne s'applique pas à eux, pourquoi devrait-t-elle s'appliquer à moi ?
- Est-ce que j'essaie de prédire l'avenir avec des pensées négatives alors que personne n'est capable de prédire l'avenir ?

Décollez des starting blocks

Certaines excuses pour rester bloqué sapent votre motivation et votre volonté de changement. L'une de nos dix meilleures excuses pour rester bloqué concerne particulièrement ce problème, il s'agit de l'excuse n° 5 : « Je ferai quelque chose contre mon anxiété lorsque j'aurai la motivation pour. En ce moment, je n'en ai pas vraiment envie. Je suis sûr que la motivation viendra. Tout ce que je dois faire, c'est attendre. »

Cette excuse se fonde sur une idée courante, mais qui est erronée et pernicieuse. La plupart des gens croient qu'il faut attendre d'être motivé pour agir. Malheureusement, si vous fonctionnez d'après ce principe, vous pourrez attendre longtemps. Parce que faire face à ses propres peurs, n'est pas quelque chose de particulièrement agréable. Cela peut même faire augmenter l'anxiété pendant un petit moment. Vous n'aurez peut-être jamais l'*impression* de vous y attaquer. Pourtant, si vous commencez à agir et à ressentir un peu de progrès, votre motivation va surgir.

Hélène n'arrive pas à conduire sur les autoroutes. Elle passe ainsi une heure de plus par jour pour se rendre au travail et en revenir, parce qu'elle emprunte les routes secondaires. Elle n'a pourtant vraiment pas de quoi perdre le temps supplémentaire nécessaire, ni de quoi payer l'essence supplémentaire ou l'usure supplémentaire de sa voiture.

En conséquence, elle décide de surmonter sa peur une bonne fois pour toutes. Pourtant, chaque jour en montant dans sa voiture, la seule pensée d'essayer de conduire, ne serait-ce qu'une courte distance sur l'autoroute, la rend anxieuse, et elle perd sa détermination. Elle justifie donc cela de façon rationnelle, en se disant qu'elle s'attaquera à ce problème lorsque le trajet entre chez elle et son lieu de travail se sera tellement dégradé qu'elle ressentira une motivation suffisante pour faire face à sa peur.

De nombreux mois passent, le trajet reste le même, et la peur qu'a Hélène de conduire sur les autoroutes est inchangée. Elle se rend compte qu'elle ne voudra peut-être jamais faire face à cette phobie. Elle décide donc de se forcer à conduire sur l'autoroute juste sur une courte distance, qu'elle en ait envie ou non. Elle décide de conduire sur environ un kilomètre de l'autoroute près de chez elle un dimanche. Rentrée chez elle, elle est surprise de constater qu'elle est fière de son petit succès, et qu'elle veut en fait en faire davantage. Chaque pas qu'elle fait en ce sens accroît sa motivation.

N'OUBLIEZ PAS !

En général, l'action précède la motivation. Si vous attendez d'avoir envie de surmonter votre anxiété, vous risquez d'attendre toute votre vie.

Des pas de bébé !

Si vous trouvez que vous occuper de votre anxiété, c'est tout simplement trop vous demander, l'excuse n° 8 pour rester bloqué : « Mon anxiété me semble trop écrasante pour que je puisse m'y attaquer. Rien qu'à y penser, je ne sais tout simplement pas si j'arrive à gérer le stress supplémentaire », vous donne probablement du fil à retordre. Dans ce cas, mettez un pied devant l'autre, ça pourrait vous aider. Faites des pas de bébé.

Arrêtez de penser à l'ensemble de la tâche. Par exemple, si vous pensez à tous les pas que vous allez faire au cours des cinq prochaines années, c'est énorme ! Des centaines, si ce n'est des milliers de kilomètres vous attendent. Le simple fait d'y penser pourrait vous stresser.

Comme tant d'autres, vous vous réveillez peut-être tôt le matin de certains jours avec une longue liste de tâches à effectuer dans la semaine. Pouah ! Un sentiment de défaite s'installe, et vous avez soudain envie de rester au lit pour le reste de la journée. L'effroi remplace l'enthousiasme. Si, au contraire, vous libérez votre esprit du calendrier tout entier et choisissez de vous concentrer sur le premier élément de la liste, votre angoisse va probablement se réduire, au moins un peu.

Pauline, par exemple, est sur le point de mettre en œuvre cette stratégie. Elle souffre de phobie sociale. Elle ne peut supporter l'idée de participer à des événements sociaux. Elle a l'impression qu'au moment où elle rejoint un groupe, tous les yeux se concentrent sur elle, et son anxiété crève le plafond. Elle veut désespérément changer. Mais l'idée de participer à des grandes fêtes ou à des réceptions la remplit d'effroi. Le tableau 3-3 montre comment elle a divisé la tâche complète en petits pas de bébé.

TABLEAU 3-3 Les pas de bébé de Pauline vers le succès

Objectifs	Décomposition des actions pas à pas
Objectif final	Aller à une grande fête, y rester pendant toute la durée, et parler à de nombreuses personnes sans en avoir peur.
Objectif intermédiaire	Aller à une fête d'importance moyenne, y rester un peu, et parler à deux personnes bien que je me sente un peu effrayée.
Petit objectif	Aller boire un pot avec les collègues de travail, y rester 30 minutes, parler au moins à une autre personne malgré un peu d'anxiété.
Premier pas de bébé	Appeler une amie et lui demander d'aller déjeuner avec elle malgré l'anxiété.

Cette stratégie simple marche parce que la tâche écrasante est divisée en morceaux gérables. Asseyez-vous et inscrivez votre but sur une feuille, puis écrivez un objectif qui n'est pas non plus élevé et qui pourrait servir de tremplin, un objectif intermédiaire. Puis inscrivez l'action que vous devriez entreprendre pour réaliser un petit objectif. Si votre objectif intermédiaire semble réalisable, vous pouvez commencer par celui-ci. Sinon, réduisez encore la tâche. Ce n'est pas grave si le premier pas est très petit. Tout ce qui vous bouge ne serait-ce qu'un peu dans la bonne direction peut vous mettre en route et augmenter votre confiance, en faisant un pas après l'autre.

Évaluation du pour et du contre

Peut-être que vous souffrez d'anxiété, mais que dès qu'il s'agit de faire quelque chose pour y remédier, vous commencez à vous dire qu'après tout ce n'est pas si grave que ça. Dans ce cas, vous êtes peut-être en train de *trouver des explications rationnelles*, et de vous servir de l'excuse n° 10 : « L'anxiété n'est pas vraiment un problème si important que ça pour moi. J'ai pensé que c'était le cas quand j'ai acheté ce livre, mais mon anxiété n'est pas aussi grave que celle de certaines des personnes dont j'ai lu l'histoire. Peut-être qu'elle n'est pas si grave que ça. »

D'autre part, peut-être que votre anxiété ne justifie véritablement pas que l'on s'y attarde. Dans ce cas, alors c'est merveilleux ! Donnez ce livre à un ami qui en a davantage besoin que vous ! Mais alors, comment pourrez-vous arriver à comprendre que vous êtes ou non en train de nier l'existence d'un problème ? Pour cela, il pourra être utile d'évaluer les avantages et les inconvénients qui résulteraient de la conquête de votre anxiété.

Édouard dirige le service de comptabilité d'une grande entreprise. Il est investi de responsabilités énormes, il doit respecter de nombreuses dates butoirs et superviser des personnes difficiles. Il dépend d'autres personnes qui doivent lui donner des résultats servant à l'élaboration de ses rapports trimestriels. Parfois, ces personnes ne réussissent pas à rendre leur travail à temps, et Édouard doit les affronter. Malheureusement, Édouard redoute les conflits et évite de parler. Le stress de l'attente lui donne la nausée, le rend tendu et irritable. Il sait qu'il souffre d'anxiété, mais il pense qu'il s'en est tiré jusqu'à présent, donc il se demande si ça vaut la peine d'essayer de changer.

PERSÉVÉREZ À TRAVERS LES HAUTS ET LES BAS

Un groupe de psychologues a mené une vaste recherche sur la manière dont les gens font des changements importants, comme arrêter de fumer, maigrir, et surmonter des difficultés affectives. Ils ont trouvé que le changement n'est pas un processus simple. Il inclut diverses étapes.

» **Avant la prise de conscience** : à ce stade, le sujet n'a pas eu la moindre pensée de faire quelque chose pour résoudre son problème. Il se peut même qu'il nie avoir la moindre difficulté. Si vous lisez ce livre, vous n'êtes probablement pas à ce stade.

» **La prise de conscience** : il commence à réfléchir à son problème et à s'y attaquer. Mais à ce stade, il lui semble un peu hors d'atteinte de faire quoi que ce soit pour le résoudre.

» **La préparation** : au stade de la préparation, il élabore un plan de changement. Il rassemble ses ressources et prend des décisions.

» **L'action** : le véritable travail commence, et le plan est mis en œuvre.

» **La maintenance** : il est temps maintenant de tenir bon. Le sujet doit s'accrocher pour éviter de rechuter.

» **La conclusion** : le changement est devenu habitude, à tel point que le risque de rechute est improbable et qu'un travail supplémentaire n'est pas particulièrement nécessaire.

Ces stades ressemblent à une ligne droite depuis le stade d'avant la prise de conscience à la conclusion, mais ce que les psychologues ont découvert, c'est que les gens sautent à travers les stades de façons différentes. Il se peut qu'ils passent de la prise de conscience à l'action sans avoir fait de préparation adéquate. D'autres peuvent atteindre le stade de la maintenance et abandonner leurs efforts, ce qui les fait rechuter au stade d'avant la prise de conscience.

De nombreuses personnes qui ont réussi des changements sautent plusieurs fois d'avant en arrière dans ces stades avant de finalement réaliser leurs objectifs. Donc ne vous découragez pas si cela vous arrive. Gardez votre objectif en tête, et renouvelez vos efforts si vous chutez. Oui, c'est ça. Essayez, encore et encore et encore.

Il évalue les avantages et les inconvénients qu'il aurait à s'attaquer à son problème. En mettant ses préoccupations en perspective, il organise sur le papier ses pensées pour agir contre ses peurs. (Le tableau 3-4 montre la façon dont Édouard a organisé les avantages et les inconvénients). Il commence par dresser la liste des inconvénients liés à l'action, parce que ce sont eux dont il est le plus complètement conscient.

TABLEAU 3-4 Les avantages et les inconvénients de l'action d'Édouard

Inconvénients de l'action d'Édouard	Avantages
Ça me rendra encore plus anxieux d'affronter les collègues	Je souffre d'anxiété de toute façon, et j'ai peur d'avoir des problèmes si je n'arrive pas à obtenir de ces collègues qu'ils rendent leur travail à temps. Si je les confronte au fait que j'en ai vraiment besoin, j'obtiendrai davantage d'aide.
Les collègues ne m'aimeront peut-être pas si je les mets en face de leurs responsabilités.	J'évite tellement mes collègues qu'ils ne savent même pas qui je suis. Donc qu'est-ce que cela peut faire si quelques personnes ne m'aiment pas ? Me faire moins de souci au sujet des gens qui m'aiment ou ne m'aiment pas, ça me semble très bien.
Je ne pas terriblement malheureux à mon travail la plupart du temps. Mon rapport trimestriel ne doit être produit qu'une fois au cours du trimestre.	C'est vrai, une seule fois tous les trois mois, mais je redoute le rapport trimestriel des semaines à l'avance. Il me semble que cela vaut la peine de se débarrasser de cette angoisse.

Tandis qu'Édouard soupèse soigneusement avantages et inconvénients, il prend la décision d'agir contre sa gêne. Vous pouvez utiliser le tableau d'Édouard comme un modèle à suivre pour écrire vos raisons pour ou contre l'action. Si votre motivation diminue parce que vous n'êtes pas sûr du degré de gravité de votre problème, prenez le temps d'y réfléchir à fond. Trouvez autant de raisons que vous le pourrez.

2 Les thérapies de la pensée

« L'ANXIÉTÉ DE DORA S'EST TOUJOURS MANIFESTÉE PAR LA FUITE. »

DANS CETTE PARTIE...

Nous allons vous parler de l'un des types de thérapie les plus efficaces contre l'anxiété, et vous montrer des méthodes pour détecter les pensées qui induisent l'anxiété, puis vous présenter des méthodes pour restructurer ces pensées anxiogènes et en faire un mode de pensée plus calme. Ensuite, nous décrivons les idées inquiétantes qui sous-tendent de nombreuses pensées anxiogènes. Vous allez découvrir quelles sont les idées inquiétantes qui vous tourmentent, et ce que vous allez pouvoir faire à ce sujet.

En outre, vous verrez que les mots mêmes que vous utilisez pour penser à vous-même et au monde peuvent intensifier votre angoisse. Heureusement que vous pouvez remplacer ces mots anxiogènes par un langage plus raisonnable ! Ce faisant, votre anxiété diminue.Chapitre 4

Chapitre 4

Devenez un détective de la pensée

DANS CE CHAPITRE :

- **Comprenez la relation pensée/sentiment**
- **Traquez vos pensées anxiogènes**
- **Remettez en question vos pensées anxiogènes**
- **Créez des pensées plaisantes**

Il y a quelque temps, nous nous sommes offert une croisière pour nous récompenser de l'achèvement d'un grand projet. Un soir, nous étions assis sur des chaises longues en train de contempler un magnifique coucher de soleil : des nuages rouge et orange brillant se fondaient dans la mer d'un bleu profond. Le vent s'est légèrement levé, et le bateau a eu un léger roulis. Nous étions assis, détendus, bercés par le vent, en train d'admirer tranquillement le spectacle. Nous avons alors constaté que, dans nos vies respectives, nous avions rarement été aussi en paix.

L'annonce météo du capitaine interrompit cette harmonie. En s'excusant de nous déranger, il nous informa qu'en raison de la menace d'un ouragan, il devait prendre un cap légèrement différent, et que nous allions peut-être avoir une mer agitée. Pourtant, il nous assura que la tempête ne présentait aucun danger.

La brise nous sembla tout à coup plutôt fraîche. Les nuages, que nous trouvions auparavant spectaculaires, nous semblaient maintenant menaçants. Le doux roulis qui nous avait détendus nous rendait maintenant nerveux. Et pourtant, rien du tout n'avait changé dans le ciel ou la mer par rapport à quelques instants plus tôt.

Nos pensées passèrent de la béatitude à l'anxiété grandissante. Nous avons alors resserré nos vestes et fait des commentaires sur le temps qui avait l'air mauvais, pour finalement trouver qu'il valait peut-être mieux rentrer à l'intérieur. Pourtant, seules nos pensées sur le ciel, la mer et la brise avaient changé, et pas le temps en soi.

Dans ce chapitre, nous allons vous montrer de quelle manière vos pensées influencent vos émotions et vos perceptions. Vous pouvez devenir un détective de la pensée, capable de découvrir comment les pensées contribuent aux sentiments anxieux. Nous allons vous montrer comment rassembler des preuves et mettre vos pensées à l'épreuve. Vous pourrez voir comment les pensées ne déclenchent que trop facilement notre anxiété, et nous allons vous donner des techniques éprouvées pour transformer vos pensées anxiogènes en pensées sereines.

Distinguer pensées et sentiments

Les psychologues demandent souvent à leurs patients d'exprimer leurs sentiments à propos d'événements récents de leurs vies. Fréquemment, ceux-ci répondent par ce qu'ils pensent au sujet des événements plutôt que par ce qu'ils ressentent. Par exemple, le Dr Loupe avait un patient très anxieux qui se plaignait de sa femme comme suit :

Dr Loupe : Qu'avez-vous ressenti lorsque votre femme vous a dit que vous étiez irresponsable ?

Gilbert : J'ai pensé qu'elle dépassait vraiment les bornes.

Dr Loupe : Je vois. Mais comment avez-vous ressenti ce qu'elle a dit ?

Gilbert : Elle est au moins aussi irresponsable que moi.

Dr Loupe : C'est possible. Mais encore, quels ont été vos sentiments, quelle a été votre réaction émotionnelle à ce qu'elle a dit ? Étiez-vous anxieux, voir furieux ou vexé ?

Gilbert : Eh bien, je n'arrivais pas à le croire, qu'elle puisse m'accuser de ça !

Dr Loupe : Je me demande si nous ne devrions pas passer quelque temps à vous mettre en contact avec vos sentiments.

Peut-être Gilbert a-t-il extrêmement peur que sa femme ne le quitte, ou peut-être est-il en colère contre elle. Peut-être que les critiques cinglantes de cette dernière le blessent. Quel que soit le sentiment, Gilbert et le Dr Loupe pourraient faire des découvertes intéressantes lorsqu'ils auront trouvé l'émotion qui accompagne la contrariété de Gilbert.

Cet exemple montre que les gens ne savent pas toujours comment décrire ce qu'ils ressentent. Si vous ne savez pas toujours ce que vous ressentez, ce n'est pas grave.

Éviter ou réprimer son blues

Certaines personnes ont souvent du mal à identifier leurs sentiments et leurs émotions, et à mettre une étiquette dessus. En fait, cette difficulté est logique pour deux raisons :

D'abord, les émotions font souvent mal. Personne ne veut ressentir une profonde tristesse, du chagrin, de l'anxiété ou de la peur. Une solution simple consiste à éviter complètement les sentiments, et il existe de nombreuses manières créatives d'éviter les émotions. Malheureusement, la plupart de ces méthodes peuvent être destructives :

- **Se tuer au travail** ;
- **L'alcoolisme et la consommation de drogues** ;
- **La dénégation et la répression** ;
- **La recherche de sensations fortes** ;
- **La distraction** : le sport, les divertissements, les hobbies, la télévision, le surf sur Internet et de nombreuses autres activités peuvent dissimuler des émotions négatives.

La deuxième raison qui fait que beaucoup de gens ont tant de mal à identifier, exprimer et donner un nom à leurs sentiments, c'est qu'on leur apprend dès la petite enfance qu'ils « ne doivent pas » ressentir certaines choses. Les parents, les professeurs, les amis et les membres de la famille bombardent les enfants avec des messages du style « Tu ne ressentiras point ! » Voici quelques exemples de messages de ce type que vous avez probablement déjà entendu :

- » Un grand garçon, ça ne pleure pas.
- » Ne fais pas l'enfant.
- » Remets-toi !
- » Ça n'a pas pu faire si mal que ça.
- » Ne sois pas une poule mouillée !
- » Sois à la hauteur !
- » Tu ne vas pas te dégonfler !
- » Arrête de pleurer, sinon je vais te donner une bonne raison de pleurer !

Il n'est pas étonnant que l'on dise de tant de gens qu'ils « ne sont pas en contact avec leurs sentiments ». Cette tendance habituelle à l'évitement des sentiments, est telle qu'on ne peut pas trouver comment faire face au problème qui le sous-tend, ni trouver comment le résoudre. L'évitement chronique crée un certain type de stress de basse intensité qui augmente avec le temps.

LA NÉGATION DES SENTIMENTS

Dans *Autant en emporte le vent*, Scarlet O'Hara n'arrête pas de dire « Je m'occuperai de ça demain. Après tout, ça ira peut-être mieux demain. » Repousser le problème à plus tard, quelle belle solution facile ! Mais nous apprenons de plus en plus que l'évitement et la répression des émotions ont un prix. Selon des chercheurs de l'université Adelphi et de l'université du Michigan (États-Unis), les gens qui, en dépit de preuves montrant le contraire, se déclarent mentalement en bonne santé pendant des années, ont un rythme cardiaque plus rapide et une tension artérielle plus élevée en réponse au stress que ceux qui avouent leurs difficultés émotionnelles, ou que ceux qui n'ont vraiment pas de problème au moment donné. Des études montrent aussi que ceux qui tiennent un journal intime pour exprimer leurs émotions ont un système immunitaire qui s'améliore. C'est sensationnel !

Accédez à vos sentiments

Le fait d'observer vos émotions peut vous aider à vous comprendre vous-même et à découvrir comment gérer vos émotions de façon plus efficace. Car si vous ne savez pas ce que sont vos sentiments, si vous ne savez pas non plus quand ils se produisent ni ce qui les amène, alors vous ne pourrez pas faire grand-chose pour les changer.

Certaines personnes sont très conscientes de leurs sentiments et ne savent que trop bien lorsqu'elles ressentent le moindre brin d'anxiété ou de souci. Si vous êtes l'une de ces personnes, n'hésitez pas à lire le reste de cette section en diagonale.

Prenez maintenant un peu de temps pour évaluer votre humeur. D'abord, observez votre respiration. Est-elle rapide et superficielle, ou lente et profonde ? Observez votre posture. Êtes-vous détendu, ou une partie de votre corps se trouve-elle en position inconfortable ? Observez toutes vos sensations physiques. Cherchez des sensations de tension, de gêne, d'étroitesse, de vertige, et d'engourdissement. Peut importe ce que vous allez trouver, observez le phénomène et gardez quelques instants votre attention sur la sensation. Ensuite, vous pourrez vous demander quel *sentiment* capture l'essentiel de ces sensations. Bien sûr, en ce moment précis, vous n'avez peut-être rien qui vous tienne particulièrement à cœur. Dans ce cas, votre respiration est régulière et votre posture est détendue. Mais alors, notez ce que l'on ressent lorsqu'on est calme. À d'autres moments, observez vos sensations les plus fortes.

N'OUBLIEZ PAS !

Les mots de sensations et de sentiments décrivent les réactions physiques et mentales aux événements.

Peut-être que nous en attendons trop de vous, mais puisque vous lisez ce livre, nous pensons que vous voulez vous-même ou qu'un de vos proches veut en savoir plus sur l'anxiété. Nous allons donc vous donner une liste de vocabulaire pour décrire les sentiments d'anxiété. La prochaine fois que vous ne pourrez pas trouver les bons mots pour décrire comment vous vous sentez, l'un des mots qui suivent pourra vous aider à démarrer.

- Effrayé
- Anxieux
- Agité
- Inquiet
- Dérangé
- Redoutant quelque chose
- Peureux
- Manquant d'assurance
- Nerveux
- Obsédé par quelque chose
- Pas dans le coup
- Paniqué
- Complexé
- Mal assuré
- Tendu
- Terrifié
- Timide
- Gêné
- Crispé
- Soucieux

Nous sommes certains qu'au moins une douzaine de possibilités vont vous manquer dans cette liste, et que vous avez peut-être une manière préférée de décrire votre propre anxiété. C'est très bien comme ça. Ce que nous vous encourageons à faire, c'est de commencer à faire attention à vos sentiments et à vos sensations corporelles. Vous pouvez peut-être regarder cette liste plusieurs fois et vous demander si vous vous êtes senti comme ça récemment. Essayez de ne pas porter de jugement sur vos sentiments. Car ils pourraient être en train d'essayer de vous dire quelque chose d'utile.

N'OUBLIEZ PAS !

L'anxiété et la peur ont aussi une fonction positive ; elles préparent votre esprit et votre corps au danger. Les mauvais sentiments ne créent des problèmes que lorsque vous vous sentez mal de façon chronique et répétée en l'absence de menace claire.

Les émotions négatives doivent jouer un rôle incitant à l'adaptation. Elles vous alertent du danger. Elles vous préparent à y répondre. Par exemple, si King Kong frappe à votre porte, l'adrénaline inonde votre corps et vous mobilise pour le combattre ou pour vous enfuir à toutes jambes ! C'est bon pour ce genre de situations. Mais si vous pensez que King Kong frappe de façon régulière à votre porte, alors qu'il ne se trouve même pas dans le voisinage, votre sentiment d'anxiété fait plus de mal que de bien.

Que King Kong frappe à votre porte ou non, la détection des sentiments d'anxiété, de peur ou de souci pourra vous aider à les gérer de façon bien plus efficace qu'en les évitant. Lorsque vous savez ce qui se passe, vous pouvez plus facilement vous concentrer sur ce qu'il faut faire pour sortir de votre situation difficile que lorsque vous êtes dans l'obscurité.

Accédez à vos pensées

De même que certaines personnes n'ont pas d'idée précise de ce qu'elles ressentent, d'autres ont des problèmes à déterminer ce qu'elles pensent lorsqu'elles sont anxieuses, se font du souci ou sont stressées. Comme les pensées ont une grande influence sur les sentiments, les psychologues demandent volontiers à leurs patients à quoi ils pensaient lorsqu'ils ont commencé à être contrariés. Parfois, les patients décrivent des sentiments plutôt que des pensées. Par exemple, le Dr Boulanger a mené le dialogue suivant avec Susanne, une patiente qui souffre gravement d'anxiété.

Dr Boulanger : Donc lorsque votre supérieur vous a réprimandée, vous dites que vous avez été paniquée. Quelles pensées vous ont traversé l'esprit ?

Suzanne : Eh bien, c'était tout simplement horrible, je ne pouvais pas le supporter.

Dr Boulanger : Je sais ; cela a dû être vraiment affreux. Mais je suis curieux de savoir quelles pensées vous ont traversé l'esprit. Que vous êtes-vous dit à vous-même au sujet du commentaire de votre supérieur ?

Suzanne : J'ai senti mon cœur qui battait très fort dans ma poitrine. En fait, je ne pense pas que j'avais des pensées.

Dr Boulanger : C'est possible. Parfois nos pensées nous échappent pendant un moment. Mais je me demande, si vous y réfléchissez maintenant, ce que ces commentaires ont signifié pour vous ? Qu'allait-il arriver, avez-vous pensé ?

Suzanne : Je tremble en ce moment même rien que d'y penser.

Comme l'illustre cet exemple, les gens ne savent pas toujours ce qui se passe dans leurs têtes lorsqu'ils sont anxieux. Parfois, on n'a pas de pensées claires et identifiables lorsque l'on se fait du souci ou lorsque l'on est stressé. C'est parfaitement normal.

Le défi, c'est de trouver ce que l'événement stressant signifie pour vous. Cela vous dira ce que sont vos pensées. Prenez l'exemple précédent. Susanne pourrait avoir été paniquée parce qu'elle a eu peur de perdre son emploi, ou bien elle aurait pu penser que ces critiques signifiaient qu'elle était incompétente. La réprimande peut également lui avoir rappelé son père, qui était grossier. Le fait de savoir quelles pensées se trouvaient derrière les sentiments pourrait aider à la fois le Dr Boulanger et Susanne à préparer l'étape suivante.

Identifiez les déclencheurs de votre anxiété

CONSEIL

Si vous êtes comme Susanne, vous ne savez pas toujours ce qui se passe dans votre tête lorsque vous êtes anxieux. Pour le savoir, vous devez d'abord identifier la situation qui a précédé votre bouleversement. Concentrez-vous sur ce qui s'est passé quelques instants avant que vos sentiments troublants n'apparaissent.

Peut-être que :

- » Vous avez ouvert votre courrier et trouvé que votre débit de carte bancaire avait monté en flèche ;
- » Vous avez entendu quelqu'un dire quelque chose qui vous a dérangé ;
- » Vous avez lu la notification de l'école de votre enfant vous avisant des insuffisances de celui-ci ;
- » Vous vous êtes demandé pourquoi votre partenaire tarde tellement à rentrer à la maison ;
- » Vous venez juste de descendre du pèse-personne et que vous y avez lu un nombre qui ne vous a pas plu ;
- » Vous avez remarqué que votre poitrine est tendue et que votre cœur bat la chamade sans aucune raison évidente.

D'autre part, il arrive que l'événement déclencheur d'anxiété ne se soit même pas encore produit. Vous pouvez être tout simplement assis et VLAN, une avalanche d'anxiété vous tombe dessus ! D'autres se réveillent à 4 heures du matin en proie à leurs soucis. Alors, quel est le déclencheur ? Eh bien, ce peut être une image ou la peur d'un événement à venir. Jetez un œil sur les différents exemples de pensées et d'images anxiogènes (qui déclenchent l'anxiété) :

- » Je n'aurai jamais suffisamment d'argent pour la retraite.
- » Est-ce que j'ai arrêté la cuisinière avant de quitter la maison ?
- » Nous n'arriverons jamais à écrire ce livre à temps !
- » Personne ne va apprécier mon discours demain.
- » Que va-t-il se passer si je suis licencié demain ?
- » Que se passera-t-il si ma partenaire me quitte ?

Voyez l'exemple de Véronique à la recherche de son événement déclencheur d'anxiété.

Véronique travaille au service des inscriptions de l'université. L'université lui offre la gratuité des études pour deux cours par semestre. Un jour, sa supérieure lui suggère de prendre un cours de gestion d'entreprise afin d'améliorer ses chances d'obtenir une promotion dans le service. Plus tard, elle constate qu'elle est anormalement anxieuse. Elle ne sait pas pourquoi.

Pourtant, après y avoir un peu réfléchi, Véronique réalise que ce qui déclenche son anxiété c'est la pensée d'avoir à suivre un cours et de passer des examens. Elle a toujours détesté les examens. Le déclencheur de l'anxiété de Véronique, c'est l'image de l'événement à venir, l'idée de passer un test.

Prenez vos pensées anxiogènes au piège

À ESSAYER

Si vous connaissez vos sentiments et les déclencheurs de ceux-ci, vous êtes prêt à devenir un détective des pensées. Les pensées influencent puissamment les émotions. L'événement pourrait servir de déclencheur, mais ce n'est pas lui qui favorise directement la survenue de votre anxiété. C'est la signification que cet événement a pour vous, et vos pensés reflètent cette signification.

Imaginons par exemple que votre épouse rentre du travail avec trois quarts d'heure de retard. Vous pourriez avoir des pensées anxiogènes :

- Peut-être a-t-elle eu un accident.
- Elle a probablement une aventure.

Vous pourriez avoir d'autres pensées qui ne créent pas autant d'anxiété :

- J'adore être seul avec les enfants.
- J'aime bien être seul pour travailler à des projets pour la maison.
- Il doit vraiment y avoir des embouteillages ce soir.

Certaines pensées créent de l'anxiété ; d'autres font du bien ; et d'autres ne déclenchent pas beaucoup de sentiments. Il est important de capturer vos pensées et de voir comment elles provoquent l'anxiété et se connectent à vos sentiments. Si vous n'êtes pas sûr de savoir quelles pensées traversent votre esprit lorsque vous êtes anxieux, il est possible de les découvrir.

D'abord, concentrez-vous sur le déclencheur d'anxiété. Réfléchissez-y pendant un moment ; ne vous pressez pas. Puis posez-vous quelques questions à propos du déclencheur. La liste des questions d'observation de votre esprit qui suit pourra vous aider à identifier vos pensées ou la signification que l'événement a pour vous :

TEST D'ANXIÉTÉ

- De manière précise, qu'est-ce qui me dérange dans cet événement ?
- Quelle est la pire chose qui pourrait arriver ?
- Comment cet événement pourrait-il changer ma vie ?
- Comment cela pourrait-il modifier ce que les autres pensent de moi ?
- Est-ce que cela me rappelle quelque chose du passé qui m'a ennuyé ?
- Que diraient mes parents de cet événement ?
- Comment cela pourrait-il changer la manière dont je me vois moi-même ?

Véronique (la même personne que précédemment) souffre de l'anxiété des tests. Voyez ses réponses à quelques-unes des questions de la liste précédente. Ses réponses nous indiquent quelles pensées elle forme au sujet des examens.

- **Quelle est la pire chose qui pourrait arriver ?**

  Je pourrais échouer au test et ma chef pourrait l'apprendre.

- **Comment cela pourrait-il modifier ce que les autres pensent de moi ?**

  Ma chef et mes collègues sauront à quel point je suis stupide.

- **Comment cela pourrait-il changer la manière dont je me vois moi-même ?**

  Je saurais enfin que je suis bien la perdante que j'ai toujours pensé être.

Bien que Véronique ne pouvait pas expliquer auparavant pourquoi les tests la rendaient aussi anxieuse, le fait de répondre à ces questions met à jour ses pensées cachées au sujet des examens. Pas étonnant qu'elle soit anxieuse. Peut-être que vous découvrirez quelques-unes de vos propres pensées cachées si vous vous posez ces questions au sujet des déclencheurs de votre anxiété.

Voici maintenant l'histoire d'André.

André adore son travail. Il gagne sa vie en concevant des systèmes informatiques, et il prend beaucoup de plaisir à créer des systèmes complexes pour satisfaire les besoins de ses clients. La direction apprécie l'expertise d'André et le récompense par une promotion, et la possibilité de concevoir un grand système pour l'un des laboratoires nationaux. André est impatient de commencer, jusqu'au moment où il réalise qu'une partie du projet consiste à prononcer plusieurs discours à des groupes de gestionnaires et de scientifiques. Son battement cardiaque s'accélère, et il transpire abondamment à la seule idée de parler en face d'un groupe de personnes. Depuis l'école primaire, André est terrifié à l'idée de parler devant une audience, mais il ne savait pas pourquoi.

Il souffre d'une peur assez courante, la peur de parler en public. Il répond comme suit à quelques-unes des questions de notre liste :

» **De manière précise, qu'est-ce qui me dérange dans cet événement ?**

  J'aurais l'air d'un idiot et j'oublierais ce que je voulais dire.

» **Comment cet événement pourrait-il changer ma vie ?**

  Ils penseront que je suis incapable d'élaborer ce système, et je perdrai le contrat.

» **Comment cela pourrait-il changer la manière dont je me vois moi-même ?**

  Ils s'apercevront que je suis effrayé et penseront que je suis un imbécile. Ces scientifiques en savent plus que moi.

Lorsque vous travaillez avec les questions d'observation de votre esprit, usez de votre imagination. Remuez-vous les méninges et prenez votre temps. Bien que nos exemples ne répondent pas à toutes les questions, vous trouverez peut-être qu'il est utile de procéder comme cela.

Surveillez vos pensées, vos déclencheurs et vos sentiments

Surveiller vos pensées, vos sentiments et tout ce qui déclenche votre anxiété, cela ouvre la voie au changement. Cette stratégie simple vous aide à vous concentrer sur votre modèle personnel de stress et de souci. L'acte même d'accorder de l'attention met à jour votre processus de pensée. Cette clarification vous aide à gagner une nouvelle perspective.

Si le fait de prendre note de vos pensées, sentiments et déclencheurs vous rend plus anxieux, ce n'est pas grave. C'est courant. De nombreuses autres techniques de ce livre devraient vous aider, surtout celles qui sont destinées à remettre en question vos pensées, et que vous trouverez dans ce chapitre.

ATTENTION !

Mais si les techniques de ce livre ne vous font pas avancer, pensez à consulter un professionnel.

Essayez d'utiliser le tableau 4-1 de thérapie de la pensée (thérapie cognitive) pour vous connecter à vos pensées, sentiments et déclencheurs d'anxiété. Pour vous montrer comment l'utiliser, nous l'avons rempli avec les notes de Véronique. Lorsque vous surveillez vos déclencheurs, notez le jour, l'heure, l'endroit, les personnes impliquées et ce qui se passait. Lorsque vous notez vos pensées anxiogènes, utilisez les questions d'observation de l'esprit de la section « Prenez vos pensées anxiogènes au piège » plus haut dans ce chapitre. Finalement, notez vos sentiments anxieux et vos sensations physiques, et attribuez une note à la gravité de ces sentiments : de 1 pour quasiment pas d'anxiété du tout, à 100 pour indiquer la pire anxiété imaginable (probablement la note affectée à votre réaction si une centaine de serpents à sonnettes entraient soudain en rampant dans votre chambre à coucher !).

TABLEAU 4-1 Tableau de thérapie de la pensée

Déclencheur d'anxiété	Pensée anxiogènes	Sentiments et sensations	Note
Mardi matin	Si je suis ce cours, je vais échouer, et ma chef va l'apprendre	Anxiété	70
Au travail	Je ne ferai jamais de progrès dans ce travail	Maux d'estomac	60
Ma chef m'a suggéré de suivre ce cours	Je suis vraiment stupide	Tension	65

Vous pouvez employer cette technique simple pour surveiller vos sentiments, vos pensées et vos déclencheurs d'anxiété. Tracez simplement votre propre tableau de thérapie de la pensée avec les mêmes en-têtes de colonne que le tableau 4-1. Effectuez la surveillance, et recherchez des schémas de fonctionnement.

Raymond découvre qu'il se sent anxieux la plupart des lundis. Il réalise qu'il a tendance à dormir tard le dimanche matin, ce qui lui cause des problèmes à s'endormir le dimanche soir. Le manque de sommeil le rend habituellement plus vulnérable aux déclencheurs d'anxiété. Ce qui ne le dérange pas le mardi le stresse le lundi. Raymond modifie donc ses habitudes de sommeil et il se sent un peu moins anxieux les lundis.

Madeleine, qui est institutrice dans une école primaire, surveille ses déclencheurs, ses pensées et ses sentiments depuis un mois. Elle n'est pas surprise de découvrir qu'elle se sent anxieuse à l'idée d'être critiquée. Elle remarque qu'elle tremble le jour où le directeur de l'école observe sa classe pour son évaluation annuelle. Au début, elle a des difficultés à fixer ses pensées, et elle utilise donc les questions d'observation de l'esprit de la section « Prenez vos pensées anxiogènes au piège » plus haut dans ce chapitre. Elle se pose la question « Que diraient mes parents de cet événement ? » Et Madeleine entend alors dans sa tête la voix caustique de sa mère lui disant « Tu n'arriveras jamais à rien si tu n'es même pas capable de faire correctement le ménage dans ta chambre. »

Madeleine prend la mesure de l'ampleur de la critique de sa mère, et elle réalise à quel point la dureté de sa mère la blesse.

Cette constatation aide Madeleine à comprendre qu'elle s'attend à ce que le directeur soit comme sa mère. Mais lorsqu'elle y pense, elle se souvient que le directeur lui a fait plusieurs compliments sur sa manière de faire la classe. Elle réalise alors qu'une évaluation négative est improbable. À elle seule, cette prise de conscience réduit son anxiété.

Bien que la surveillance des pensées puisse permettre des prises de conscience utiles qui réduisent un peu votre anxiété, comme la plupart des autres personnes, vous pourriez avoir besoin d'un peu d'aide. La prochaine section vous montre comment vous attaquer à vos pensées anxiogènes et comment les rendre gérables.

Remettez vos pensées anxiogènes en question avec la thérapie de la pensée

Nous avons trois stratégies simples qui vont vous permettre de vous attaquer à vos pensées anxiogènes :

- **Le tribunal des pensées** : faites comparaître vos pensées devant le tribunal, et examinez-les soigneusement.
- **La nouvelle analyse du risque** : recalculez les probabilités que vos pensées anxiogènes deviennent réalité. La plupart des gens surestiment ces probabilités.
- **Les scénarios du pire** : réexaminez votre aptitude à faire face à la situation dans le cas où le pire se produirait. La plupart des gens sous-estiment leurs ressources.

Véronique surveille de près ses pensées anxiogènes relatives au passage d'examens. Mais elle ne les remet jamais en question. Elle reste anxieuse et convaincue que si elle suit un cours, elle va sûrement échouer à l'examen final. Et que tout le monde va réaliser à quel point elle est stupide. Véronique a besoin d'autres outils que la simple surveillance pour s'attaquer à ses pensées anxieuses. Elle doit aller devant le Tribunal des pensées, et passer en revue les preuves qui confirment et celles qui infirment (pour et contre) sa manière habituelle de penser.

Soupesez les preuves au Tribunal des pensées

Les pensées qui déclenchent vos sentiments d'anxiété existent très probablement depuis longtemps. La plupart des gens considèrent que leurs pensées sont vraies. Ils ne les remettent pas en question. Vous seriez peut-être surpris de découvrir que beaucoup de nos pensées ne résistent pas à un examen minutieux. Si vous collectez les preuves et si vous les évaluez soigneusement, vous pourriez bien vous rendre compte que vos pensées sont en fait construites sur du sable.

CONSEIL

Gardez à l'esprit que rassembler des preuves, alors que vous vous sentez vraiment anxieux, ce n'est pas toujours facile à faire. Dans ces moments-là, il est difficile d'envisager que vos pensées puissent être erronées. Lorsque c'est le cas, il est préférable d'attendre d'être plus calme avant de vous mettre à la chasse aux preuves. À d'autres moments, vous pourriez trouver la preuve que votre anxiété n'échappe pas trop à votre contrôle. Vous pourriez aussi trouver utile d'utiliser les questions pour la collecte des preuves qui suivent, lorsque vous procédez au jugement de l'exactitude de vos pensées anxiogènes.

TEST D'ANXIÉTÉ

- Ai-je déjà eu des pensées comme celles-ci à d'autres moments de ma vie ? Est-ce que mes sombres prédictions se sont réalisées ?
- Ai-je eu des expériences qui contrediraient mes pensées d'une manière ou d'une autre ?
- La situation est-elle vraiment aussi affreuse que ce que j'imagine ?
- D'ici un an, à quel point cette question va-t-elle me préoccuper ?
- Est-ce que je pense que cela va arriver simplement parce que je me sens anxieux et soucieux ? Est-ce que je fonde mes conclusions avant tout sur mes sentiments, ou sur des preuves tangibles ?

N'OUBLIEZ PAS !

Les sentiments sont toujours valables, en ce sens que vous ressentez ce que vous ressentez. Mais ils ne constituent pas des preuves à l'appui de pensées anxiogènes. Par exemple, si vous êtes extrêmement anxieux à cause d'un examen qui approche, cette anxiété ne constitue aucune preuve de la qualité de vos performances à l'examen.

Ces questions destinées à la collecte des preuves pourront vous aider à découvrir des preuves qui justifient vos pensées anxiogènes et soucieuses, et des preuves qui les démentent. Jetez à nouveau un coup d'œil aux notes de Véronique dans le tableau 4-1, plus haut dans ce chapitre, et à sa collecte des preuves qui est présentée dans le tableau 4-2. Véronique a utilisé les questions destinées à la collecte des preuves qui démentent ses pensées anxiogènes dans la seconde colonne du tableau.

TABLEAU 4-2 Évaluez les preuves

Preuves à l'appui de mes pensées anxiogènes	Preuves qui démentent mes pensées anxiogènes
Je sais que si je ne réussis pas, ma chef le saura, parce que l'université paie mes frais de scolarité.	La preuve que si je ne réussis pas, ma chef ne le saura pas, n'existe pas. Pourtant, même si elle l'apprend, elle ne sera probablement que désolée pour moi.
J'ai presque échoué à l'épreuve de chimie lors de ma deuxième année au collège.	En quatre ans de collège, le cours de chimie est le seul qui m'a posé problème. J'ai eu des résultats tout à fait bons.
Mon père a toujours dit que j'apprenais lentement.	La raison pour laquelle je me sens stupide, c'est probablement à cause de mon père ; personne d'autre n'a jamais dit ça. En outre, les sentiments ne sont pas vraiment des preuves !
Je ne me sens pas intelligente.	Ma chef en me suggérerait pas de suivre ce cours si elle pensait que je n'en étais pas capable. En outre, les sentiments ne sont pas vraiment des preuves !
Ma meilleure amie a eu des meilleures notes que moi, et elle suit des études à l'université maintenant. je dois être une idiote.	Ma meilleure amie était tout simplement plus confiante que moi ; c'est pour cela qu'elle est à l'université. Mes notes n'étaient pas suffisamment bonnes.

Preuves à l'appui de mes pensées anxiogènes	Preuves qui démentent mes pensées anxiogènes
Cela fait deux ans que je fais ce travail, et je n'ai pas encore eu de promotion.	Personne n'obtient de promotion ici à moins de suivre ce cours. C'est la seule raison pour laquelle je n'ai pas reçu de promotion.

Après avoir achevé cette tâche, Véronique porte un nouveau jugement sur ses pensées anxiogènes. Elle réalise que les preuves qui appuient ses pensées anxiogènes ne résistent pas l'examen. Après y avoir réfléchi, elle voit qu'une bonne partie de ses sentiments d'infériorité proviennent du fait qu'elle a un père critique. En outre, elle est surprise de constater que beaucoup de preuves appuient en faveur de l'autre point de vue, c'est-à-dire qu'elle est en fait assez capable. En conséquence, elle change d'avis et, chose plus importante encore, son anxiété décroît. Elle décide de suivre le cours et de faire de son mieux.

CONSEIL

Songez à remplir votre propre tableau pour pouvoir évaluer les preuves soigneusement. Utilisez les mêmes en-têtes de colonne et le même format que le tableau 4-2. Soyez créatif et trouvez autant de preuves que vous pourrez à l'appui de vos pensées anxiogènes et contre.

ATTENTION !

Si vous avez besoin d'aide pour trouver les idées, n'oubliez pas de vous servir des questions destinées à la collecte des preuves, dont nous avons donné la liste plus haut dans cette section.

Prenez une décision : pensez-vous vraiment que vos pensées anxiogènes tiennent la route ? Si ce n'est pas le cas, vous pourriez bien vous mettre à les prendre moins au sérieux, et votre niveau d'anxiété pourrait alors tomber d'un cran ou deux.

Faire une fois le tableau de vos pensées anxiogènes en procédant à l'évaluation des preuves, ça peut s'avérer utile, mais la pratique amplifie l'effet. Plus vous persévérerez, plus le nombre de fois que vous remettrez vos pensées anxiogènes en question en les confrontant aux véritables preuves sera élevé, plus vous y gagnerez. Nombreux sont nos patients qui trouvent que faire un tel tableau régulièrement pendant trois ou quatre mois soulage une quantité considérable de leurs sentiments négatifs.

Réévaluez le risque

Une autre méthode importante pour vous attaquer à vos pensées anxiogènes consiste à étudier la manière dont vous évaluez les probabilités. Si vous êtes anxieux, comme beaucoup de gens, vous *surestimez peut-être les probabilités* que les événements indésirables se produisent réellement. Cela arrive facilement. Par exemple, quand avez vous écouté pour la dernière fois un bulletin d'informations où le présentateur disait que personne n'avait été mordu par un serpent ce jour-là, ou qu'un demi-million d'avions se sont envolés et ont atterri aujourd'hui sans qu'un seul ne s'écrase ? Il n'est pas surprenant que les gens surestiment les désastres. Comme ils capturent notre attention, nous nous concentrons sur les événements spectaculaires plutôt que sur les événements « banals ». C'est pour cela qu'il est utile de s'interroger sur les probabilités réelles et objectives de la catastrophe que vous prédisez.

N'OUBLIEZ PAS !

Les pensées ne sont que des pensées. Mettez-les à l'épreuve de la réalité.

Marie a peur de prendre l'avion. Son beau-père, qui vivait en Pologne, vient subitement de mourir. Marie traverse en voiture l'Europe pour se rendre aux funérailles, plutôt que de prendre l'avion avec son mari. Non seulement elle est incapable d'aider sa famille à s'occuper des formalités, mais en plus elle manque plusieurs jours de travail. Son choix est ironique, parce qu'en conduisant, elle augmente beaucoup ses chances d'être blessée, voire de mourir. Prendre l'avion, c'est toujours le moyen de transport le plus sûr qui soit.

Laurent aime promener son chien. Malheureusement, il se fait aussi du souci d'avoir peut-être oublié de fermer la porte à clé après avoir quitté la maison. Le plus souvent, après voir tourné le premier coin de la rue, il retourne sur ses pas pour vérifier que la porte est bien fermée à clé. Il lui arrive parfois de vérifier quatre ou cinq fois. Il est quasiment paniqué à l'idée que quelqu'un pourrait cambrioler sa maison. Il ne réalise pas qu'il surestime deux risques. D'abord, bien que ses pensées lui disent qu'il n'a probablement pas verrouillé la porte, la *réalité* lui dit que cela n'est jamais arrivé. Deuxièmement, seuls quelques rares cambriolages ont été perpétrés dans son voisinage au cours des dernières années. La probabilité qu'un cambrioleur se prépare à s'introduire dans la maison de Laurent au cours des 35 minutes durant lesquelles il promène le chien est extrêmement faible.

Laurent et Mary consacrent l'un comme l'autre trop de temps et d'efforts à éviter de faire face à leurs peurs, et il est improbable que les événements dont ils ont peur se produisent réellement. Soumettez vos propres peurs à l'examen de la réalité. Et évaluez soigneusement les probabilités.

Chaque fois que c'est possible, consultez des statistiques relatives aux événements qui vous font peur. Toutefois, des statistiques ne seront pas toujours là pour vous aider.

L'histoire qui suit montre comment l'on peut surestimer la probabilité d'un événement horrible.

QUELLES SONT LES PROBABILITÉS ?

Les chances d'être frappé par un éclair un certain jour donné sont de 1 sur 250 millions, et celles, pendant la durée de toute une vie, d'être tué :

» par un chien sont de 1 sur 700 000 ;

» par un serpent, un lézard venimeux ou une araignée venimeuse sont d'environ 1 sur 700 000 ;

» par une arme à feu de 1 sur 202 ;

» dans les airs ou dans l'espace de 1 sur 5 000 ;

» dans un accident de voiture d'environ 1 sur 81.

Notez à quel point les probabilités réelles ne correspondent pas vraiment à ce dont les gens ont peur. Bien plus de gens ont davantage peur des orages, des serpents, des araignées et de prendre l'avion que peur de conduire ou d'être tué par une arme à feu. Pas très logique, n'est-ce pas ? Finalement, il faut noter que vos probabilités personnelles peuvent varier. Si vous vous exposez régulièrement à des orages, avec vos clubs de golf dans les airs, vos chances d'être frappé par l'éclair sont un peu plus élevées que la moyenne.

Denis arrache la poêle des mains de sa femme, Liliane. Il lui jette : « Je vais finir de faire griller la viande. Va mettre la table. » Ses manières abruptes blessent Liliane, mais elle sait qu'il devient anxieux lorsqu'ils ont des invités à dîner. Denis tient fermement la poêle au-dessus de la cuisinière, en regardant attentivement la couleur de la viande. Il se sent irritable et anxieux, « en sachant déjà » que le dîner va mal tourner. Il s'inquiète de la viande qui n'est pas suffisamment tendre et des légumes qui ont l'air trop cuits. Le stress est contagieux, et lorsque les invités arrivent, Liliane partage ses craintes.

Quel est le résultat que prédit Denis ? À chaque fois quasiment que lui-même et Liliane ont des invités, Denis croit que le repas qu'ils préparent sera immangeable, que leurs invités en seront horrifiés et qu'il sera humilié. Les probabilités que cela se produise ne sont disponibles ni dans un tableau, ni dans un livre. Donc comment va-t-il évaluer les probabilités réelles ? Vous-même ou Denis, vous pouvez vous poser les *questions pour recalculer les probabilités*, et écrire ensuite quelques réponses :

TEST D'ANXIÉTÉ

» Combien de fois ai-je prédit ce résultat et combien de fois s'est-il vraiment réalisé ?

» Combien de fois cela est-il arrivé à des gens que je connais ?

» Si quelqu'un que je connais avait fait cette prédiction, est-ce que je serais d'accord ?

» Est-ce que je suppose que cela va se produire simplement parce que j'ai peur que ce soit le cas, ou peut-on raisonnablement penser qu'il y a des chances que cela arrive vraiment ?

» Est-ce que par le passé j'ai vécu des expériences qui pourraient suggérer que mes prévisions pessimistes ne vont probablement pas se réaliser ?

Dans le cas de Denis, il se rend compte que lui-même et sa femme n'ont en fait jamais ruiné un dîner, bien qu'il en ait fait la prédiction de nombreuses fois auparavant. De plus, il a testé sa deuxième prédiction selon laquelle ses invités seraient horrifiés si le dîner tournait mal. Il s'est souvenu de la fois où lui-même et Liliane s'étaient rendus à un barbecue où la viande était brûlée au point d'être immangeable. Tous les invités y ont exprimé leur sincère sympathie et ont raconté leurs propres expériences de désastres culinaires. Ils finirent par se faire livrer une pizza, et ils trouvèrent tous que c'était l'une des soirées les plus joyeuses qu'ils avaient passée depuis longtemps. Leurs hôtes, loin de se sentir humiliés, ont manifesté de la bonne volonté.

Démontez le scénario du pire

Oui, mais vous direz-vous peut-être que des catastrophes pourraient se produire. La foudre tombe. Des chefs donnent de mauvaises évaluations à leurs subalternes. Des avions s'écrasent. Et certaines journées sont tout simplement des « mauvais jours ». Des bateaux coulent. Des gens trébuchent et font l'objet de moqueries. Certains perdent leur emploi. Des amants se séparent.

Le monde nous donne de nombreuses raisons de nous faire du souci. Recalculer les véritables probabilités de certains événements, ça nous aide souvent. Mais vous êtes toujours bloqué par le « Que va-t-il arriver si ? », que va-t-il arriver si vos prédictions se réalisent vraiment ?

Du souci pour des bagatelles

Qu'est-ce qui rend inquiet la plupart des gens ? La plupart du temps, ils se font du souci pour pas grand-chose. En d'autres termes, le résultat de leurs scénarios, bien qu'il puisse être déplaisant, ne représente en aucun cas une menace pour la vie. Néanmoins, ces scénarios de bagatelles arrivent à produire des quantités remarquables de stress, d'appréhension et de soucis.

Voici ce qui cause du souci à Gérald, Sammy, Patricia et Carole :

Gérald se fait du souci pour beaucoup de choses. Mais surtout, il a peur de faire une gaffe en société. Avant de se rendre à des fêtes, il est obsédé par la question de ce qu'il va se mettre. Aura-t-il l'air trop « habillé » ou trop « sport » ? Saura-t-il quoi dire ? Que se passera-t-il s'il dit une bêtise et que les gens en rient ? Comme vous l'imaginez peut-être, Gérald se sent minable en société. Lorsqu'il se dirige vers un groupe de personnes pour se joindre à elles, il a l'impression qu'un projecteur le suit et que tout le monde le regarde. Il imagine que non seulement les gens concentrent sur lui leur attention, mais aussi qu'ils le jugent de façon désobligeante.

Sammy se fait autant de souci que Gérald ; il a juste un autre ensemble de soucis. Sammy est obsédé par l'idée qu'il va perdre le contrôle de soi et qu'il devra s'enfuir en courant de l'endroit où il se trouve, quel qu'il soit. S'il est assis dans une salle de classe, il se demande s'il va devenir anxieux au point de devoir partir, et, bien sûr, il suppose que tout le monde saura pourquoi il est parti et que tout le monde pensera qu'il a quelque chose de terriblement grave. S'il se trouve dans un centre commercial bondé, il a peur de « le perdre », et se met à crier et à perdre sa maîtrise de soi.

Patricia, 17 ans, est obsédée par l'idée que son petit ami actuel puisse la quitter un jour. S'il est fatigué et de mauvaise humeur, elle s'imagine tout de suite qu'il est en colère contre elle. S'il arrive avec un quart d'heure de retard, elle suppose qu'il l'a passé avec une autre fille. Non seulement elle suppose qu'il va finir par la quitter, mais elle ne peut pas s'imaginer non plus comment la vie pourrait continuer sans lui une fois qu'il l'aura fait.

Carole est journaliste. Elle ressent de l'anxiété quasiment tous les jours. Avec chaque heure de rendu de travail qui approche, elle sent augmenter l'oppression dans sa poitrine, et elle redoute le jour où elle ne rendra pas son boulot à temps. Ce qui aggrave encore les choses, c'est qu'elle a parfois des blocages durant lesquels, pendant 15 à 20 minutes, elle n'arrive pas à s'imaginer ce que le prochain mot pourrait être ; pendant ce temps, l'heure tourne et l'heure de rendu approche. Elle sait que certains de ses collègues ont perdu leur emploi après avoir rendu systématiquement leurs travaux en retard. Et elle a peur de subir un jour le même sort. Pour Carole, c'est dur d'arrêter de penser à ses heures de rendu.

Qu'ont donc Gérald, Sammy, Patricia et Carole en commun ? D'abord, un niveau considérable d'anxiété, de stress et de tension. Ils sont tous les quatre soucieux quasiment tous les jours de ce qui pourrait arriver de grave dans leurs vies. Ils ne peuvent s'imaginer l'horreur de faire face à la possibilité que leurs peurs deviennent réalité. Mais, ce qui est plus grave, c'est qu'ils se font du souci au sujet d'événements qui surviennent régulièrement et que l'on arrive à gérer lorsqu'ils se produisent.

Gérald, Sammy, Patricia et Carole sous-estiment tous leurs propres capacités à se débrouiller. Qu'est-ce que cela ferait si Gérald renversait quelque chose à une soirée et que des gens autour de lui s'en rendaient compte ? S'effondrerait-il à terre en étant paralysé ? Les gens le montreraient-ils du doigt en se moquant de lui ? Probablement pas. Il rougirait sans doute, il se sentirait embarrassé, et il nettoierait ce qu'il aurait renversé. La fête et la vie de Gérald continueraient. Et même si quelques personnes mal élevées se moquaient de lui, la plupart oublieraient l'incident et ne changeraient certainement pas d'opinion sur Gérald.

Carole, en revanche, a un souci plus important. Son scénario du pire implique la perte de son emploi. Cela semble grave. Que ferait-elle si elle perdait son emploi ? Les questions pour s'en tirer qui suivent vont aider Carole à découvrir ses propres ressources de débrouillardise. Vous-même, vous pouvez aussi vous en servir pour faire face à vos pires peurs.

TEST D'ANXIÉTÉ

1. Ai-je déjà eu affaire à quelque chose de semblable à cela dans le passé ?
2. Dans quelle mesure cela va-t-il affecter ma vie d'ici un an ?
3. Est-ce que je connais quelqu'un qui a eu affaire à quelque chose de semblable, et comment cette personne s'est-elle débrouillée ?
4. Est-ce que je connais quelqu'un à qui m'adresser pour lui demander de l'aide ?
5. Est-ce que je peux m'imaginer une nouvelle possibilité créative qui pourrait provenir de ce défi ?

En s'efforçant de faire face à ses peurs, Carole a écrit ses propres réponses à ces questions pour s'en tirer, en les numérotant de 1 à 5 :

1. **Non, en fait je n'ai jamais perdu d'emploi auparavant.**

   La première question n'a pas aidé Carole à découvrir ses ressources cachées, mais elle l'a aidée à se rendre compte qu'il est possible qu'elle surestime les risques de perdre son emploi.

2. **Si je perdais vraiment mon emploi, j'aurais probablement des problèmes financiers pendant un moment, mais je suis sûre que je pourrais trouver un autre boulot.**

3. **Eh bien oui, mon amie Jeannette a perdu son travail il y a quelques mois.**

   Elle a touché les allocations-chômage, et ses parents l'ont un peu aidée. Maintenant, elle a un nouvel emploi qu'elle aime vraiment.

4. **Je détesterais avoir à faire ça, mais mon frère m'aiderait à m'en tirer quoi qu'il arrive si j'en avais vraiment besoin.**

5. **Lorsque j'y pense, je déteste vraiment ces heures de rendu chaque jour pour le journal.**

   J'ai un diplôme d'enseignant. Avec l'actuelle pénurie de profs, je pourrais toujours enseigner l'anglais dans un collège et avoir de grandes vacances. Et ce qui est encore mieux, je pourrais utiliser ces étés de vacances pour enfin écrire le roman que j'ai toujours voulu écrire. Peut-être même que je vais démissionner tout de suite pour faire ça !

C'est incroyable de voir à quel point le fait de se poser ces questions peut « *décatastropher* » ce que vous vous étiez imaginé comme scénario du pire. Répondre à ces questions peut vous aider à voir que vous pouvez faire face à la majorité de vos soucis, au moins pour les bagatelles. Mais qu'en est-il des scénarios du pire ? Pourriez-vous vous en tirer face à de véritables désastres ?

Les scénarios du pire

Les peurs de certaines personnes concernent des questions qui vont bien au-delà de la gêne en situation sociale ou d'une perte financière temporaire. Des maladies graves, la mort, la terreur, des catastrophes naturelles, la défiguration, des handicaps majeurs et la perte d'un être aimé constituent des scénarios du pire. Comment pourriez-vous faire face à l'un de ces scénarios ? Nous n'allons pas vous dire que cela serait facile, parce que ce ne serait pas vrai.

La mère et la grand-mère de **Marilyne** sont toutes deux mortes d'un cancer du sein. Elle sait que ses propres probabilités de contracter un cancer du sein sont supérieures à la moyenne. Quasiment tous les jours, elle s'inquiète de sa santé. Elle insiste pour faire des tests mensuels, et chaque fois qu'elle a mal au ventre, qu'elle est un peu fatiguée ou qu'elle a mal à la tête, elle s'imagine qu'elle a une tumeur.

Son stress préoccupe à la fois sa famille et son docteur. D'abord, le docteur l'aide à réaliser qu'elle surestime le risque. Contrairement à sa mère et à sa grand-mère, Marilyne fait des mammographies annuelles, et elle effectue régulièrement des auto-examens sur elle-même. Et ce n'est pas tout, puisqu'elle fait régulièrement de l'exercice et qu'elle a un régime alimentaire bien plus sain que ceux de sa mère et de sa grand-mère.

Mais il est quand même réaliste de penser que Marilyne court un risque de contracter un cancer du sein. Comment gèrerait-elle ce scénario du pire ? Vous seriez surpris d'apprendre que les mêmes questions que celles utilisées pour les bagatelles pourront vous aider à faire face aux scénarios du pire. Jetez un œil à la manière dont Marilyne a répondu à nos cinq questions pour s'en tirer :

Question : Ai-je déjà eu affaire à quelque chose de semblable dans le passé ?

Réponse de Marilyne : Malheureusement, oui. J'ai assisté ma mère pendant sa chimiothérapie. C'était horrible, mais je me souviens avoir ri lorsque ses cheveux sont tombés. Je crois savoir que la chimiothérapie n'est aujourd'hui pas aussi grave qu'elle ne l'était avant, et de loin. Je ne me suis jamais sentie aussi proche de ma mère que pendant cette période. On a discuté à fond de nombreux problèmes importants.

Question : Dans quelle mesure cela va-t-il affecter ma vie d'ici un an ?

Réponse de Marilyne : Si je contracte le cancer du sein, cela aura un effet dramatique sur ma vie d'ici un an. Je serais peut-être encore en traitement ou en convalescence après l'opération.

Ces deux premières questions concentrent l'attention de Marilyne sur la possibilité de contracter le cancer du sein. Bien qu'elle soit obsédée par cette idée et qu'elle se fasse du souci à cause d'elle, l'intensité de son anxiété l'a empêchée d'imaginer la manière dont elle y ferait face si l'éventualité se produisait vraiment. Bien qu'elle déteste l'idée de la chimiothérapie ou de l'opération, après en avoir imaginé la possibilité, elle réalise qu'elle pourrait probablement s'en tirer.

N'OUBLIEZ PAS !

Plus vous évitez une peur, plus elle devient terrifiante.

Question : Est-ce que je connais quelqu'un qui a eu affaire à quelque chose de semblable, et comment cette personne s'est-elle débrouillée ?

Réponse de Marilyne : Bien sûr, ma mère est morte d'un cancer du sein. Mais pendant les trois dernières années de sa vie, elle a profité de chaque instant. Elle s'est rapprochée de chacun de ses enfants et elle s'est fait de nouveaux amis. C'est drôle, mais lorsque j'y réfléchis, je pense qu'elle a été plus heureuse pendant cette période qu'à n'importe quel autre moment auparavant dont je puis me souvenir.

Question : Est-ce que je connais quelqu'un à qui m'adresser pour lui demander de l'aide ?

Réponse de Marilyne : J'ai entendu parler d'un groupe d'entraide pour les personnes souffrant de cancer, en ville. Et mon mari et ma sœur sont prêts à tout faire pour moi.

Question : Est-ce que je peux imaginer une nouvelle possibilité créative qui pourrait provenir de ce défi ?

Réponse de Marilyne : Je n'ai jamais considéré le cancer comme un défi, mais toujours comme une malédiction. Mais je pense que maintenant je peux choisir d'être anxieuse et soucieuse à cause de cela, ou juste prendre soin de moi et vivre ma vie à fond. Si je contracte un cancer, je pourrais aider d'autres personnes comme l'a fait ma mère, et j'emploierais mon temps disponible de manière positive. En outre, il y a une bonne probabilité que je puisse vaincre le cancer, et avec les progrès de la médecine, ces probabilités augmentent chaque jour. En attendant, je vais veiller à ne pas attendre les derniers jours de ma vie pour me rapprocher de ma famille.

Lorsque vous êtes anxieux à cause de quelque chose d'affreux qui pourrait se produire, il est important d'aller jusqu'à la fin de l'histoire. Dans notre travail, nous constatons de façon répétée que nos patients trouvent toujours des stratégies de débrouille pour le scénario du pire, même pour les trucs très graves. Lorsque les gens évitent d'empoigner leurs peurs à bras le corps, au lieu de devenir des gens qui s'en sortent, ils se transforment en victimes.

Georges, par exemple, a peur de prendre l'avion. Il recalcule les risques de prendre l'avion et réalise qu'ils sont faibles. Il se dit « Je sais que c'est relativement sans danger, et ça m'aide un peu, mais prendre l'avion, ça m'effraie toujours. » Récemment, il a obtenu une promotion. Malheureusement pour lui, ce nouveau poste implique beaucoup de voyages. Georges s'est posé nos questions pour s'en tirer, et il y a répondu comme suit :

» **Ai-je déjà eu affaire à quelque chose de semblable à cela dans le passé ?**

Non, auparavant, je n'ai jamais eu d'accident d'avion.

» **Dans quelle mesure cela va-t-il affecter ma vie d'ici un an ?**

Pas beaucoup, je serais mort !

» **Est-ce que je connais quelqu'un qui a eu affaire à quelque chose de semblable, et comment cette personne s'est-elle débrouillée ?**

Non, personne parmi mes amis, mes parents ou mes connaissances n'a jamais eu d'accident d'avion.

» **Est-ce que je connais quelqu'un à qui je pourrais m'adresser pour lui demander de l'aide ?**

Évidemment non. Je veux dire plutôt, que pourraient-ils bien faire ?

» **Est-ce que je peux imaginer une nouvelle possibilité créative qui pourrait provenir de ce défi ?**

Comment ? Durant les quelques minutes que j'aurais encore à vivre pendant la chute, il est douteux que mes talents créatifs s'épanouissent.

Hum ! Georges n'a pas l'air d'avoir tiré grand-chose de nos questions pour s'en tirer, n'est-ce pas ? Ces questions ne servent à rien pour un petit nombre de scénarios du pire. Pour ces situations, nous avons les questions pour s'en tirer dans les cas extrêmes :

TEST D'ANXIÉTÉ

1. Qu'est-ce qui, dans cet événement, vous fait penser que vous ne pourriez pas du tout y faire face et le surmonter ?
2. Ou est-il possible que vous puissiez vraiment y faire face ?

Georges répond aux deux questions :

1. D'accord, je peux m'imaginer deux accidents d'avion différents. Dans le premier, l'avion exploserait et je ne saurais probablement jamais ce qui est arrivé. Dans l'autre, quelque chose se passerait avec le moteur et je vivrais plusieurs minutes de terreur totale. C'est de ça que j'ai vraiment peur.
2. Pourrais-je y faire face ? Je pense que je n'y ai jamais réfléchi auparavant. Cela me semblait trop effrayant pour l'envisager. Si je m'imagine vraiment dans un avion, je m'accrocherais probablement au siège, je crierais même peut-être. Mais je pense que cela ne durerait pas longtemps. Je pense que je pourrais supporter presque n'importe quoi pendant un petit moment. Au moins, si je mourais dans un accident d'avion, je sais que ma femme et mes enfants ne

manqueraient de rien. Lorsque j'y réfléchis vraiment, aussi déplaisant que cela puisse être, je pense que je pourrais y faire face. J'y serais obligé.

La plupart des gens ont, dans une certaine mesure, peur de mourir. Et même ceux qui ont de fortes convictions religieuses (ce qui peut être utile) n'accueillent que rarement bien cette pensée. Néanmoins, la mort est universelle. Bien que la plupart des gens préféreraient avoir une sortie sans douleur et rapide pendant leur sommeil, de nombreux décès ne se produisent pas de façon aussi facile.

Si une manière particulière de mourir vous effraie tout spécialement, il sera plus productif d'y réfléchir activement que d'essayer de la bannir de votre esprit. Si vous essayez, comme Georges, vous découvrirez probablement que vous pouvez faire face à n'importe quelle éventualité et l'accepter.

ATTENTION !

Si vous constatez que ce genre de réflexions vous rend exceptionnellement anxieux ou perturbé, consulter un professionnel pourrait vous être utile.

Cultivez la pensée sereine

Les pensées qui provoquent l'anxiété kidnappent votre attention. Elles prennent votre raison en otage. Comme rançon, elles exigent tout votre calme et toute votre sérénité. En conséquence, lorsque vous avez des pensées anxiogènes, il est utile de les pourchasser et de les détruire en évaluant les preuves du bien-fondé de ces pensées, en recalculant leurs probabilités, et en examinant votre véritable aptitude à faire face à la situation.

À ESSAYER

Une autre méthode consiste à pousser vos pensées anxiogènes hors de votre esprit à l'aide de pensées sereines. Vous pouvez y arriver en employant l'une ou l'autre des techniques que nous allons maintenant vous présenter. Vous pourrez essayer ce que nous appelons le point de vue de l'ami, ou élaborer de nouvelles pensées, des pensées sereines, qui prendront la place de vos vieilles pensées anxiogènes.

Soyez votre meilleur ami

La simplicité fait parfois des miracles. C'est peut-être le cas de cette technique. Lorsque vos pensées anxiogènes prennent en otage la plus grande partie de votre raison, il vous reste encore un ami. Mais qui donc ? Vous-même.

Prenez un souci. N'importe lequel de vos soucis. Écoutez ce souci, et toutes les choses atroces qu'il a à vous dire. Par exemple, **Jean** angoisse à cause de ses factures. Il a un débit de plusieurs milliers d'euros sur son compte de carte de crédit. L'assurance de sa voiture arrive à échéance dans deux semaines et il n'a pas l'argent pour la payer. Lorsqu'il réfléchit à son souci, il pense que comme il ne peut pas payer l'assurance, peut-être sa voiture sera saisie, et que, finalement, il perdra aussi sa maison. Il a l'impression qu'il n'a pas d'alternative et que sa situation est sans issue. Jean en perd le sommeil. L'anxiété bloque sa capacité de raisonnement et d'analyse de son problème.

Nous demandons maintenant à Jean de venir en aide à un vieil ami. Nous lui disons d'imaginer que Richard, un de ses amis, est assis dans un fauteuil en face de lui. Son ami a un problème d'argent et il a besoin d'être conseillé pour savoir quoi faire. Richard a peur de tout perdre s'il n'arrive pas à trouver de l'argent pour payer l'assurance de sa voiture. Nous demandons à Jean de trouver quelques idées pour aider Richard.

Et Juan trouve une foule de bonnes idées (ce qui l'étonne, mais pas nous). Il dit à Richard : « Demande à ton agent d'assurances si tu le peux payer tous les mois au lieu de le payer tous les six mois. De plus, tu peux obtenir une avance sur ta carte de crédit. Et n'est-ce pas là une bonne occasion pour faire des heures supplémentaires ? Tu peux aussi parler à un conseiller de crédit de ta banque. Et l'un des membres de ta famille ne pourrait-il pas te prêter quelques centaines d'euros ? À long terme, il faut que tu réduises petit à petit cette dette de carte de crédit et que tu limites un peu tes dépenses. »

À ESSAYER

Essayez cette technique lorsque vous êtes seul, tout seul avec l'ami qui se trouve en vous. Imaginez vraiment qu'un de vos amis est assis en face de vous, et parlez-lui à voix haute.

Prenez votre temps et essayez vraiment de l'aider. Faites une séance de « brain-storming » avec lui. Pas besoin de trouver des solutions instantanées ou parfaites. Cherchez n'importe quelle idée, et exprimez absolument chacune des idées qui vous viennent à l'esprit, car même si certaines idées vous semblent folles à première vue, elles pourraient bien mener à une solution créative. Cette approche fonctionne, parce qu'elle vous aide à vous écarter des émotions accablantes qui bloquent le raisonnement correct.

Et n'écartez pas cette technique simplement parce qu'elle est simple !

Créez le calme

Une autre manière de créer des pensées sereines consiste simplement à observer les pensées anxiogènes, et à élaborer un point de vue plus raisonnable. Avec cette technique, il est vital de travailler par écrit. Il ne serait pas aussi profitable, et de loin, de la pratiquer uniquement dans votre tête.

Elle ne revient pas à n'avoir que des pensées positives, car elle ne vous aidera pas à créer une simple alternative d'optimisme béat. Veillez à ce que votre alternative raisonnable soit quelque chose en quoi vous pouvez croire au moins partiellement. En d'autres termes, votre côté émotionnel n'acceptera peut-être pas complètement au début votre façon alternative de voir les choses, mais le nouvel angle de visée devrait être quelque chose qu'une personne raisonnable trouverait crédible. Votre tâche sera plus facile si vous avez déjà soumis vos pensées anxiogènes à l'épreuve des preuves, au calcul des probabilités, et à la réévaluation de vos ressources pour faire face à la situation de votre scénario catastrophe.

Dans le tableau 4-3, vous trouverez quelques exemples de pensées anxiogènes, avec leurs alternatives raisonnables. Nous vous donnons aussi la perspective d'optimisme béat, *dont nous pensons qu'elle ne sert à rien.*

TABLEAU 4-3 Créez une perspective raisonnable

Pensée anxiogène	Alternative raisonnable	Optimisme béat
Si je porte une cravate et que je suis le seul, j'aurai l'air d'un idiot.	Si personne d'autre ne porte de cravate, quelques personnes vont sûrement s'en rendre compte. Mais ils ne vont pas en faire une histoire. Et même s'ils en font une histoire, dans quelques semaines ça me sera complètement égal.	De toute façon, quoi qu'il arrive, tout le monde va penser que je suis super beau !
Si j'ai un 10 à cet examen, je serais humiliée. Il faut que je sois la première de ma classe. Je ne supporterais pas de ne pas l'être.	Si j'ai un 10, je ne serais certainement pas contente. Mais j'aurais quand même encore une bonne moyenne et de bonnes chances d'obtenir une bourse. Je travaillerais simplement plus dur la prochaine fois. J'adorerais être la première de la classe, mais la vie va bien continuer même si je rate cet objectif de peu.	Il n'est pas question que j'ai autre chose qu'un 18 sur 20. Je dois l'avoir et je l'aurai.
Si je perd mon emploi, en quelques semaines je ne pourrais plus payer mes factures.	Si je perds mon emploi, cela me causera quelques difficultés, pourtant, il y a de bonnes chances que j'en trouve un autre. Et ma femme m'a proposé de travailler davantage pour m'aider en cas de besoin.	Jamais je ne pourrrais perdre mon emploi.
Je préfère grimper 20 étages d'escaliers plutôt que prendre cet ascenseur.	Il est temps que je m'occupe de cette peur, parce que les probabilités qu'un ascenseur s'écrase sont minuscules. Ça me fait assez peur de prendre l'ascenseur, mais peut-être que je peux commencer par le prendre pour monter ou descendre juste deux étages, et continuer ensuite à partir de là.	Je dois arrêter d'être une telle mauviette. Je vais juste sauter dans ce truc et le prendre pour aller jusqu'au sommet !

Nous vous avons donné la perspective de l'optimisme béat, parce qu'il est important de ne pas l'adopter. Vous pensez peut-être que la dernière affirmation d'optimisme béat est absolument super. Surmonter votre peur en un seul instant, ce serait génial, si seulement ça marchait comme ça ! Le problème de cette approche, c'est qu'on s'expose à l'échec si on l'essaye. Imaginez que quelqu'un ayant vraiment peur des ascenseurs essaye de sauter dans un ascenseur et de le prendre d'un seul coup jusqu'au sommet. Il est probable que cette personne ferait ça une seule fois, mais qu'elle en serait horrifiée et que sa peur en serait renforcée.

N'OUBLIEZ PAS !

Soyez sympa avec vous-même : allez-y doucement pour faire face à vos pensées anxiogènes et à vos peurs.

Chapitre 5

Débarrassez-vous de vos idées inquiétantes !

DANS CE CHAPITRE :

» **Comprenez que certaines convictions vous rendent anxieux**

» **Identifiez vos idées inquiétantes**

» **Remettez en question ces convictions anxiogènes**

» **Remplacez-les**

Conduire quand la circulation est dense, ne pas être d'accord avec le chef, prendre l'avion, payer ses factures, se disputer avec son partenaire, avoir une mauvaise note, aller à un entretien d'embauche, prononcer un discours, apprendre de mauvaises nouvelles par le médecin, ou remarquer que la fermeture Éclair de son pantalon est ouverte en sortant de l'église, tout cela peut rendre certaines personnes anxieuses. Tandis que l'une pourra s'inquiéter de la circulation, avoir peur des avions ou se préoccuper de sa santé, une autre aura le trac à cause du discours et aura peur de rougir et de se sentir gênée, alors que peu de personnes ne sont que très rarement anxieuses.

Ce chapitre explique pourquoi certaines activités ou événements rendent anxieux alors que d'autres n'ont pas cet effet. Vous allez découvrir comment certaines convictions ou suppositions suscitent un excès d'anxiété. Ces croyances résultent des expériences de votre vie, et elles ne signifient pas que vous soyez déficient. Grâce à des questionnaires, vous allez pouvoir découvrir quelles sont vos suppositions susceptibles de vous troubler et vous rendre anxieux. Nous les appelons ces suppositions les idées inquiétantes. Remplacer vos idées inquiétantes par des suppositions calmantes, cela pourra réduire votre anxiété.

Le mécanisme des idées inquiétantes

Une conviction est une idée que vous considérez correcte et que vous ne remettez pas en question. Vos convictions ne vous poussent pas à réfléchir ; au contraire, vous les prenez comme argent comptant, vous les considérez comme des vérités de base. Vous pensez probablement par exemple que l'automne vient après l'hiver, qu'une personne qui vous sourit est aimable et qu'une autre qui vous fait une grimace ne l'est pas. En conséquence, vos convictions vous permettent de vous orienter pour mener votre vie.

Et ce n'est pas forcément une mauvaise chose. Vos convictions vous aident à traverser la vie quotidienne avec moins de difficultés. Par exemple, la plupart des gens savent que leur paie arrivera sur leur compte en banque plus ou moins à temps. Cette conviction leur permet de prévoir à l'avance, de payer des factures, et d'éviter de se faire du souci inutilement. S'ils ne faisaient pas ces suppositions, ils appelleraient constamment le service de comptabilité de leur entreprise ou leurs supérieurs pour veiller à ce que l'argent soit bien crédité à temps, ce qui perturberait toutes les personnes concernées.

De même, la plupart des gens supposent que la nourriture vendue dans les magasins d'alimentation est bonne à la consommation. Sinon, ils la feraient bouillir pour tuer les germes (et le goût) et pour se protéger de tout dommage. La nourriture que l'on ne pourrait pas faire bouillir ferait l'objet d'un examen minutieux et de tests.

Et lorsque vous allez chez le médecin, vous supposez probablement qu'il s'occupera bien de vous et vous lui faites confiance. Sinon, vous y réfléchiriez à deux fois avant de permettre l'examen des régions délicates.

Malheureusement, les convictions que l'on a sont parfois fausses. Elles peuvent même déformer la réalité au point d'entraîner des situations intolérables. Par exemple, avant de prononcer un discours, vous allez peut-être trembler, frissonner, et transpirer. Vous avez peur de trébucher sur les mots, de laisser tomber vos notes, ou, pire encore, de vous évanouir de peur. Bien que tout cela ne se soit vraiment produit lors de vos précédents discours, vous supposez toujours que cette fois-ci, ce sera le cas. Cette terreur d'être dans l'embarras résulte d'une idée inquiétante.

N'OUBLIEZ PAS !

Ces convictions non remises en question, auxquelles vous vous accrochez et que nous appelons les *idées inquiétantes* supposent que le pire va vous arriver ou va arriver à d'autres.

Lorsqu'elles sont activées, ces convictions produisent de l'anxiété et des soucis. Malheureusement, la plupart des gens ne savent même pas qu'ils ont ces idées inquiétantes. En conséquence, celles-ci peuvent ne pas être remises en question pendant de nombreuses années, ce qui leur laisse le champ libre pour alimenter l'anxiété.

Détectez vos idées inquiétantes

Peut-être êtes-vous curieux de savoir si vous entretenez vous-même des idées inquiétantes. D'habitude, les gens ne savent même pas qu'ils ont des convictions troublantes, et ils ne les remettent donc pas en question. Pour les remettre en question, il faut d'abord les identifier. Dans notre travail avec des patients, nous avons découvert qu'il y a cinq types d'idées inquiétantes qui les tourmentent :

» **Le perfectionnisme** : les perfectionnistes croient qu'ils doivent tout faire correctement car sinon ils auront complètement failli et les conséquences seront dévastatrices. Ils se prennent la tête pour des détails.

» **L'approbation** : les personnes qui dépendent de l'approbation des autres croient qu'elles doivent l'obtenir à n'importe quel prix. Elles ne supportent pas la critique.

» **La vulnérabilité** : les personnes qui ont conviction d'être vulnérables se croient à la merci des forces de la vie. Elles se font tout le temps du souci à cause de désastres qui pourraient arriver.

» **Le contrôle** : celles qui ont la conviction qu'il faut qu'elles contrôlent tout pensent qu'elles ne peuvent faire confiance à personne d'autre qu'à elles-mêmes. Elles veulent toujours être le conducteur, et pas le passager.

- **La dépendance** : les personnes qui ont la conviction d'être dépendantes pensent qu'elles ne peuvent pas survivre seules et se tournent vers les autres pour leur demander de l'aide.

Les convictions ont une grande influence sur la manière dont on réagit aux circonstances. Supposons, par exemple, que la majorité des commentaires d'une évaluation de vos performances au travail soient assez positifs, mais qu'une phrase décrive un problème mineur.

- Si vous êtes perfectionniste, vous vous réprimandez sévèrement pour votre échec. Vous n'allez même pas voir les commentaires positifs.
- Si vous avez besoin de l'approbation des autres, vous serez obsédé par la question de savoir si votre chef vous aime encore.
- Si vous avez la conviction d'être vulnérable, celle-ci vous porte à croire que vous allez perdre votre travail, puis votre maison et votre voiture.
- En revanche, si vous avez la conviction de devoir tout contrôler, vous vous concentrez sur l'incompétence extrême de votre chef et vous vous demandez pourquoi vous n'êtes pas à sa place.
- Finalement, si vous avez la conviction d'être dépendant, vous vous tournez vers les autres pour obtenir de l'assistance.

Dans tous les cas, il s'agit du même événement, mais des personnes différentes réagissent de façon complètement différente en fonction de leurs convictions personnelles. Imaginez simplement la réaction d'une personne qui a plusieurs de ces convictions. Une simple phrase dans une évaluation de performances pourrait déclencher une tempête émotionnelle d'anxiété et de désespoir.

Vous avez peut-être l'une de ces convictions, voire plusieurs, à un degré ou à un autre. Pour vous aider à vous en rendre compte, nous avons élaboré un ensemble de cinq questionnaires que vous pouvez remplir pour déterminer si vous avez des idées inquiétantes, et si oui, laquelle ou lesquelles.

Testez vos convictions et vos idées

TEST D'ANXIÉTÉ

Dans le tableau 5-1, cochez la case de la colonne « V » (vrai) si l'affirmation est vraie ou vraie pour l'essentiel en tant que description de vous-même. Inversement, cochez la case de la colonne « F » (faux) si elle ne s'applique pas pour vous ou pas pour l'essentiel. Ne répondez pas en fonction de ce que vous pensez devoir être, mais plutôt sur la base de ce que vous pensez vraiment être et de la manière dont vous pensez vraiment agir et réagir aux événements de la vie.

TABLEAU 5-1 Le test des idées inquiétantes

V	F	Le perfectionnisme
✓		Si je ne suis pas bon à quelque chose, il vaut mieux que je m'abstienne.
✓		Lorsque je fais une erreur, je me sens extrêmement mal.
✓		Je pense que si quelque chose vaut la peine d'être faite, elle vaut la peine d'être faite de façon parfaite.
✓		Je ne supporte pas d'être critiqué.
	F	Je ne veux pas présenter mon travail à d'autres avant qu'il ne soit parfait.
V	**F**	**L'approbation**
✓		Je me fais souvent du souci à propos de ce que les autres pensent.
✓		Je sacrifie mes besoins pour plaire aux autres.
	F	Je déteste parler devant un groupe de personnes.
✓		Je dois être gentil tout le temps, car sinon les autres ne vont pas m'aimer.
✓		Je peux rarement dire « non » aux autres.

V	F	La vulnérabilité
		J'ai peur que des choses aillent de travers.
		Je me fais beaucoup de souci au sujet de ma sécurité, de ma santé et de mes finances.
		Je me sens très souvent victime des circonstances.
		Je me fais beaucoup de souci au sujet de l'avenir.
		Je me sens impuissant la plupart du temps.
V	**F**	**Le contrôle**
		Je déteste recevoir des ordres de quelqu'un d'autre.
		J'aime être mêlé à tout.
		Je déteste abandonner mon sort dans les mains d'autres personnes.
		Rien de pire ne pourrait m'arriver que de perdre le contrôle des choses.
		Je suis bien mieux comme chef que comme suiveur.
V	**F**	**La dépendance**
		Je ne suis rien à moins que quelqu'un ne m'aime.
		Je ne pourrais jamais être heureux tout seul.
		Je demande conseil sur les choses que je fais.
		J'ai besoin que l'on me rassure beaucoup.
		Je fais rarement des choses tout seul.

La plupart des gens souscrivent à l'une ou plusieurs de ces affirmations, qu'ils considèrent comme vraie(s). Donc ne vous faites pas trop de souci si vous avez trouvé pas mal d'affirmations qui s'appliquent pour vous. Par exemple, qui ne déteste pas être dans l'embarras ? Et la plupart des gens se font au moins un peu de souci quant à l'avenir.

Comment savoir si vous avez un problème à cause de l'une de ces idées ? Commencez par les considérer l'une après l'autre. Si vous avez coché Vrai pour l'une ou plusieurs de ces affirmations, cela indique la possibilité que cette supposition vous cause des problèmes. Bien entendu, l'importance de ces problèmes dépend de l'importance de l'angoisse que vous ressentez.

Moi-même, **Laura Smith**, coauteur de *Guérir l'anxiété pour les Nuls*, je me suis battue contre la conviction de ma propre vulnérabilité. Un soir, j'étais assise au salon de beauté. Soudainement, un voyou a fait irruption en exigeant que tout le monde se mette à plat ventre et lui donne son argent et ses bijoux. Il brandissait un 44 Magnum pour bien nous faire comprendre ce qu'il voulait. Peu de temps après l'incident, je me suis rendue compte que j'avais formé la conviction de ma propre vulnérabilité. Je réalisais que je me faisais bien plus de souci au sujet de ma sécurité que par le passé. Je commençais à scruter nerveusement les parkings pour y déceler la présence d'éventuels voyous, et je sursautais au moindre bruit un peu fort. Lorsque j'ai commencé à me réveiller à cause de cauchemars, je savais que la conviction de ma propre vulnérabilité créait un trouble, et qu'il était nécessaire d'agir. J'ai employé quelques-unes des techniques décrites au **chapitre** 8. Ces techniques incluent de revenir progressivement sur le lieu du crime, et elles incluent aussi de la relaxation. Et je constatais bientôt que ma conviction de vulnérabilité se dissipa.

Demandez-vous ce qui vous rend particulièrement anxieux, et si cela concerne aussi l'un ou plusieurs des éléments des questionnaires que vous avez cochés comme vrais. Dans ce cas, vous êtes probablement aux prises avec cette conviction.

TEST D'ANXIÉTÉ

Si vous avez plusieurs de ces idées inquiétantes, ne vous réprimandez pas ! Vous avez probablement formé ces convictions anxiogènes pour de bonnes raisons. Et vous devriez vous féliciter du fait que vous commencez à prendre conscience du problème. C'est le premier pas vers une amélioration.

Un cas d'idées inquiétantes

Si vous êtes trop anxieux, il ne fait aucun doute qu'une ou plusieurs idées inquiétantes vous causent des problèmes. Mais il est particulièrement important de savoir que vous n'êtes pas fou simplement parce que vous avez des idées inquiétantes ! En effet, on forme ce type de convictions de deux manières différentes :

- » Lorsque des événements choquants, traumatisants *brisent* les convictions précédentes.
- » Lorsque les expériences de l'enfance empêchent le développement d'un sentiment raisonnable de sécurité, d'acceptation ou d'approbation.

Lorsque les convictions raisonnables sont brisées

L'exemple suivant illustre comment la vie peut créer une idée inquiétante.

Guillaume avait toujours cru, comme la plupart des gens, qu'un feu vert signale que l'on peut traverser un croisement en toute sécurité. Il conduit depuis vingt ans sans la moindre mésaventure. Un jour, en se rendant au travail, il traverse une intersection qu'il a passée sans problème des centaines de fois. Soudain, un énorme 4x4 déboule en grillant le feu rouge et heurte le flanc de la berline de Guillaume. Il est gravement blessé, mais il se rétablit.

Lorsqu'il se remet à conduire, il remarque qu'il traverse les intersections avec une anxiété intense. Il arrive à peine à conduire jusqu'à son lieu travail et en revenir en voiture, et il évite de conduire à chaque fois que c'est possible. Son médecin lui dit que maintenant il fait de l'hypertension, et qu'il doit donc réduire son niveau de stress. Ces soucis ennuient Guillaume, mais il ne sait pas quoi faire pour s'y attaquer.

Guillaume a formé une nouvelle conviction, une idée inquiétante. Le sentiment de sa propre vulnérabilité l'accable. Il se fait maintenant du souci et pense que conduire, c'est dangereux, et que cela exige une vigilance maximale. Il a eu une bonne raison pour former cette conviction, et comme c'est le cas pour la plupart des idées inquiétantes, la conviction de Guillaume contient une part de vérité : conduire peut véritablement être dangereux. Pourtant, comme pour toutes les idées inquiétantes, le problème réside dans le fait que Guillaume surestime les dangers de la conduite. En conséquence, il est excessivement anxieux à chaque fois qu'il monte dans la voiture.

L'anxiété de Guillaume n'a pas émergé avant qu'il soit adulte, mais l'anxiété peut commencer à n'importe quel âge. De nombreuses personnes forment leurs idées inquiétantes durant leur enfance.

Les convictions que l'on forge dans l'enfance

Vous comptez peut-être parmi les bienheureux qui ont traversé l'enfance en se sentant aimé, accepté, et en sécurité sur le plan matériel et affectif. Peut-être avez-vous grandi dans une coquette petite maison entourée d'une petite barrière à piquets blancs, avec deux parents aimants, un joli chien, et un break. Mais ce n'est peut-être pas votre cas. Pour la plupart d'entre vous, vos parents ont fait du mieux qu'ils ont pu, mais c'étaient des êtres humains. Peut-être qu'ils avaient mauvais caractère, ou des difficultés financières. Il est possible aussi qu'ils aient été toxico-dépendants ou qu'ils n'aient pas veillé à votre sécurité comme ils auraient dû le faire. Pour toutes ces raisons et pour de nombreuses autres, vous avez peut-être formé une ou plusieurs idées inquiétantes.

Contrairement à Guillaume, **Maxime** n'a pas attendu l'âge adulte pour souffrir d'idées inquiétantes. Sa mère ne lui a que rarement accordé son approbation. Elle critiquait sévèrement quasiment tout ce qu'il faisait. Sa chambre n'était par exemple jamais suffisamment propre et ses notes jamais suffisamment brillantes. Et même lorsqu'il lui apportait un cadeau, elle lui disait que ce n'était pas la bonne couleur ou la bonne taille. Il avait l'impression qu'il ne pouvait quasiment rien faire de bien.

Lentement mais sûrement, Harold a contracté une idée inquiétante : « Je dois être absolument parfait, sinon je serai un échec total. » Être parfait, c'est vraiment dur. Vous pouvez maintenant vous imaginer pourquoi il est anxieux la plupart du temps.

LES VOITURES : UN MODE DE TRANSPORT DANGEREUX ?

Bien que Guillaume surestime maintenant les risques liés à la conduite automobile, sachez que conduire implique des dangers significatifs. Le Le nombre de décès causés par des accidents automobiles dépasse de loin l'ensemble de tous les autres moyens de transport combinés. Ça a l'air effrayant, n'est-ce pas ? Pourtant, les probabilités de mourir dans sa propre voiture ne sont pas si mauvaises que ça. Pour 160 millions de kilomètres parcourus, il y a moins d'une mort causée par accident.

Si vous avez des idées inquiétantes, vous ne les remettez pas en question. Vous y croyez sans réserve. De même qu'il croit que le ciel est bleu, Maxime pense qu'il est soit parfait, soit un raté complet. Lorsqu'il entreprend un projet, il ressent une anxiété intense en raison de sa peur morbide de faire une erreur. L'idée inquiétante de Maxime, c'est celle du perfectionnisme laborieux, et cela le rend malheureux, mais il ne sait pas pourquoi.

Faites une analyse coûts/bénéfices de ces mauvaises convictions

Maintenant, vous avez une meilleure perception des idées inquiétantes qui pourraient vous causer des problèmes. Autrefois, de nombreux thérapeutes vous auraient dit qu'il suffit d'en être conscient. Nous ne sommes pas d'accord. Imaginons que vous ayez passé un examen de la vue et que nous ayons trouvé que vous souffrez d'une myopie sévère. Dites donc, maintenant, vous en êtes conscient ! Mais qu'est-ce que cela change ? Pas grand-chose. Vous continuez à vous cogner à vos meubles en marchant dans votre maison.

Vous êtes en ce moment même sur le point d'obtenir une ordonnance pour surmonter vos convictions problématiques. Elle commence par une analyse coûts/profits. Cette analyse ouvre la voie au changement.

Peut-être pensez-vous que votre conviction de perfectionnisme acharné est bonne et appropriée. Peut-être croyez-vous que vous avez profité de votre perfectionnisme et qu'il vous a aidé à accomplir davantage de choses dans la vie. Si c'est la vérité, pourquoi devriez-vous donc changer et remettre votre façon d'être en question ? En fait, si c'est la vérité, vous n'allez pas vouloir changer.

Par conséquent, vous devez examiner froidement les coûts et les bénéfices possibles du perfectionnisme. Ce n'est que si les coûts sont supérieurs aux bénéfices qu'il est utile de faire quelque chose au sujet de votre perfectionnisme. Prenons l'exemple de Prudence, une perfectionniste acharnée.

Prudence la perfectionniste

Prudence est une avocate qui réussit. Elle travaille environ 70 heures par semaine. Ses placards sont remplis de tailleurs de luxe ; elle porte son perfectionnisme comme une décoration. Prudence fait de l'exercice pour maintenir sa silhouette svelte, et elle arrive à se rendre à tous les événements sociaux qu'il faut. À 43 ans, elle est à l'apogée de sa carrière. Trop occupée pour avoir elle-même des enfants, elle est complètement gaga avec sa nièce de 9 ans, et elle lui offre des cadeaux somptueux pendant les vacances. Lorsque le médecin lui dit que sa pression artérielle a échappé à son contrôle, Prudence est choquée. Il l'interroge sur le stress dans sa vie. Elle lui répond qu'elle n'a pas de stress qu'elle ne puisse gérer. Il lui pose des questions sur ses habitudes de sommeil, et elle répond alors « Quel sommeil ? »

Prudence a un problème, mais elle ne le sait même pas. Elle croit que ses revenus élevés sont le résultat de ses normes impitoyables et qu'elle ne peut pas réduire la pression, ne serait-ce qu'un tout petit peu. Jetez un coup d'œil à l'analyse coûts/bénéfices de son perfectionnisme.

Pour établir une analyse coûts/bénéfices, on commence par dresser la liste de tous les bénéfices imaginables d'une idée inquiétante. Il est important d'y inclure absolument n'importe quel bénéfice qui peut vous passer par la tête. Alors, et seulement alors, vous pouvez commencer à réfléchir aux coûts.

Une fois encore, incluez-y chacun des coûts que vous pouvez imaginer. Jetez un œil au tableau 5-2 pour voir ce que Prudence a écrit pour défendre son perfectionnisme.

TABLEAU 5-2 Analyse coûts/bénéfices du perfectionnisme coriace de Prudence

Bénéfices	Coûts
Mes revenus sont plus élevés grâce à mon perfectionnisme.	
Je fais rarement des erreurs.	
Je suis généralement très respectée pour mon travail.	
Je porte toujours une tenue habillée et j'ai belle allure.	
Les autres m'admirent.	
Je suis un modèle pour ma nièce.	

La prédilection de Prudence pour le perfectionnisme n'est pas un petit miracle. Il lui est facile de donner la liste de ses bénéfices dans la liste coûts/bénéfices (voir le tableau 5-2), mais qu'en est-il des coûts ? Prudence va probablement devoir faire davantage d'efforts pour en dresser la liste, et elle devra peut-être même demander à d'autres personnes si elles ont des idées sur la question. Maintenant, regardez ce qu'elle a écrit dans le tableau 5-3 après s'être attelée à la tâche et avoir interrogé d'autres personnes.

TABLEAU 5-3 Analyse coûts/bénéfices du perfectionnisme coriace de Prudence

Bénéfices	Coûts
Mes revenus sont plus élevés grâce à mon perfectionnisme.	Je n'ai pas beaucoup de temps pour m'amuser
Je fais rarement des erreurs.	Je suis anxieuse et peut-être que c'est la raison pour laquelle je fais de l'hypertension.

Bénéfices	Coûts
Je suis généralement très respectée pour mon travail.	Je n'ai pas beaucoup d'amis. pour mon travail.
Je porte toujours une tenue habillée et j'ai belle allure.	Je dépense beaucoup de temps et d'argent en vêtements et en maquillage.
Les autres m'admirent.	Je deviens très irritable lorsque d'autres personnes ne sont pas à la hauteur.
Je suis un modèle pour ma nièce.	Certaines personnes me haïssent à cause de mes normes sévères et des attentes élevées que j'ai envers elles. J'ai perdu plusieurs secrétaires au cours des six derniers mois.
	Je vois à peine ma nièce, tellement je suis occupée.
	Parfois, je bois trop pour me détendre.
	En fait, je pense que ma concentration sur le travail m'a empêchée de trouver un partenaire pour une relation de couple sérieuse.

ATTENTION !

Ne vous faites pas de bile sur la manière dont vous allez réussir à préparer votre propre analyse coûts/bénéfices. Lisez les exemples suivants : ils vous donnent tous quelques bonnes idées. Puis nous vous donnerons quelques lignes directrices.

L'analyse coûts/bénéfices vous aide à déterminer si vous voulez vraiment remettre en question votre idée inquiétante. Vous seriez probablement d'accord pour dire que l'analyse coûts/bénéfices de Prudence montre davantage de coûts que de bénéfices. Mais attendez, ce n'est pas fini. L'étape finale consiste à examiner soigneusement si l'on perdrait tous les bénéfices en modifiant la conviction.

Par exemple, Prudence attribue son revenu élevé à son dévouement et au grand nombres d'heures qu'elle passe à travailler. Peut-être qu'elle a partiellement raison, mais est-ce que son revenu s'évaporerait si elle travaillait juste un peu moins ? Il est très probable que si elle travaillait moins, ses revenus se tasseraient un peu, mais avec moins d'anxiété, elle pourrait peut-être augmenter son efficience pour compenser la différence. Et si elle était moins irritable, elle serait capable de retenir son personnel de secrétariat et de regagner de l'efficacité. Est-ce que Prudence ferait davantage d'erreurs si elle assouplissait ses normes ? La recherche montre que l'anxiété extrême fait baisser les performances. En ce qui concerne sa nièce, Prudence n'en tire pas vraiment le bénéfice qu'elle pense en tirer parce qu'elle ne la voit pas suffisamment pour lui servir d'exemple efficace. Finalement, plus de gens craignent Prudence qu'ils ne l'admirent. Donc vous le voyez, souvent les bénéfices perçus d'une conviction s'évaporent lorsqu'on les examine de près.

L'ANXIÉTÉ : À PARTIR DE QUEL POINT DEVIENT-ELLE INSUPPORTABLE ?

Un petit peu d'anxiété semble améliorer les performances et réduire le nombre des erreurs. Un peu d'anxiété concentre l'attention sur les tâches à exécuter. Toutefois, lorsque le perfectionnisme atteint des niveaux extrêmes, l'anxiété aussi, et les performances déclinent. Trop d'anxiété gêne l'aptitude à se rappeler des informations apprises auparavant, et les erreurs se multiplient.

Anne et sa dépendance de l'approbation des autres

Anne a un besoin impérieux de l'approbation des autres et déteste l'idée d'être rejetée. Étudiante de troisième cycle en socio-psychologie, elle doit rencontrer chaque semaine son directeur d'enseignement pour la supervision de son travail avec des cas sociaux individuels. Elle redoute ces séances de supervision, car elle a toujours peur des critiques de son directeur. Anne s'investit beaucoup pour ses patients ; elle serait prête à faire tout ce dont elle pense qu'ils pourraient avoir besoin – en y passant des heures de son propre temps libre, et elle serait même prête à faire des courses pour eux s'ils le demandent. Son directeur essaie de lui dire d'arrêter de donner excessivement de l'aide à ses patients ; il lui dit que se mettre en quatre pour assister les patients, ce n'est bon ni pour elle, ni pour eux. Elle se met à pleurer après avoir entendu les commentaires du directeur. Pourtant, les pires peurs d'Anne concernent les présentations requises devant ses collègues étudiants de troisième cycle. Avant de prononcer ses discours devant eux, elle se sent malade et elle passe beaucoup de temps aux toilettes. Au cours des discussions animées dans sa classe, Anne reste tranquille, et elle ne prend quasiment jamais parti. Anne est dépendante de l'approbation des autres.

Anne traverse tranquillement la vie. Les gens la critiquent rarement. Elle évite les situations embarrassantes en ne prenant pas de risques. Elle est gentille et les gens l'aiment bien. Qu'y a-t-il de mal à ça ?

Eh bien, une analyse coûts/bénéfices de l'idée inquiétante d'Anne, en particulier de sa dépendance de l'approbation (voir la liste des idées inquiétantes dans la section « Trouvez vos idées inquiétantes » plus haut dans ce chapitre) révèle que les gens lui marchent sur les pieds. Elle montre également que ses collègues étudiants ne peuvent pas voir à quel point elle est intelligente, parce qu'elle ne prend quasiment jamais la parole en classe. Anne néglige ses propres besoins, et elle éprouve parfois de l'amertume lorsqu'elle fait autant de choses pour les autres et qu'ils en font aussi peu pour lui renvoyer l'ascenseur. La dépendance d'approbation d'Anne ne lui procure pas ce qu'elle espère obtenir. Bien sûr, elle est rarement critiquée, mais comme elle prend toujours aussi peu de risques, elle n'obtient jamais ni l'approbation, ni les éloges qu'elle voudrait vraiment.

Peter et son sentiment de vulnérabilité

Pierre, qui est titulaire d'un diplôme de gestion, reçoit une promotion qui l'obligerait à déménager et à s'installer en Californie, mais il décline l'offre parce qu'il a peur des grandes villes et des tremblements de terre. Pierre regarde la chaîne de télé météorologique, et il écoute les nouvelles avant de s'aventurer un peu loin de chez lui, et il évite de conduire si la météo prévoit du mauvais temps. Les soucis de Pierre restreignent sa vie. Il se fait également du souci pour sa santé, et se rend souvent chez le médecin, chez qui il se plaint de vagues symptômes, comme de la nausée, des maux de tête et de fatigue. Son médecin lui suggère que ses soucis sont peut-être la cause de plusieurs de ses problèmes physiques. Il demande à Pierre de remplir une analyse coûts/bénéfices de son idée inquiétante de vulnérabilité.

TABLEAU 5-4 Analyse coûts/bénéfices de la conviction de vulnérabilité de Peter

Bénéfices	Coûts
Je reste en sécurité.	Je me fais tout le temps du souci.
Je fais beaucoup d'efforts pour rester en bonne santé.	Parfois je ne peux pas m'arrêter de penser à ma santé.
Je me tiens à l'abri du danger.	Je suis tellement préoccupé par la possibilité d'être blessé que je n'apprécie jamais ce que d'autres gens apprécient, comme le ski ou les voyages à l'étranger.
Je suis plus prudent que d'autres en matière d'économie pour la retraite.	Je me fais tellement de souci sur ce que sera demain que j'oublie de profiter d'aujourd'hui.
Je ne cours pas de risques inutiles.	Mon médecin me dit que mes soucis font probablement du tort à ma santé plus que toute autre chose.

Quelqu'un d'aussi retranché dans son idée inquiétante de vulnérabilité que Pierre ne va certainement pas l'abandonner simplement à la suite d'une analyse coûts/bénéfices. Pourtant, cette analyse met les choses en branle en lui montrant que sa supposition lui coûte énormément. Cet exercice le motive à commencer à réfléchir à la possibilité de faire les choses différemment.

Geoffroy et son besoin de contrôle

Geoffroy, qui dirige une division d'une société d'ingénierie, aime l'ordre dans la vie. Ses employés savent qu'il est exigeant jusque dans les moindres détails. Geoffroy tire sa fierté du fait que bien qu'il exige beaucoup des autres, il exige encore davantage de lui-même. Il donne des ordres et attend un résultat immédiat. Sa division est la première de la société en terme de productivité.

Vous pensez peut-être que Geoffroy a réussi. Il semble sans aucun doute que son attitude de contrôle donne de beaux résultats. Mais en grattant la couche superficielle, une image différente apparaît. Bien que connue pour sa productivité, sa division est considérée comme manquant de créativité, et elle arrive en première place des demandes de transferts. Le coût réel de l'idée inquiétante de tout contrôler de Geoffroy s'abat sur lui lorsque à 46 ans il subit sa première crise cardiaque.

Il a passé de nombreuses années à se sentir stressé et anxieux, mais il n'examine jamais le problème de près. Sa quête de contrôle lui apporte le contraire de ce qu'il a voulu. Au bout du compte, il perd le contrôle de sa vie et de sa santé.

Si le contrôle est l'une de vos idées inquiétantes, faites une analyse coûts/bénéfices. Le destin de Geoffroy ne doit pas forcément être le vôtre.

Daniel et sa dépendance

Daniel a vécu chez ses parents jusqu'à ce qu'il épouse Dorothée. Il était alors âgé de 31 ans. Il a rencontré Dorothée par le biais des groupes de rencontres pour célibataires et il a immédiatement décidé de l'épouser. Dorothée semblait indépendante et sans inquiétude, ce dont Daniel rêvait ardemment. Au début de leurs relations, Dorothée a beaucoup apprécié l'attention constante de Daniel pour elle. Aujourd'hui, il l'appelle encore au travail trois ou quatre fois par jour, pour lui demander des petits riens, et parfois pour se réassurer qu'elle l'aime toujours. Si elle a 5 minutes de retard, il est fou d'inquiétude. Il se fait souvent du souci en pensant qu'elle pourrait le quitter. Les amis de Dorothée lui disent qu'ils ne sont pas sûrs que Daniel pourrait aller aux toilettes tout seul. Daniel croit qu'il ne pourrait pas survivre sans elle.

TABLEAU 5-5 Analyse coûts/bénéfices de la conviction de vulnérabilité de Daniel

Bénéfices	Coûts
Je demande à d'autres de m'aider lorsque j'en ai besoin.	Je ne sais jamais comment traiter des problèmes, des tâches et des situations difficiles, ni comment m'y prendre avec des personnes difficiles.
D'autres personnes prennent soin de moi.	Parfois les gens n'aiment pas du tout devoir s'occuper de moi.
La vie n'est pas aussi effrayante lorsque j'ai quelqu'un sur qui m'appuyer.	Ma femme déteste que je l'appelle tout le temps.
Ce n'est pas ma faute si des problèmes surgissent ou si des plans ne fonctionnent pas.	Ma femme se met en colère lorsque je ne prends pas d'initiative.
Je ne suis jamais seul parce que je m'arrange toujours pour être avec quelqu'un.	Je risque de faire fuir ma femme si je continue à m'accrocher comme ça à elle.
La vie est plus facile lorsque quelqu'un d'autre s'occupe de ce qu'il y a à faire.	Parfois, j'aimerais bien faire quelque chose moi-même, mais je pense que je la bousillerais.
	Je n'ai pas encore acquis beaucoup de compétences. Parfois, je me sens comme un fils à sa maman.

Il est peu probable que quelqu'un comme Daniel abandonne sa mauvaise conviction de dépendance sans effectuer d'autres travaux comme celui-ci. Pourtant, une analyse coûts/bénéfices peut quand même donner une impulsion de départ. Un changement significatif prendra du temps et du travail.

Remettez en question vos idées inquiétantes

Vous pouvez mener vous-même votre propre analyse coûts/bénéfices. Prenez la liste des idées inquiétantes dans la section « Trouvez vos idées inquiétantes » plus haut dans ce chapitre. Laquelle vous gêne beaucoup ? Si vous n'avez pas encore fait le test des idées inquiétantes du tableau 6-1 plus haut, faites-le maintenant, et voyez quelles sont vos réponses. Avez-vous des tendances à chercher la perfection, l'approbation, la vulnérabilité, le contrôle ou la dépendance ?

D'abord, si l'une ou plusieurs de ces suppositions s'appliquent à votre cas, choisissez-en une. Puis, en utilisant le format du tableau 5.5 par exemple, dressez, dans la colonne de gauche, la liste des bénéfices de votre idée inquiétante auxquels vous pouvez penser. Puis établissez celle des coûts dans la colonne de droite. Si vous bloquez, demandez à un ami ou à votre partenaire de vous aider. Cela ne voudra pas forcément dire que vous opérez à partir d'une conviction de dépendance ni que vous êtes trop dépendant. Consultez les analyses coûts/bénéfices de Prudence, Pierre et Daniel (tableaux 5-3, 5-4 et 5-5) plus haut dans ce chapitre.

Lorsque vous aurez terminé votre analyse coûts/bénéfices, examinez à nouveau chaque bénéfice. Demandez-vous si ces bénéfices disparaîtraient vraiment si vous modifiiez votre idée inquiétante. Prudence la perfectionniste croit que ses revenus sont plus élevés à cause de son perfectionnisme, mais est-ce vraiment le cas ? De nombreuses personnes rapportent qu'elles font bien plus d'erreurs lorsqu'elles se sentent sous la pression. Le perfectionnisme, s'il ne fait rien d'autre, cause sans aucun doute de la pression. Ce n'est donc probablement pas exact que les perfectionnistes gagnent davantage d'argent et font moins d'erreurs. La plupart du temps, leurs performances finissent par ne pas être aussi bonnes qu'elles pourraient l'être, parce que le perfectionnisme les pousse à faire davantage d'erreurs.

Lorsque vous examinez soigneusement les bénéfices que vous pensez avoir, vous trouverez probablement, comme Prudence, que les bénéfices présumés ne s'envoleront pas si vous modifiez votre supposition.

De même, Anne pense qu'elle évite d'être embarrassée en ne parlant jamais pendant les cours. Mais elle se retrouve encore plus effrayée et embarrassée lorsqu'elle doit faire une présentation en classe qu'elle ne le serait si elle avait pris plus de risques plus tôt. Le fait d'éviter ce dont elle a peur semble accroître ses soucis. Et Anne finit par recevoir une double dose de ce qu'elle essaie désespérément d'éviter.

N'OUBLIEZ PAS !

Souvent, les idées inquiétantes vous font obtenir le *contraire* du résultat voulu.

Les idées inquiétantes créent des soucis et du stress, et elles vous apportent rarement de véritables bénéfices. Si vous avez l'intention d'abandonner vos idées inquiétantes, il faut les remplacer par une façon plus équilibrée de voir les choses, c'est ce qu'on appelle la « restructuration cognitive ».

Formulez des convictions équilibrées

Alors comme ça, vous pensez que vous devez absolument être parfait 24 heures sur 24, ou que tout le monde doit vous aimer tout le temps ? Ou faut-il que vous soyez toujours aux commandes ? Ou avez-vous l'impression que vous ne pouvez pas gérer votre vie tout seul ? Ou que le monde est un endroit dangereux ? Tout ça, ce sont des idées inquiétantes qui provoquent les soucis, le stress et l'anxiété.

Un autre problème avec ces convictions, c'est qu'elles contiennent vraiment une part de vérité. Par exemple, c'est *sympa* que les gens vous aiment bien, et c'est sympa parfois d'être le responsable des opérations. De même, nous sommes tous obligés de dépendre d'autres personnes à un moment ou à un autre de notre vie. C'est ce petit morceau de vérité qui fait que les gens rechignent à abandonner leurs convictions.

La solution consiste à trouver de nouvelles convictions équilibrées qui contiennent davantage de vérité. Mais les anciens postulats sont comme des habitudes, il est difficile de les rompre. Il va donc falloir trouver une nouvelle habitude pour remplacer l'ancienne. Il faut également beaucoup de pratique et de contrôle de soi, mais ça, ce n'est pas si difficile que ça. Nous allons vous montrer comment faire. Vous n'avez besoin que d'un peu de persévérance.

Nous allons examiner chaque conviction, et nous allons vous aider à voir comment formuler une conviction alternative, plus raisonnable, destinée à remplacer l'ancienne. Essayez d'utiliser ces perspectives raisonnables et équilibrées pour répondre avec impertinence à vos idées inquiétantes lorsqu'elles vous viennent à l'esprit. Finalement, une fois que vous vous serez forgé une nouvelle conviction, essayez de vous comporter de façon cohérente avec cette dernière.

Pour le perfectionniste

Les perfectionnistes croient qu'ils doivent être les meilleurs dans tout ce qu'ils entreprennent. Ils se sentent horriblement mal lorsqu'ils font des erreurs, et lorsqu'ils ne sont pas excellents dans un domaine, en général ils s'abstiendront d'essayer. Heureusement, une bonne analyse coûts/bénéfices pourra souvent les aider à voir que le perfectionnisme leur extorque un prix exorbitant.

Mais si l'on n'est pas parfait, alors qu'est-ce qu'on pourrait être ? Certains pensent que changer, cela voudrait dire aller à l'autre extrême. En conséquence, ces gens croient que s'ils ne sont pas parfaits, ils deviendraient des paresseux sans principes.

Si l'idée d'abandonner votre conviction de perfectionnisme vous ennuie, nous avons une bonne nouvelle. L'alternative, ce n'est pas l'autre extrême ! Vous trouverez peut-être utile de copier sur une fiche les affirmations suivantes, que nous appelons « vues équilibrées ». Peut-être aussi que vous souhaiterez trouver vos propres alternatives. Veillez juste à ce qu'elles visent une position intermédiaire. Emportez votre fiche avec vous pour qu'elle vous serve de rappel lorsque vous vous bloquez à nouveau à cause du perfectionnisme.

» J'aime faire bien les choses, mais il est idiot de penser que je dois être le meilleur dans tout ce que je fais.

» Je ne serai jamais bon dans tous les domaines, et parfois c'est vraiment drôle de juste essayer quelque chose de nouveau.

» Tout le monde fait des erreurs ; je dois donc y faire face lorsque ça m'arrive.

En d'autres termes, si vous êtes actuellement convaincu que vous devez être parfait et tout faire correctement car sinon vous aurez tout raté, essayez de considérer les choses de manière moins extrême. Une conviction plus équilibrée serait une affirmation du type que vous aimez faire les choses bien, mais *que l'erreur est humaine, et que vous aussi vous faites des erreurs*. Vous ne voulez pas être au-dessus du reste des hommes. *Rassemblez des preuves* qui réfutent vos suppositions perfectionnistes. Par exemple, pensez à tous les gens que vous admirez, et qui avec le temps ont fait de nombreuses erreurs. Lorsque ces gens font leurs erreurs, pensez-vous qu'ils sont mauvais ? C'est peu probable. Jugez-vous vous-même selon les mêmes critères.

Compenser une dépendance de l'approbation des autres

Les gens qui ont une dépendance de l'approbation des autres veulent désespérément être aimés tout le temps. Ils sacrifient leurs propres besoins pour plaire aux autres. Il leur est difficile de défendre leurs intérêts, parce qu'ils risqueraient de froisser quelqu'un. Lorsqu'ils sont critiqués, même injustement, ils ont tendance à s'effondrer.

Mais n'est-ce pas bon de vouloir obtenir l'approbation des autres ? De même qu'avec les idées inquiétantes, c'est une question de dosage. Si elle va trop loin, la conviction d'approbation peut ruiner votre vie.

Mais si vous arrêtez de vous faire du souci à cause de l'approbation ou non des autres, alors, que se passera-t-il ? Finirez-vous isolé, rejeté, et seul ? Est-ce que l'alternative à être tout le temps gentil, ce sera forcément avoir un comportement insolent et grossier ?

LE PERFECTIONNISME MORTEL

Le perfectionnisme paie... parfois. Un peu de perfectionnisme pourra probablement améliorer la qualité de votre travail, vos performances sportives et d'autres de vos réalisations, tant que vous n'en perdez pas le contrôle. Comment est-ce lorsque le perfectionnisme est trop extrême ? Pire que vous ne l'imaginez. Les perfectionnistes deviennent souvent des gens qui remettent tout au lendemain, simplement pour éviter de faire des erreurs. De plus, ils sont plus souvent victimes de troubles obsessionnels compulsifs (voir le **chapitre 2**), de divers types de troubles d'anxiété, de dépression, de maux physiques et de troubles alimentaires. Pire encore, il semble que le taux de suicide parmi les adolescents qui souffrent de perfectionnisme soit plus élevé que la moyenne.

Si vous avez peur d'abandonner votre conviction de dépendance, nous avons une alternative agréable, et vous trouverez peut-être utile de garder ces idées sous le coude. N'hésitez pas à en créer d'autres qui vous sont personnelles.

» Ce que disent les autres compte, mais d'habitude, ce n'est pas vital.

» Quoi que je fasse, certaines personnes ne m'aimeront pas de toute façon. Ça, c'est vrai pour tout le monde.

» Je dois commencer à faire attention à mes besoins au moins autant qu'à ceux des autres.

De surcroît, envisagez de *rassembler des preuves* qui réfutent la conviction de votre dépendance de l'approbation des autres. Par exemple, pensez aux gens que vous aimez et admirez, et qui arrivent à dire ce qu'ils pensent tout en veillant à satisfaire leurs propres besoins. Pourquoi les aimez-vous ? Ce n'est probablement pas parce qu'ils font des courbettes à chacune de vos fantaisies. D'ailleurs, une personne comme ça vous rebuterait probablement de toute façon.

Si vous sentez que vous êtes dépendant de l'approbation des autres, et si vous supposez que vous devez obtenir cette approbation quasiment à tout moment et à n'importe quel prix, envisagez un instant une perspective plus équilibrée. Bien sûr, tout le monde apprécie d'être aimé, mais vous devez réaliser que quoi que vous fassiez, certaines personnes ne vous aimeront pas de toute façon, du moins une partie du temps. Essayez de vous dire que vos propres besoins comptent vraiment, et que ce que d'autres personnes pensent de vous ne définit pas votre propre valeur.

Compenser la vulnérabilité

Les gens qui sont convaincus de leur vulnérabilité ne se sentent pas à l'abri, et ils se font en permanence du souci à cause de toutes les mésaventures imaginables. Ils peuvent angoisser pour des questions de sécurité, de santé, de catastrophes naturelles, ou de l'avenir ; ils se sentent souvent victimes des circonstances de la vie. Ils se sentent incapables de changer quoi que ce soit à leur sort.

Les personnes qui ont cette conviction ne comprennent pas que le fait de se faire du souci, ça n'a jamais empêché une seule catastrophe de se produire. Le souci excessif n'aide pas non plus à se préparer contre une malchance inévitable ni contre le malheur qui peut frapper la vie de chacun d'entre nous.

Pourtant, si vous avez une conviction de vulnérabilité, une meilleure conviction alternative pourrait vous apporter une sécurité raisonnable sans vous causer tous ces soucis. Si vous voulez abandonner votre conviction de vulnérabilité, essayez de garder les quelques idées suivantes sur vous, et servez-vous-en comme des mantras.

- Je dois prendre des précautions raisonnables, mais arrêter d'être un obsédé de sécurité. Le niveau de préparation sur la base de laquelle je peux agir est limité, et c'est aussi vrai pour tout le monde.
- J'irai chez le médecin pour un examen physique annuel, je ferai attention à m'alimenter correctement et à faire de l'exercice, et après ça, inutile de me faire du souci.
- Des incidents regrettables sont imprévus et échappent à mon contrôle. Je dois accepter le fait que des mauvaises choses se produisent ; le souci n'est pas un bouclier.

Encore une fois, si vous avez la conviction d'être vulnérable, et si vous pensez que vous êtes à la merci des dangereuses forces de la vie, alors vous tirerez peut-être profit à envisager un point de vue plus équilibré. Essayez de vous dire que personne ne peut empêcher les épreuves et les tribulations de la vie, mais qu'il est habituellement possible d'y faire face lorsqu'elles se produisent. Rassemblez les preuves des nombreux incidents déplaisants que vous avez été capable de gérer par le passé. Par exemple, si vous avez eu de l'hypertension, peut-être avez-vous fait de l'exercice ou pris un médicament pour la contrôler, ou lors de la perte d'un être cher, vous avez eu du chagrin mais vous avez survécu.

Relâcher le contrôle

Certaines personnes veulent toujours avoir la responsabilité des opérations. Elles ne peuvent pas supporter de recevoir des ordres. Lorsqu'elles se trouvent dans un groupe, elles dominent la conversation. Elles veulent toujours savoir tout ce qui se passe autour d'elles dans leurs familles et au travail. Elles ne savent pas. Certaines ont peur de prendre l'avion, parce qu'elles ne sont pas dans la cabine de pilotage.

Être un fou de contrôle, c'est fatigant, et c'est aussi très anxiogène. Peut-être que cette idée inquiétante vous pose des problèmes. C'est le cas de nombreuses personnes très intelligentes qui ont réussi, et il ne leur est pas facile d'abandonner cette conviction. Pourtant, les coûts qu'elle entraîne pour la santé, le bien-être et les relations sont atterrants.

Comme pour toutes les idées inquiétantes, nous vous proposons une autre perspective, équilibrée, et qui vous sera plus utile que le contrôle ne l'a jamais été. Étudiez nos suggestions, et si vous devez prendre le contrôle et les réécrire, c'est aussi très bien !

- » Je peux habituellement faire confiance aux autres pour qu'ils fassent ce qu'ils doivent faire. Je n'ai pas besoin de commander tous les autres, et il est probable qu'ils m'en voudront si c'est ce que je fais.
- » Demander de l'aide ou déléguer, ce n'est pas le bout du monde, et parfois, déléguer, c'est bien plus efficace.

» Je ne suis pas obligé de savoir le moindre détail de ce qui se passe pour me sentir responsable. Le lâcher-prise réduit le stress.

» Laisser les autres mener peut faire qu'ils se sentent mieux et qu'ils me soulagent d'une charge.

Diminuer la dépendance

Les gens qui souffrent d'une idée inquiétante de dépendance croient qu'ils ne peuvent pas se tirer d'affaire tout seul. Ils demandent des conseils alors qu'ils n'en ont pas vraiment besoin, et ils cherchent à se faire rassurer sur l'amour qu'on leur porte ou sur la justesse de leurs actions. La seule pensée de ne pas entretenir de rapports étroits avec quelqu'un d'autre les terrifie. Ils peuvent à peine s'imaginer essayer de vivre seuls. Il est assez peu probable de rencontrer quelqu'un avec une conviction de dépendance en train de manger seul à une table de restaurant.

Ironiquement, de nombreuses idées inquiétantes entraînent le contraire du résultat voulu. Les personnes excessivement dépendantes finissent par ennuyer et irriter celles dont elles dépendent. Les partenaires de personnes dépendantes prennent souvent leurs distances, lorsqu'elles sont lasses de cette habitude constante de dépendance et de sensation d'incapacité.

Si vous combattez la dépendance, étudiez certaines de nos contre-propositions. Ecrivez-les sur une fiche et gardez-les à portée de la main pour pouvoir les consulter fréquemment. N'hésitez pas à les embellir ou a en inventer d'autres, de votre cru.

» C'est bien d'avoir quelqu'un qui m'aime, mais je peux survivre tout seul, et c'est ce que j'ai fait dans le passé.

» Demander conseil, cela peut être utile ; mais il est plus satisfaisant d'étudier un problème à fond tout seul.

» Je préfère être avec d'autres personnes, mais je sais comment apprécier le temps que je passe tout seul.

Si vous avez une conviction de dépendance, en d'autres termes, si vous êtes convaincu que vous ne pouvez pas bien vous en sortir tout seul, et qu'en conséquence, vous croyez qu'on doit vous aider pour toutes les choses que vous faites, essayez de penser de manière plus raisonnable. Rendez-vous compte que c'est bien d'avoir quelqu'un sur qui compter, mais que vous êtes capable de nombreuses actions indépendantes. Rassemblez les preuves de vos compétences. Prenez-vous vous-même de l'essence à la station pour votre voiture ? Gérez-vous votre propre carnet de chèques ? Vous rendez-vous seul au travail et en rentrez-vous également seul ? Pouvez-vous vous souvenir des occasions au cours desquelles vous vous en êtes très bien tiré sans l'aide de personne ? Le fait de réaliser que vous avez entrepris avec succès des actions de manière indépendante, et de vous rappeler que vous vous êtes tiré tout seul d'une situation difficile, cela peut aiguillonner suffisamment votre confiance en vous-même pour que vous entrepreniez davantage de choses tout seul à l'avenir.

ATTENTION !

Si vous trouvez que vos idées inquiétantes dominent votre vie et entraînent une anxiété et une douleur intenses, vous devriez peut-être consulter un psychologue professionnel ou un psychiatre. Mais commencez d'abord par consulter votre médecin de famille pour qu'il puisse écarter les causes physiques. Parfois, l'anxiété n'a pas d'origine physique, et votre médecin de famille pourra vous envoyer chez un spécialiste après avoir examiné les causes physiques possibles. Si vous consultez un professionnel, vous trouverez quand même ce livre utile, parce que la plupart des spécialistes de l'anxiété connaissent les outils que nous vous donnons ici, et ils vous aideront à les mettre en œuvre.

Mais surtout, soyez gentil avec vous-même !

Dans notre travail avec nos patients, nous avons été surpris de découvrir que les idées inquiétantes sont monnaie courante, et même que beaucoup de personnes qui réussissent tendent à tomber sous l'influence de l'une ou l'autre de ces convictions, sans pour autant présenter un trouble d'anxiété complet. En conséquence, si vous avez l'une ou l'autre de ces convictions, il est important que vous ne vous passiez pas vous-même « à tabac » sous prétexte que vous « êtes sous influence ».

Les origines de votre conviction pourraient bien résider dans votre enfance ou être le résultat d'un événement traumatique. Il est possible que vos parents vous aient bombardé de critiques. Si vos parents vous ont bombardé de critiques, cela a peut-être eu pour conséquence que vous recherchez désespérément l'approbation des autres. Peut-être que vous avez eu un accident ou un traumatisme malheureux, qui a fait que vous avez commencé à vous sentir vulnérable. Peut-être vos parents ne vous ont-ils pas donné leur attention ou leur amour de façon régulière, ce qui a entraîné ce manque d'assurance ou cette envie constante d'être assisté et de recevoir de l'affection. Ces exemples représentent simplement certaines des explications possibles parmi une infinité des raisons pour lesquelles on se forge des idées inquiétantes. Ce qui compte, c'est que ce n'est pas vous qui avez demandé à les avoir, ces convictions.

Vous vous êtes engagé sur la voie qui mène à guérir l'anxiété. Mais avancez doucement. Prenez plaisir à ce voyage, et rendez-vous bien compte que le changement prend du temps et exige du travail. Soyez patient avec vous-même.

3

Les actions anti-anxiété

« POUR RÉDUIRE L'ANXIÉTÉ DANS SA VIE, WILLY LE DRESSEUR PASSE DU DRESSAGE DE GRANDS FAUVES AU DRESSAGE DE BALLONS EN FORMES D'ANIMAUX. »

DANS CETTE PARTIE...

Nous allons vous montrer que changer ce que vous faites, c'est un autre moyen puissant de vous attaquer à l'anxiété. Nous allons vous donner un ensemble d'outils pour vous attaquer à vos peurs en y faisant face de front. Ne vous en faites pas ; nous vous aiderons à y aller progressivement, pas à pas. Cette partie va vous aider à découvrir ce qui est important pour vous. Puis vous allez pouvoir déterminer comment rationnaliser votre vie d'une manière qui corresponde à vos objectifs.

Vous allez aussi comprendre comment l'exercice physique peut réduire l'anxiété. Si, dans le passé, vous avez eu des difficultés à vous mettre à faire de l'exercice, nous allons vous aider à voir pourquoi et à trouver ce que vous pouvez faire pour vous motiver.

Enfin, après toutes ces activités, vous allez avoir besoin de dormir. C'est l'une des raisons pour lesquelles nous allons aussi vous montrer différentes méthodes pour améliorer la qualité de votre sommeil.

Chapitre 6

Affrontez la peur en mettant un pied devant l'autre

DANS CE CHAPITRE :

- **Découvrez comment fonctionne l'exposition**
- **Faites face à la peur dans votre imagination**
- **Affrontez vos peurs pour de bon**
- **Employez l'exposition pour résoudre vos problèmes d'anxiété spécifiques**

Tina monte pour la première fois son vélo sans les roulettes. Grand-père tient le vélo fermement et court à côté d'elle. Tina rayonne de fierté. Elle se débrouille bien, mais à l'instant où elle se dit qu'elle se débrouille très bien sans lui, elle s'effraie en réalisant qu'elle roule toute seule. Avant que Grand-père ne puisse l'attraper, Tina et le vélo s'écrasent contre un monticule. Les deux genoux ensanglantés, elle hurle de douleur.

Grand-père console Tina et lui dit : « Il y a un vieux proverbe qui dit que lorsque tu tombes d'un cheval, remets-toi en selle tout de suite. Donc nettoyons tes plaies et mettons-y des pansements, puis nous essaierons à nouveau. »

Un bon conseil, certes, mais Tina est paralysée de terreur, et incapable d'avancer. Pourtant, quelques jours passent, et elle réussit à s'y remettre. Tout le monde n'en serait pas capable.

Lorsque la vie vous donne des citrons, faites de la citronnade. Mais est-ce plus facile à dire qu'à faire ? Est-ce que l'on peut raisonnablement attendre de soi-même d'être en mesure de tourner une situation à son avantage après une série de blessures, ou même de rebondir après une difficulté ?

Ce chapitre vous explique comment se remettre en selle et surmonter ses propres peurs dans des étapes gérables. Nous décrivons comment vous pourrez faire face à vos peurs dans votre imagination. Cela prépare souvent à l'étape suivante, qui consistera à vous attaquer à vos peurs en les abordant directement, mais par petites étapes. Ce chapitre vous donne aussi une recette appelée *exposition* pour surmonter votre problème d'anxiété personnel.

L'exposition : prenez le taureau par les cornes

À ESSAYER

Aucune autre stratégie exposée dans ce livre n'est plus efficace que l'exposition dans la bataille contre l'anxiété. En deux mots, l'exposition consiste à vous mettre en contact direct avec ce qui vous rend anxieux, quel que soit l'objet de votre anxiété. Bon, ceci dit, ça vous semble peut-être un peu ridicule.

Après tout, le simple fait de penser à regarder vos peurs en face vous rend peut-être un peu anxieux. Nous comprenons cette réaction, mais rendez-vous compte que si vous avez le vertige, pratiquer l'exposition ne signifie pas qu'on vous demandera demain de vous pencher dans le vide en haut du Mont Blanc. Ou si vous avez peur d'avoir une attaque de panique au milieu de la foule, on ne vous demandera pas, comme premier pas, de vous asseoir dans les tribunes pour assister à des matchs de la coupe du monde de football.

Si vous vous rendez compte que vous remettez à plus tard la mise en œuvre des recommandations de ce chapitre, lisez le **chapitre 3** pour y puiser de la motivation et surmonter vos obstacles au changement. Si vous trouvez que ces idées sont toujours difficiles à envisager, vous pourrez peut-être consulter un professionnel.

Exposez-vous un peu plus à chaque pas

L'exposition comporte un ensemble d'étapes progressives et systématiques que vous pouvez aborder l'une après l'autre. Vous ne quittez pas une étape avant de l'avoir maîtrisée. Ensuite, lorsque vous êtes à l'aise avec la première étape, vous passez à la deuxième. Chaque nouvelle étape engendre de l'anxiété, mais sans vous submerger.

ATTENTION !

N'essayez pas l'exposition si votre anxiété est grave. Dans ce cas, il faut que vous soyez guidé par un professionnel. Si l'une des étapes fait monter votre anxiété à un niveau extrême, arrêtez toute autre tentative sans aide. De même, n'essayez pas la technique de l'exposition si vous êtes en train de traverser une crise ou si vous avez un problème actuel d'abus d'alcool ou de drogues.

Préparez-vous

Avant toute chose, nous vous suggérons de pratiquer la relaxation. Pensez à lire les **chapitres** 12 et 13 pour avoir une vue approfondie des méthodes proposées. Mais pour le moment, vous pourrez employer deux méthodes simples et rapides.

Pourquoi la relaxation ? L'exposition va vous rendre anxieux. Pas moyen d'éviter ça. Le fait de trouver comment vous détendre, ça pourra vous aider à vous sentir plus confiant en votre aptitude à gérer votre anxiété. La relaxation peut contribuer à confiner l'anxiété, qui est inévitable, dans des limites tolérables.

À ESSAYER

D'abord, nous vous suggérons la technique de respiration :

1. **Inspirez lentement, profondément et complètement par le nez.**
2. **Retenez votre respiration en comptant lentement jusqu'à six.**
3. **Expirez lentement par la bouche en comptant jusqu'à huit, en faisant un léger bruit de sifflement ou de soupir. Ce son peut être extrêmement doux.**
4. **Répétez dix fois ce type de respiration.**

Essayez de pratiquer ce type de respiration plusieurs fois par jour. Voyez comment vous vous sentez après. Si elle ne vous aide pas à vous sentir plus calme, arrêtez. Et à la place, essayez notre suggestion suivante, qui consiste à d'abord contracter, puis à détendre des groupes musculaires, et constitue une version abrégée de la méthode proposée au **chapitre** 10.

ATTENTION !

Si vous avez des problèmes physiques, tels que des douleurs lombaires, si vous souffrez des suites d'une blessure récente ou d'une opération, de spasmes musculaires ou d'une affection arthritique grave, n'employez pas la technique qui suit. Ou bien utilisez-la, mais doucement, et veillez à tendre les muscles sans que ce soit douloureux. Finalement, même si vous êtes en bonne santé, vous ne devriez pas ressentir de douleur lorsque vous tendez les muscles ainsi que nous vous le suggérons.

À ESSAYER

1. **Trouvez un endroit confortable pour vous asseoir ou vous allonger.**
2. **Desserrez tout vêtement trop étroitement ajusté.**
3. **Tirez les orteils vers les genoux.**
4. **Serrez les jambes ensemble.**
5. **Contractez tous les muscles des jambes et des fesses.**
6. **Tenez cette tension en comptant jusqu'à huit.**
7. **Relâchez-la d'un seul coup.**
8. **Permettez à la relaxation de s'installer lentement et de remplacer la tension.**
9. **Observez la sensation de détente pendant quelques instants.**
10. **Ensuite, serrez les poings, amenez les mains à hauteur des épaules, rentrez le ventre, et tirez les omoplates en arrière comme pour essayer de les faire se toucher.** Contractez tous les muscles entre la poitrine et le cou. Maintenez cette tension pendant huit secondes.
11. **Relâchez les muscles, permettez à la relaxation de remplacer la tension, et observez la sensation de détente.**

12. **Finalement, tendez le cou et les muscles du visage.**
Formez une boule avec votre visage en grimaçant !
13. **Maintenez cette tension pendant huit secondes.**
14. **Relâchez les muscles et détendez-vous.**
Ayez conscience de la relaxation alors qu'elle remplace progressivement la tension.
15. **Restez assis en observant pendant quelques minutes ces sensations nouvelles de détente.**
16. **Si vous vous sentez encore tendu, recommencez une fois la procédure.**

La plupart des gens trouvent que l'une des deux techniques ou les deux les détendent, même seulement un peu. Si, par malchance, ces techniques ne vous détendent pas ou vous rendent encore plus anxieux, les **chapitres** 10 et 11 pourraient vous donner d'autres idées. Étudiez-les soigneusement.

Pourtant, même si aucune technique de relaxation ne marche avec vous, cela ne signifie pas que l'exposition ne sera pas efficace. Elle peut fonctionner seule. Sans relaxation, vous devrez simplement avancer lentement et en faisant attention.

Des cubes, un peu comme un jeu de construction

Il est important de diviser le processus d'exposition (le jeu de construction) en étapes gérables (ses cubes). Pour commencer :

1. **Prenez une de vos peurs et une seule, comme par exemple :**
   - La peur des endroits clos
   - La peur de la ruine financière
   - La peur de prendre l'avion
   - La peur d'avoir une attaque de panique (peur de la peur)
   - La peur des gens

2. **Réfléchissez à tous les aspects concevables de votre peur ou de votre souci.**

   Qu'est-ce qui déclenche votre peur ? Incluez-y toutes les activités entourant votre peur. Par exemple, si vous avez peur de prendre l'avion, peut-être que vous avez peur d'aller à l'aéroport en voiture, ou de faire vos bagages. Ou si vous avez peur des chiens, vous évitez peut-être de marcher près d'eux, et vous ne rendez probablement pas visite aux gens qui ont des chiens en liberté dans leur maison. Quelle que soit la manière dont votre peur se déclenche, notez comment cela se produit. Réfléchissez à tous les résultats anticipés et craints. Incluez tous les détails : les réactions des autres et le cadre.

L'histoire d'Éliane illustre bien la manière dont on peut diviser le processus d'exposition en étapes gérables.

Éliane, qui travaille comme visiteur médical d'un laboratoire pharmaceutique, reçoit une promotion. Cela signifie pour elle une nette augmentation de salaire et beaucoup de voyages en avion. Pendant l'entretien, elle ne mentionne pas sa peur intense des voyages en avion, en espérant qu'elle disparaîtrait d'une manière ou d'une autre. Maintenant, elle fait face à son premier vol en trois semaines, et sa détresse la pousse à chercher de l'aide.

Eliane achète un exemplaire de *Guérir l'anxiété pour les Nuls*. Elle lit le passage sur l'exposition et conclut que c'est la meilleure approche pour résoudre son problème. Le tableau 6-1 montre comment Eliane achève sa première tâche, qui consiste à décrire sa peur et toutes ses composantes.

TABLEAU 6-1 Ce dont j'ai peur

Question	Réponse
Comment mon anxiété se déclenche-t-elle ?	La simple pensée de prendre l'avion me rend anxieuse. Et même le simple fait de conduire sur la route qui mène à l'aéroport me rend malade.

Question	Réponse
Quelles sont les activités concernées par ma peur ?	D'abord, je devrais faire une réservation ; ce serait difficile. Puis, je devrais faire mes bagages, conduire à l'aéroport, passer le contrôle de sécurité, rester un moment dans la salle d'attente, entendre l'annonce de mon vol, et embarquer à bord de l'avion. Ensuite, je devrais m'asseoir sur mon siège et subir le décollage. Finalement, je devrais endurer le vol.
Quels sont les résultats que j'anticipe ?	J'ai peur de devenir folle, de vomir sur mon voisin, ou de me mettre à hurler, et ils devront me retenir de force. Bien sûr, l'avion pourrait s'écraser, et je mourrais ou subirais des brûlures et des douleurs horribles et je serais incapable de sortir de l'avion.

Vous voyez que la peur d'Eliane de prendre l'avion peut être divisée en de nombreuses activités, depuis la réservation à la descente de l'avion. Les résultats qu'elle anticipe incluent une série de possibilités déplaisantes.

En utilisant le format de questions-réponses du tableau 6-1, vous pouvez décrire ce qui vous effraie. Utilisez votre imagination. Ne permettez pas à l'embarras de vous empêcher d'y inclure les aspects les plus profonds et les plus sombres de vos peurs, bien qu'ils puissent sembler idiots à quelqu'un d'autre.

Maintenant, vous êtes prêt à décomposer vos peurs et à empiler les cubes de votre jeu de construction. Avec ces cubes, construisez une « tour de la peur » (voir la figure 6-1). Dressez la liste de tous les aspects de votre peur. Puis évaluez chacun d'eux sur une échelle de 0 à 100, 0 représente l'absence totale de peur, et 100 indique une peur qui est incroyablement intense, complètement incapacitante. Puis empilez les cubes en mettant en bas les cubes ayant les notes les plus basses, et au sommet les cubes ayant les notes les plus élevées. Cette tour de la peur représente la hiérarchie de l'exposition à votre peur.

CONSEIL

La tour d'Eliane ne comportait que huit cubes. Vous pouvez si vous le souhaitez diviser la tâche en 15 ou en 20 étapes (et autant de cubes). Par exemple, les étapes d'Eliane vont de faire les bagages à l'enregistrement. Elle pourrait ajouter une ou deux étapes intermédiaires, comme conduire à l'aéroport et garer sa voiture au parking de l'aéroport.

Pour une phobie comme celle d'Eliane, les cubes de la tour représentent des tâches qui mènent toutes directement à sa peur suprême. Mais certaines personnes ont des types d'anxiété différents. Par exemple, une personne qui souffre d'un trouble d'anxiété généralisé (TAG) peut avoir différentes peurs (voir le **chapitre** 2), peur d'être rejetée, peur d'être blessée, et peur de calamités financières. Pour construire la meilleure tour de la peur possible, il faut d'abord choisir l'une de ces peurs entre toutes, puis construire la tour sous la forme de cubes incluant tout ce qui est pertinent pour cette peur.

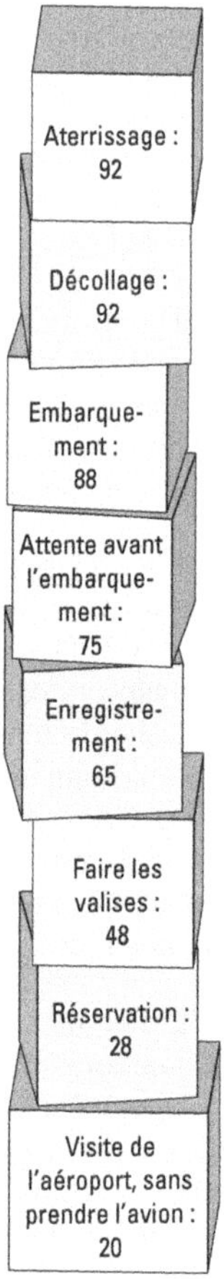

FIGURE 6-1 : Voici comment Éliane hiérarchise ses peurs de prendre l'avion.

Bon, maintenant vous avez votre tour de la peur. Qu'allez-vous faire ensuite ? Choisissez entre les deux types d'exposition, celle dans votre imagination et celle qui se déroule dans la vie réelle. En un sens, vous avez le choix des armes.

La figure 6-1 montre comment Eliane a empilé les cubes de sa peur de prendre l'avion.

Imaginez le pire

Souvent, la meilleure manière de commencer l'exposition consiste à passer par votre imagination. Parce qu'imaginer vos frayeurs, cela provoque habituellement moins d'anxiété que le faire pour de bon. En outre, vous pouvez user de votre imagination lorsqu'il est impossible de reproduire votre vraie peur. Par exemple, si vous avez peur d'attraper une maladie, telle que l'hépatite C, vous exposer vraiment au virus, ce ne serait pas une bonne idée.

Vous pensez peut-être que l'observation de vos peurs à travers l'œil de votre esprit ne vous rendrait pas anxieux. Pourtant, la plupart des gens trouvent que lorsqu'ils imaginent leurs peurs avec de riches détails, leurs corps réagissent. Lorsqu'ils maîtrisent progressivement leurs peurs en pensée, en général ces peurs se réduisent lorsqu'ils sont confrontés aux situations réelles.

L'exposition imaginaire suit un petit nombre d'étapes de base :

1. **Si vous pensez que cela vous mettra plus à l'aise, utilisez l'une des stratégies de relaxation brèves décrites dans la section « Exposez-vous un peu plus à chaque pas » plus haut dans ce chapitre, avant de commencer.**
2. **Choisissez le cube le plus en bas de votre tour de la peur.**
3. **Imaginez-vous en train de faire face à votre peur.**
   Celle d'Éliane, c'était de se rendre à l'aéroport sans avoir l'intention de prendre l'avion.

4. **Imaginez autant de détails de la peur de ce cube que vous le pouvez, imaginez les vues, les sons, les odeurs et tout ce qui donne vie à votre expérience imaginaire.** Si vous avez des difficultés à vous représenter votre expérience, voyez le chapitre 11 pour trouver des idées afin d'affiner l'œil de votre esprit.
5. **Évaluez votre anxiété sur une échelle de 0 à 100, après avoir élaboré dans votre esprit une représentation qui vous donne une idée valable de ce qu'être exposé à votre peur serait vraiment.**
6. **Il est important de garder cette représentation dans votre esprit jusqu'à ce que vous sentiez l'anxiété tomber de façon significative.** Le mieux, c'est d'attendre que la note descende de moitié ou même davantage. Elle diminuera dans cette proportion si vous vous représentez l'exposition imaginaire suffisamment longtemps. Par exemple, si vous souffrez d'anxiété à un niveau de 60, continuez à vous représenter l'exposition jusqu'à ce que la note d'évaluation descende à environ 30.
7. **Terminez la séance par une des techniques de brève relaxation décrites dans la section « Exposez-vous un peu plus à chaque pas » plus haut dans ce chapitre.**
8. **Si l'expérience imaginaire s'est bien passée, vous pouvez choisir le cube un niveau au-dessus dans votre tour de la peur, et peut-être un autre après avoir utilisé ce dernier.** Continuez en vous exerçant quotidiennement. Commencez toujours par le dernier cube que vous avez bien maîtrisé (en d'autres termes, un cube pour lequel votre niveau d'anxiété a été réduit de moitié ou davantage).

Affrontez directement vos peurs (gloups !)

Bien que nous recommandions habituellement de commencer l'exposition par l'imagination, le type d'exposition le plus efficace se passe dans la vie réelle. La stratégie fonctionne quasiment de la même manière que l'exposition imaginaire ; vous décomposez vos peurs en petites étapes et vous empilez ces cubes pour en faire une tour de la peur, en partant de la moins problématique pour aller à la plus effrayante. Maintenant, il est temps de vous attaquer de front à vos frayeurs. Gloups !

À ESSAYER

1. **Commencez par une courte relaxation, comme celles que nous avons décrites plus haut dans ce chapitre.**
2. **Choisissez une peur ou un groupe de soucis ayant un sujet semblable, comme la peur d'être rejeté ou la peur d'une blessure corporelle.**
3. **Ensuite, divisez la peur en un nombre d'étapes séquentielles (les cubes de la tour), chaque étape étant légèrement plus difficile que l'étape précédente.**
4. **Finalement, attaquez une étape à la fois.** Si votre anxiété commence à monter pour atteindre un niveau incontrôlable, essayez l'une des techniques de relaxation brève. Continuez à travailler sur chacune des étapes jusqu'à ce que votre niveau d'anxiété à cette étape tombe, en général d'au moins 50 %.

Voici quelques conseils pour vous aider à traverser le processus d'exposition :

- Demandez à quelqu'un d'être votre « compagnon d'exposition », mais seulement si vous avez quelqu'un à disposition en qui vous avez entièrement confiance. Cette personne pourra vous prodiguer des encouragements et vous apporter de l'aide.
- Si vous ne pouvez pas faire autrement, réduisez un peu vos étapes. Ne jetez pas l'éponge à moins de sentir que vous avez complètement perdu le contrôle de la situation.
- Votre esprit vous dira « Stop ! Tu ne peux pas faire ça. De toute façon, ça ne marchera pas. » N'écoutez pas ce bavardage. Étudiez simplement les réactions de votre corps, et soyez conscient du fait qu'elles ne sont pas négatives.

- Trouvez un moyen de vous récompenser pour le franchissement de chaque étape avec succès. Achetez-vous peut-être quelque chose dont vous aviez envie, ou faites-vous plaisir d'une autre manière.
- Si nécessaire, parlez-vous à vous-même de façon positive pour vous aider à étouffer l'anxiété qui augmente. Voyez le **chapitre** 5 pour trouver des idées à ce sujet.
- Comprenez que parfois, vous vous sentirez mal à l'aise. Considérez que c'est un progrès. Cela fait simplement partie de la méthode que vous utilisez pour surmonter vos frayeurs.
- Exercez-vous, exercez-vous, exercez-vous.
- N'oubliez pas la brève relaxation avant et pendant l'exposition.
- Continuez à vous exposer à une certaine étape jusqu'à ce que le niveau d'anxiété tombe. Sachez que votre corps ne peut pas maintenir éternellement son niveau d'anxiété. Celui-ci tombera si vous attendez suffisamment longtemps.
- Attendez-vous à ce que le processus d'exposition prenne du temps. Avancez à un rythme raisonnable. Continuez votre progression, mais sachez que vous n'allez pas conquérir votre peur en quelques jours. Même avec une pratique quotidienne, le processus d'exposition peut prendre plusieurs mois.

N'OUBLIEZ PAS !

Souvenez-vous de fixer des objectifs réalisables. Par exemple, disons que vous avez peur des araignées. Vous en avez si peur que vous ne pouvez pas entrer dans une pièce sans faire une recherche minutieuse des horreurs cachées. Il n'est pas nécessaire que vous alliez trop loin dans l'exercice d'exposition au point de faire en sorte que des tarentules montent et descendent sur vos bras. Contentez-vous d'être satisfait lorsque vous serez capable d'entrer dans une pièce sans devoir effectuer de recherches inutiles.

CONSEIL

Finalement, essayez d'éviter d'utiliser des « béquilles » durant l'exposition. On se sert de béquilles, telles que de l'alcool et d'autres drogues, pour éviter de s'exposer complètement aux étapes de leurs tours de peur. Parmi les béquilles les plus courantes, on trouve :

- L'alcool ;
- Les tranquillisants, en particulier les benzodiazépines présentées au **chapitre** 13 ;
- Les distractions, avec des rituels, des textes de chansons, des chants ;
- S'accrocher à quelque chose pour éviter de s'évanouir.

Si vous ressentez le besoin impérieux d'utiliser l'une de ces béquilles, utilisez-en aussi peu que vous le pourrez. Parfois, un étage intermédiaire raisonnable peut consister à utiliser des paroles ou des chants au début, puis à franchir l'étape suivante de votre tour de la peur, mais sans les chants.

CONSEIL

Au cours des dernières étapes, il serait même bon de laisser tomber la relaxation et le dialogue intérieur rassurant pour maîtriser complètement votre peur.

À la conquête de vos peurs

Affronter vos peurs pour de bon, c'est l'un des moyens les plus puissants de les surmonter. Le plan d'exposition peut varier juste un peu en fonction du type d'anxiété particulier dont vous souffrez. Cette section présente des exemples de plans pour six types d'anxiété. Il va de soi que vous devrez les personnaliser pour les adapter à vos problèmes. Pourtant, ils devraient vous aider à vous y mettre.

Vous pouvez revoir les descriptions détaillées des sept grands types d'anxiété au **chapitre** 2. Nous omettons l'un d'eux : l'état de stress post-traumatique. C'est parce que, pour la plupart, les personnes qui en souffrent devraient consulter des professionnels. La liste qui suit propose une brève description de chaque catégorie d'anxiété pour laquelle nous vous suggérons d'utiliser l'exposition à la vie réelle :

- **Trouble d'anxiété généralisé (TAG)** : état de tension et de souci chronique et durable.
- **Phobie sociale** : peur d'être rejeté, humilié, ou de faire l'objet d'un jugement négatif de la part des autres.
- **Phobie spécifique** : peur exagérée, intense d'un objet spécifique, d'un animal, des araignées, des épingles ou peur d'une situation, telle que la peur des grandes hauteurs (acrophobie).
- **Trouble panique** : peur de subir des attaques de panique répétées dans lesquelles apparaissent divers symptômes physiques, tels que le vertige, le cœur qui bat la chamade, ou la nausée. Le sujet a peut-être aussi peur de perdre le contrôle de la situation, de mourir ou de devenir fou.
- **Agoraphobie** : ce problème accompagne souvent, mais pas toujours, le trouble panique. Si vous en souffrez, vous avez peur de quitter la maison et de vous sentir piégé ou incapable d'obtenir de l'aide dans le cas où vous en auriez besoin.
- **Trouble obsessionnel compulsif (TOC)** : si vous en souffrez, des pensées répétitives et indésirables (les obsessions) font irruption dans votre esprit et vous dérangent. Le TOC peut également impliquer diverses actions ou divers rituels que vous effectuez de façon répétée (les compulsions) afin d'empêcher la survenue d'un événement redouté ou nuisible. Pourtant, ces actions n'ont guère de sens.

Déclarez la guerre aux soucis, attaquez-vous au TAG !

Les gens qui souffrent d'un trouble d'anxiété généralisé se font du souci pour tout. Le résultat de ces angoisses, c'est que ces personnes finissent habituellement par éviter de nombreuses situations et tâches de la vie quotidienne. Ces soucis peuvent priver leurs victimes de plaisir et de joie.

Maureen est surnommée « l'éternelle inquiète » par ses amis, et « le gardien de prison » par ses enfants. Elle se tourmente en permanence, mais son souci le plus grand, c'est la sécurité de ses deux garçons jumeaux de 16 ans. Malheureusement, les craintes de Maureen sont telles qu'elle restreint les activités de ses enfants bien plus que la plupart des autres parents. Elle ne leur permet pas de sortir de la maison pour des activités extrascolaires lorsque la nuit tombe. Maureen les interroge au sujet de chacun de leurs nouveaux amis. En grandissant, ils se rebiffent. Les chamailleries et les disputes dominent le dîner, mais le plus grand objet de dispute, c'est le permis de conduire. Bien que les deux garçons aient l'âge de prendre des leçons de conduite, Maureen décrète qu'ils ne pourront pas conduire avant d'avoir au moins 20 ans.

Elle est surprise que le médecin de famille l'appelle pour discuter des soucis de ses enfants. Elle a quelques entretiens avec lui, et celui-ci l'aide à comprendre que ses craintes sont exagérées. Maureen sait qu'elle a un problème et elle décide alors de l'attaquer de front.

Après l'avoir aidée à comprendre que ses craintes sont exagérées, le médecin suggère à Maureen de parler à d'autres parents pour se rendre compte de la réalité. Maureen apprend que la plupart des parents autorisent leurs enfants de 18 ans à prendre des leçons de conduite, et même à conduire.

Maureen construit sa tour de la peur, en empilant les cubes, du moins effrayant au plus terrifiant (voir la figure 6-2). Elle évalue l'anxiété que chaque cube représente pour elle à l'aide de notes comprises entre 0 et 100. Puis elle évalue à nouveau son anxiété avec des expositions répétées. Elle ne passe pas à l'étape suivante avant que son anxiété ne soit tombée d'environ 50 %.

Notez bien que la tour de la peur complète de Maureen est constituée de 20 cubes. Elle essaie de veiller à ce que chaque cube soit à environ 5 à 10 points d'anxiété du précédent.

Si vous souffrez d'un trouble d'anxiété généralisée, sélectionnez l'une de vos craintes. Puis construisez votre propre tour de la peur.

N'OUBLIEZ PAS !

Construisez votre tour avec suffisamment de cubes pour que les étapes à franchir soient petites. Si vous trouvez qu'une étape est insurmontable, essayez de trouver une étape intermédiaire.

Si vous n'y arrivez pas, essayez de la franchir en employant l'exposition imaginaire à la situation représentée par ce cube, avant de vous y exposer pour de bon dans la vie réelle.

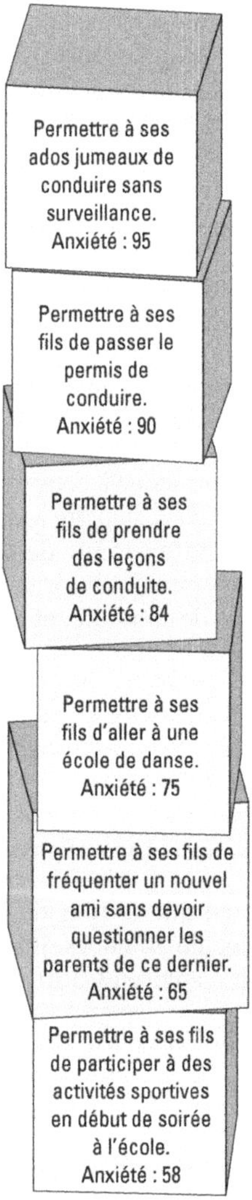

FIGURE 6-2 : La tour de la peur de Maureen, avec les situations les plus effrayantes au sommet.

Combattez les phobies spécifiques et les phobies sociales

On combat ces deux types de phobies, phobies spécifiques et phobies sociales, quasiment de la même manière. Prenez la situation, l'objet, l'animal, etc., de votre crainte, et approchez-vous-en par étapes progressives. Ici encore, vous construisez une tour de la peur avec des cubes qui représentent chacun une étape.

L'histoire de Rémy est un bon exemple de la manière dont une tour de la peur peut aider quelqu'un à surmonter sa phobie spécifique, en l'occurrence la peur des grandes hauteurs.

Rémy a rencontré Diane grâce à un espace de discussion (*chatroom*) pour célibataires sur Internet. Ils se sont envoyés des courriers pendant plusieurs semaines. Finalement, ils décident de se rencontrer pour prendre un café. Plusieurs heures se passent, qu'ils prennent tous deux pour des minutes, puis Robin propose à Diane de la raccompagner chez elle.

En sortant du café, alors qu'il lui tient la porte, Diane l'effleure en passant devant lui. Leurs yeux se rencontrent et Rémy est à un cheveu de l'embrasser sur-le-champ. Tandis qu'ils marchent en direction de l'appartement de Diane, elle lui demande « Est-ce que tu crois au coup de foudre ? » Robin n'hésite pas : « Oui », répond-il en la prenant dans ses bras. Leur baiser est si ardent que Robin pense qu'il va s'effondrer.

« Je n'ai jamais fait ça avant lors d'un premier rendez-vous, mais je crois que j'aimerais bien que tu montes chez moi », dit Diane en caressant le bras de Rémy. Et, poursuit-elle, « J'ai une vue magnifique sur toute la ville depuis mon appartement, au dernier étage. »

Rémy lève les yeux sur l'immeuble de 15 étages. Et son désir disparaît tout d'un coup. « Euh ! Il faut que j'aille chercher Maman, je veux dire le chat chez le vétérinaire. » Balbutie-t-il. Diane, de toute évidence surprise et vexée, lui jette : « Alors très bien, il faut moi aussi vraiment que je lave mes chaussettes. »

Rémy décide de combattre sa phobie. Il se construit une tour de la peur avec des cubes qui commencent en haut par la peur la plus grande et descendent vers l'étape qui lui fait le moins peur :

- Rendre visite à Diane dans son *appartement*, et regarder le panorama depuis le balcon. Anxiété : 95.
- Rendre visite à Diane dans son *appartement*, mais sans sortir sur le balcon. À la place, regarder la ville depuis le salon, ou, mieux encore, depuis sa chambre à coucher ! Anxiété : 82 depuis le salon de Diane, 92 depuis sa chambre à coucher.
- Prendre l'ascenseur tout seul à l'hôtel du centre-ville jusqu'au dixième étage et regarder à l'extérieur. Anxiété : 80.
- Prendre l'ascenseur en verre avec Diane à l'hôtel du centre-ville jusqu'au dixième étage et regarder à l'extérieur. Anxiété : 75.
- Imaginer de rendre visite à Diane dans son appartement et sortir sur le balcon, et aussi regarder en bas. Anxiété : 68.
- Grimper trois étages d'escalier et regarder en bas. Anxiété : 62.
- Traverser à pied un pont pour piétons entouré d'un garde-corps à chaîne. Anxiété : 55.
- Imaginer de rendre visite à Diane dans son appartement sans aller sur le balcon. Anxiété : 53.
- Appeler Diane et lui parler de sa phobie, et je l'espère, lui demander sa compréhension et son aide. Anxiété : 48.

Le fait de confesser sa phobie à Diane constitue un cube de la tour qui pourrait sembler sans rapport avec la peur de Robin. Pourtant, ne pas admettre sa peur, c'est de l'évitement, qui ne fait qu'attiser la peur. Il est bon d'inclure un cube en rapport avec votre peur. Robin a également inclus dans sa tour des cubes qui exigent qu'il utilise son imagination pour faire face à sa peur. C'est bien. Parfois, un cube d'exposition imaginaire peut aider à franchir la prochaine étape comportementale.

N'OUBLIEZ PAS !

Cela ne fait pas de mal que d'imaginer les étapes de la vie réelle avant de vraiment les effectuer.

Frayez-vous un chemin à travers la panique et l'agoraphobie

Même si vous souffrez d'un trouble panique sans agoraphobie, vous pouvez vous y attaquer quasiment de la même manière que vous le feriez pour l'agoraphobie. Car il est probable que vos crises aient des déclencheurs prévisibles. Ces déclencheurs peuvent former la base de votre tour de peur.

Tanya, par exemple, vit sa première attaque de panique peu après la naissance de son bébé. Ayant toujours été quelque peu timide, elle commence à se faire du souci à cause de ce qui pourrait lui arriver à elle lorsqu'elle sort le bébé. Elle craint de s'évanouir ou de perdre la maîtrise de soi, ce qui pourrait exposer le bébé au danger.

Ses attaques de panique commencent avec un sentiment de nervosité et une moiteur des mains, puis évoluent avec une respiration superficielle et rapide (hyperventilation), un rythme cardiaque accéléré, des sensations de vertige et une humeur d'appréhension et de pessimisme. Le fait de s'éloigner de sa maison, déclenche ses crises, et plus le lieu où elle se rend est plein de monde, plus il est probable que survienne une attaque de panique. Au bout de six mois, après la première crise, elle ne quitte que rarement la maison sans son mari.

Un jour, le bébé de Tanya fait une poussée de fièvre sérieuse, et elle doit l'emmener au service des urgences. La panique s'empare d'elle. Folle d'inquiétude, elle appelle son mari, mais il est en déplacement pour son travail. Désespérée, elle compose le numéro d'urgence pour appeler une ambulance.

Tanya sait qu'elle doit combattre son trouble panique et l'agoraphobie qui l'accompagne. Elle construit une tour de la peur avec un ensemble de cubes, en commençant par la situation la moins problématique pour arriver, en haut de la tour, à l'objectif le plus difficile à atteindre.

- Amener moi-même mon bébé au centre commercial un samedi après-midi, au moment où il y a le plus de monde. Anxiété : 98.
- Amener le bébé à l'épicerie pendant la journée lorsqu'il y a du monde, mais pas énormément. Anxiété : 92.
- Aller au centre commercial sans mon bébé ni mon mari, lorsqu'il y a beaucoup de monde. Anxiété : 88.
- Aller avec mon bébé à l'épicerie au moment de l'ouverture, alors qu'il n'y a pas beaucoup de monde. Anxiété : 86.
- Aller seule à l'épicerie lorsqu'il n'y a pas trop de monde. Anxiété : 85.
- Emmener seule mon bébé chez le pédiatre. Anxiété : 80.
- Emmener mon bébé faire trois courses avec moi en un jour. Anxiété : 74.
- Emmener mon bébé à la banque lorsqu'il y a beaucoup de monde. Anxiété : 65.
- Emmener mon bébé en voiture chez ma mère, à 8 kilomètres de chez moi, pour y passer l'après-midi. Anxiété : 30.
- Emmener mon bébé faire un tour de poussette autour du pâté de maisons. Anxiété : 25.

Remarquez que la tour de la peur de Tanya comprend pas mal d'étapes entre le niveau 80 et son objectif, au niveau d'anxiété de 98. C'est parce qu'elle avait besoin de créer des étapes très graduelles pour avoir le courage de continuer. Si cela avait été nécessaire, elle aurait pu choisir des étapes dont les niveaux d'anxiété seraient encore moins éloignés les uns des autres.

N'OUBLIEZ PAS !

Vous pouvez subdiviser votre tour de la peur en autant de petites étapes que nécessaire pour ne pas vous sentir accablé par une seule étape.

Avec les attaques de panique, un des types d'exposition finale consiste à vivre les sensations des crises elles-mêmes. Comment faire ? Vous pouvez les déclencher intentionnellement grâce aux techniques suivantes :

» Courez sur place ;

» Tournez sur vous-même jusqu'à en avoir le vertige ;

» Respirez par une paille ;

» Mettez la tête entre les genoux et redressez-vous soudainement.

Après avoir répété l'expérience de ces sensations, vous allez découvrir qu'elles ne sont pas dangereuses. Vous n'allez pas devenir fou, ni avoir une crise cardiaque, ni perdre votre maîtrise de soi. Des expositions fréquentes et prolongées font passer le message suivant à votre esprit : les sensations ne sont que des sensations.

ATTENTION !

Ne créez pas ces sensations si vous souffrez sérieusement d'une maladie cardiaque, ou si vous avez un autre problème physique qui pourrait être aggravé par l'exercice. Par exemple, si vous avez de l'asthme ou des problèmes de dos, certaines de ces techniques sont à déconseiller. Demandez à votre médecin en cas de doute.

Surmontez un trouble obsessionnel compulsif

ATTENTION !

Le trouble obsessionnel compulsif (TOC) accable et domine parfois la vie de la personne qui en souffre, et pour soigner ce trouble, il faut habituellement l'aide d'un professionnel expérimenté. N'essayez seul les stratégies que nous décrivons dans cette section que si vos problèmes relatifs au TOC ne sont que relativement modérés. Et même dans ce cas, vous pourriez demander à un ami ou à votre partenaire de vous aider.

Le **chapitre** 2 envisage de ce trouble, qui commence souvent par des pensées obsessionnelles non désirées qui induisent de l'anxiété. Les personnes qui souffrent de ce trouble essaient ensuite de calmer l'anxiété causée par leurs pensées en exécutant un acte compulsif. Malheureusement, il semble que le soulagement procuré par l'acte compulsif ne fasse qu'entretenir et perdurer le cercle vicieux.

En conséquence, pour le trouble obsessionnel compulsif, l'exposition ne constitue que le premier pas. Si vous souffrez d'un

TOC, il est nécessaire, après l'exposition, de vous empêcher d'effectuer les actions compulsives qui soulagent l'anxiété. Cette stratégie s'appelle : l'*exposition avec prévention de la réponse.*

Mais commençons par la première étape, l'exposition. Étant donné que le TOC a une composante obsessionnelle, c'est-à-dire, des pensées, des images et des impulsions de peur, l'exposition commence souvent par l'exposition imaginaire, comme elle est décrite dans la section « Imaginez le pire » plus haut dans ce chapitre. L'exposition imaginaire est peut-être la seule technique que vous pouvez utiliser si vos obsessions ne peuvent pas ou ne doivent pas être exprimées par des actes dans la vie réelle. Il s'agit par exemple :

- de pensées qui vous disent d'enfreindre vos principes religieux ;
- de pensées répétitives de dommage fait à un membre de votre famille ou à une personne qui vous est chère ;
- de craintes fréquentes de brûler vif dans un incendie de maison ;
- de pensées non désirées de contracter un cancer ou une autre maladie redoutée.

Maintenant, procédez comme suit :

1. **Dressez la liste des pensées et images qui vous tourmentent, puis évaluez chacune d'elles en fonction du niveau d'angoisse qu'elles provoquent.**
2. **Ensuite, choisissez la pensée qui vous bouleverse le moins, restez sur cette pensée et revenez-y sans arrêt pendant le temps qu'il faut pour que votre niveau de tourment tombe d'au moins 50 %.**

   Il est parfois utile d'écouter et de réécouter en permanence la description de sa propre obsession en l'enregistrant sur une cassette.
3. **Puis passez à l'élément suivant de la liste, qui vous tourmente un peu plus, et continuez à travailler pour arriver à traiter tous les éléments de la liste vers le sommet.**

Cette approche est plutôt à l'opposé de ce que les personnes qui souffrent de TOC font habituellement avec leurs obsessions indésirables. Normalement, elles essaient de balayer les pensées qui les hantent dès que celles-ci apparaissent, mais cela ne marche que brièvement, et cela maintient le cycle.

N'OUBLIEZ PAS !

Laissez suffisamment de temps à la technique d'exposition imaginaire, et gardez suffisamment longtemps dans votre esprit les pensées et les images pour que votre anxiété se réduise d'au moins 50 % avant de passer à l'élément suivant de la liste.

Si vous souffrez aussi d'actes compulsifs, ou d'évitements dus à des pensées obsédantes, il est alors temps de passer à la deuxième étape, plus difficile : l'exposition et la prévention de la réponse. Là aussi, établissez une hiérarchie d'événements qui vous font peur et de situations que vous évitez habituellement (une tour de la peur), puis mettez-vous dans chacune de ces situations, mais sans exécuter l'acte compulsif.

Par exemple, si vous avez peur d'être contaminé par la crasse et la saleté, allez sur une plage, jouez dans le sable et construisez des châteaux de sable, ou allez dans le jardin, plantez des fleurs, et ne vous lavez pas les mains. Restez dans cette situation jusqu'à ce que votre tourment tombe de 50 %. Si cela ne se produit pas, restez au moins une heure et demie dans la situation et essayez de ne pas abandonner avant qu'au moins un tiers de votre crainte ait disparu. Ne passez pas à l'élément suivant avant d'avoir fait la conquête de celui sur lequel vous êtes en train de travailler.

ATTENTION !

Bien qu'il soit judicieux d'utiliser les techniques de relaxation avec les tentatives d'exposition initiales, n'utilisez pas la relaxation avec l'exposition et la prévention de la réponse pour le TOC. Car votre anxiété va tomber si, et seulement si, vous laissez suffisamment de temps à l'exposition. En outre, certaines personnes souffrant de TOC utilisent en fait la relaxation comme un rituel compulsif. En conséquence, si vous pouvez utiliser la relaxation pour des anxiétés sans relation avec le TOC, mais n'employez pas la relaxation pour l'exposition et la prévention de la réponse.

Préparez-vous à l'exposition avec prévention de la réponse

Avant de passer concrètement à l'exposition avec prévention de la réponse, vous trouverez peut-être utile de modifier vos rituels compulsifs de manière à transformer l'influence qu'ils ont sur vous. Parmi les méthodes qui vont à l'assaut des compulsions, voici quelques conseils :

» Retardez l'exécution de votre rituel lorsque vous ressentirez pour la première fois le besoin pressant de l'exécuter. Par exemple, si vous avez une forte compulsion de nettoyer les poignées de porte avec un désinfectant, essayez de retarder d'au moins 30 minutes cette action. Le jour suivant, essayez de retarder l'action de 45 minutes.

» Exécutez vos actes compulsifs à une vitesse bien plus lente que d'habitude. Par exemple, si vous vous sentez forcé d'arranger des objets dans un certain ordre, faites-le, mais avec une lenteur atroce.

» Modifiez votre compulsion d'une certaine manière. S'il s'agit d'un rituel, modifiez le nombre de fois que vous l'exécutez. S'il comprend une séquence dans laquelle vous vérifiez que toutes les portes de la maison sont bien fermées, essayez d'effectuer cette vérification dans un ordre complètement différent qu'à l'habitude.

Commencez directement par l'exposition avec prévention de la réponse pour soigner le TOC

Annie est constamment obsédée par la peur de tomber malade au contact de la saleté, de microbes et de pesticides. À chaque fois qu'elle s'imagine avoir été en contact avec n'importe laquelle de ces choses, ne serait-ce qu'au degré le plus faible, elle se sent obligée de se laver longuement les mains, d'abord de la pierre ponce pour frotter la couche sale de l'épiderme, puis avec un savon antibactérien pour tuer les germes. Malheureusement, ce rituel fait que ses mains sont craquelées, douloureuses et qu'elles saignent. En public, elle porte des gants pour cacher les dommages qu'elle s'est elle-même infligés. Ce n'est pas tout. Elle a découvert que son nettoyage de mains prend de plus en plus de temps. Ses pauses de 15 minutes au travail sont trop courtes pour qu'elle parvienne à exécuter ce rituel. Elle décide finalement de s'attaquer à son problème lorsque son supérieur lui dit qu'elle doit prendre des pauses plus courtes. Elle se prépare à son exercice d'exposition et de prévention de la réponse en faisant le premier exercice durant une semaine :

- » Elle retarde le nettoyage de ses mains de 30 minutes à partir du moment où elle en ressent le besoin pressant. Plus tard, elle le retarde de 45 minutes ;
- » Elle modifie le nettoyage de ses mains en utilisant un type de savon différent et en commençant par l'alcool à 90° au lieu de terminer avec.

Annie constate avec surprise que ces modifications rendent ses besoins pressants de se laver les mains un peu moins fréquents, mais ils n'ont pas vraiment disparus, et ils continuent de lui causer des tourments considérables. Elle a besoin de faire preuve du courage nécessaire pour pratiquer l'exposition et la prévention de la réponse.

D'abord, elle demande à Dolorès, une amie en qui elle a confiance, de l'aider. Elle lui explique son problème et lui demande de l'assister au cours de ses exercices, en lui prodiguant son aide et ses encouragements. Puis, pour son exposition avec prévention de la réponse, elle construit une tour de la peur qui inclut de toucher une douzaine d'« objets sales » :

- » Des sièges de toilettes avec ses mains nues. Anxiété : 99.
- » Des bombes de pesticide. Anxiété : 92.
- » La caisse de litière de son chat. Anxiété : 90.
- » De l'huile de graissage pour moteurs. Anxiété : 87.
- » Des tapis sales. Anxiété : 86.
- » Des poignées de porte. Anxiété : 80.
- » La main courante d'un escalier roulant. Anxiété : 78.

- Le volant d'une voiture conduite par quelqu'un d'autre. Anxiété : 72.
- Des fruits et des légumes non lavés. Anxiété : 70.
- Le siège d'un fauteuil sur lequel une personne malade s'est assise. Anxiété : 67.
- Le siège d'un fauteuil sur lequel une personne en bonne santé s'est assise. Anxiété : 60.
- Un combiné de téléphone que quelqu'un d'autre a utilisé. Anxiété : 53.

Dolorès aide Annie à monter à l'assaut de sa tour de la peur en la faisant commencer par le cube le plus facile : toucher un combiné de téléphone que quelqu'un d'autre a utilisé. Elle demande à Annie de faire plusieurs fois ce geste et l'encourage à résister à l'envie pressante de se laver les mains. Au bout d'une heure et demie, cette envie de se laver s'est réduite de façon significative. Le jour suivant, Dolorès fait passer Annie au cube suivant.

Chaque jour, elles s'attaquent à un nouveau cube si Annie a réussi à maîtriser la veille l'étape du cube précédent. Au moment où elle doit toucher la caisse à litière du chat, Annie recule au début. Dolorès lui dit qu'elle ne la « forcera » pas à le faire, mais qu'elle pense que cela pourrait l'aider. En d'autres termes, elle l'encourage vivement à le faire. La boîte à litière du chat nécessite de nombreuses tentatives. Finalement, Annie parvient à la toucher et à garder la main dessus. Pourtant, pour que son anxiété se réduise enfin de moitié, il devra toucher la caisse à litière du chat de nombreuses fois 10 minutes à chaque fois pendant en tout trois heures.

De temps en temps, l'exposition et la prévention de la réponse prennent du temps, il vous faut donc en prévoir suffisamment. Dans le cas de Annie, les deux derniers cubes n'ont pas pris beaucoup de temps, parce que ses efforts précédents avaient apparemment brisé la compulsion au point que celle-ci avait finalement perdu une partie de son emprise.

Placez la barre plus haut

Après avoir terminé de travailler sur sa tour de la peur, Annie prend une nouvelle initiative. Elle s'attaque à nouveau au cube le plus dur. Mais cette fois-ci, elle demande à Dolorès de décrire des scènes où Annie devient malade et meurt d'une mort lente causée par une maladie redoutable due à la contamination, alors que Annie est en train d'exécuter la tâche d'exposition.

Nous appelons cela « mettre la barre plus haut ». Cela vous donne l'occasion de pratiquer l'exposition en vous confrontant à vos peurs les plus terribles. Mais pourquoi donc, vous demandez-vous ? Surtout en raison du fait que cette action réduit l'emprise que ces peurs exercent sur vous. Bien sûr, cela ne vaut que *si et seulement si* vous pratiquez suffisamment longtemps l'exposition accompagnée de l'image du résultat redouté dans votre esprit.

ATTENTION !

Si vous ne pouvez pas pratiquer cette technique seul avec un ami, veuillez consulter un professionnel.

CONSEIL

Si vous bloquez sur l'exposition avec prévention de la réponse, vous pouvez peut-être consulter le **chapitre** 5 et l'étudier soigneusement. Portez une attention toute particulière à la section consacrée à la réévaluation du risque. Habituellement, les personnes qui souffrent d'un TOC surestiment les probabilités de résultat catastrophique en cas d'arrêt de leurs compulsions, et ce chapitre peut vous aider à recalculer les probabilités.

Il n'y a pas de recette miracle

Parfois, certaines personnes viennent nous demander un remède miracle pour leurs problèmes d'anxiété. C'est comme si elles pensaient que nous avons une baguette magique que nous pouvons brandir au-dessus d'elles pour que tout change pour le meilleur. Ce serait bien, mais ce n'est pas réaliste.

D'autres espèrent, qu'avec de l'aide, elles se débarrasseront de toute anxiété, et c'est une autre idée fausse. Un peu d'anxiété vous aide à vous préparer à agir, vous avertit du danger et mobilise vos ressources. Les personnes qui sont totalement débarrassées de leur anxiété sont soit inconscientes, soit mortes.

Surmonter l'anxiété exige des efforts et aussi de supporter un peu de gêne. Nous n'avons pas de moyens d'éviter cela. Pas de baguette magique. Mais nous savons que ceux qui relèvent le défi, ceux qui font l'effort et endurent cette gêne sont récompensés par une nouvelle confiance en soi.

Chapitre 7

Simplifiez-vous la vie !

DANS CE CHAPITRE :

- **Découvrez ce qui est vraiment important pour vous**
- **Établissez des priorités**
- **Obtenez l'aide des autres**
- **Sachez dire « Non »**

Philippe répond au téléphone pour la troisième fois depuis qu'il s'est assis pour dîner en famille. « Oh, bien sûr, acquiesce-t-il, je peux servir d'arbitre pour le match de foot des garçons ce samedi. » Sa femme proteste : « Je croyais que tu allais aider mon frère à déménager ce week-end, et la maison est un vrai souk ; on avait prévu de la nettoyer ensemble. »

« N'oublie pas, Papa, tu m'as promis de venir faire du porte à porte avec moi pour vendre des tickets de tombola !, pleurniche sa fille, et vous devez m'emmener au centre commercial dans un quart d'heure. » L'estomac de Philippe se met à le brûler. Il attrape un antiacide dans sa poche, et se met à le sucer. « Nous pouvons te déposer au centre commercial en allant à l'épicerie et te reprendre lorsque nous aurons terminé », répond-il.

Philippe et sa femme ont tous les deux des emplois exigeants à temps complet. Leurs deux enfants participent à de nombreuses activités. Philippe essaie d'être un bon père, mais parfois il n'est rien d'autre que fatigué. Est-ce que cette description ressemble à celle de votre propre famille ? Avez-vous trop de choses à faire ? Si oui, votre stress et votre anxiété augmentent probablement lorsque les exigences des autres s'emparent de votre vie. Dans ce chapitre, nous allons vous décrire quatre stratégies simples pour simplifier votre vie :

- Déterminez quelles sont vos valeurs.
- Établissez des priorités et fixez-vous des objectifs.

- Découvrez qu'il est important de déléguer.
- Découvrez le pouvoir du mot « Non ».

Évaluez ce qui est important et ce qui ne l'est pas

Tout le monde aimerait avoir le beurre et l'argent du beurre, avec le sourire de la crémière, et certains livres vous promettent que c'est possible. C'est une idée séduisante. Qui donc ne veut pas obtenir le maximum de la vie ? À savoir :

- Un très grand nombre d'amis ;
- L'aventure ;
- Des relations familiales étroites et chaleureuses ;
- Une bonne santé ;
- Le bonheur ;
- Du temps libre,
- Du pouvoir ;
- De la reconnaissance ;
- Des hobbies gratifiants,
- Une vie spirituelle ;
- Le succès ;
- Des enfants qui réussissent et qui sont heureux ;
- Le vrai amour qui dure ;
- La richesse.

Jolie liste. Il ne fait aucun doute qu'un petit nombre de personnes exceptionnellement veinardes ont quasiment tout cela. Mais ce livre s'intéresse au monde réel, et le monde réel vous prend par surprise et vous induit en erreur. La vie nous alloue aussi une certaine quantité de temps pour réussir à faire tout ce que nous devons faire. En conséquence, la plupart des gens doivent faire de durs choix quant à l'usage de leur temps.

Un petit questionnaire pour trouver ce qui compte pour vous

Nous pouvons vous aider à donner des priorités à ces choix. Remplissez notre questionnaire de clarification des valeurs, puis comparez les résultats avec la manière dont vous passez votre temps en réalité. Vous serez peut-être surpris de constater un décalage entre vos valeurs et ce à quoi vous passez réellement votre temps.

Jetez un œil à la liste de valeurs qui suit. Entourez les huit valeurs qui comptent le plus pour vous. Puis refaites une évaluation et soulignez les trois principales.

- Le succès
- L'art
- Nettoyer l'environnement
- Des amis proches
- L'esprit de compétition
- La créativité
- Faire don de temps ou d'argent à d'autres
- La sécurité économique
- La distraction
- Des biens de grande valeur
- La vie de famille
- Bien manger
- Avoir des enfants heureux
- La santé
- L'honnêteté
- L'indépendance
- Influencer les autres
- Le temps libre
- Avoir belle allure
- Un(e) partenaire aimant(e)
- La stimulation mentale ou physique
- L'argent
- Le plaisir
- Le militantisme politique
- La prévisibilité des choses
- La reconnaissance sociale
- La détente
- La prise de risques
- La sécurité
- Un travail satisfaisant
- Faire preuve de gentillesse
- La vie spirituelle
- La variété
- Les occupations intellectuelles

Pointez ce qui vous plaît vraiment

Quelles valeurs se dégagent comme les plus importantes pour vous ? Maintenant, passez en revue un mois de votre vie. Pour cela, vous pouvez procéder en tenant un registre d'activités comme suit :

1. **Notez chaque activité et le temps que vous y avez passé.**

   Ne vous occupez pas des activités banales comme de vous laver les mains (à moins que vous ne souffriez d'un TOC avec pour compulsion le nettoyage des mains).

2. **Si vous avez oublié de consigner vos activités pendant quelques heures, essayez de remplir de tête votre registre d'activités.**

   Vous pourriez même consigner vos activités une fois par jour avant d'aller vous coucher. Il n'est pas vital d'être extrêmement précis.

3. **Une fois que le mois est écoulé, faites le total des heures passées pour chaque type d'activité.**

   Ce qui compte vraiment, c'est le temps que vous consacrez à ce qui vous est cher. Dans quelle mesure vos valeurs correspondent-elles à la quantité de temps que vous y avez passé ?

Hélène, par exemple, se sent stressée et anxieuse, et elle n'a jamais suffisamment de temps pour quoi que ce soit. Elle remplit le questionnaire de clarification des valeurs et choisit des amis proches, un travail satisfaisant et la vie de famille comme objectifs les plus chers. Puis elle consigne ses activités sur un carnet pendant un mois. La liste qui suit montre à quoi Hélène passe son temps :

- Travail : 205 heures. NDT exemple américain
- Télévision : 60 heures.
- Prise des repas : 45 heures.
- Faire la navette pour se rendre au travail et à la garderie : 44 heures.

- Douche et préparation le matin : 30 heures.
- Préparation des repas : 30 heures.
- Emmener les enfants à leurs activités sportives et leçons diverses : 24 heures.
- Travaux ménagers : 22 heures.
- Courses, achats : 10 heures.
- Exercice : 4 heures.
- Paiement des factures : 3 heures.
- Temps passé entre amis : 2 heures.
- Temps passé en tête-à-tête avec son mari : 1 heure.

En passant en revue son emploi du temps, Hélène réalise qu'elle travaille 50 heures par semaine chez son employeur en tant que responsable de la planification financière. Bien que le job lui procure des défis, de la satisfaction et un joli revenu, Hélène ne le trouve pas particulièrement important pour elle. Elle est consternée de constater qu'elle passe seulement 30 minutes par semaine avec ses amis. Pire encore, elle ne passe quasiment pas de temps seule avec son mari. Le temps qu'elle passe avec ses enfants consiste à les emmener à la garderie et aux endroits où ils ont leurs autres activités, et à les en ramener. Cela n'a pas grand-chose à voir avec ses objectifs de bons moments passés en famille !

La honte et le désarroi la submergent lorsqu'elle remarque que la télévision consomme plus de temps que tout autre activité en dehors du travail. Elle sait qu'elle ne vit pas la vie qu'elle s'était imaginée. Hélène décide donc de faire quelque chose de différent.

Établissez des priorités par ordre d'importance

Essayez de ne pas vous laisser accabler par la honte et le désarroi comme Hélène lorsque vous passerez en revue vos valeurs, et que vous constaterez que votre vie ne suit pas le cap voulu. Le fait est que la plupart des gens découvrent que la manière dont ils passent leur temps diffère considérablement de ce qu'ils préférent. Néanmoins, il est possible de changer les choses si vous le voulez.

À ESSAYER

Lorsque vous aurez rempli un carnet d'activités, comparez ce que vous faites vraiment avec ce qui compte pour vous. S'il y a un décalage, établissez des priorités et fixez-vous des objectifs. Simplifiez votre vie. Veillez à ce que vos objectifs soient spécifiques et accessibles. Ne vous fixez pas d'objectifs comme « Je serai plus heureux » ou « J'économiserai plus d'argent. » Ils sont trop vagues. À la place, formulez des idées spécifiques pour améliorer votre niveau de bonheur, comme jouer au tennis deux fois par mois ou lire au moins un livre par pur plaisir chaque mois. Ou virer automatiquement 100 euros de votre paie à vos économies chaque mois.

Hélène commence par étudier de près son emploi du temps du mois dernier. La télévision lui saute aux yeux comme étant la première des choses à réduire. Elle décide de passer moins de temps à regarder la télé et à améliorer la qualité du temps qu'elle passe en famille. Elle se fixe donc les objectifs concrets suivants :

- Je ne regarderai mes émissions d'actualités préférées que lorsque les enfants seront au lit.
- Vendredi soir sera la soirée que l'on passera en famille. On commandera des pizzas, on jouera ensemble à des jeux, et on discutera.
- Deux soirs par mois, nous ferons garder les enfants, et nous sortirons ensemble, mon mari et moi.
- Deux samedis par mois, nous choisirons une activité familiale, comme le patin à roulettes, une randonnée, ou aller au cinéma.

Hélène est satisfaite de ses nouveaux objectifs et de ses nouvelles priorités. Pourtant, elle réalise qu'elle travaille encore trop longtemps et qu'elle n'a pas trouvé le moyen d'inclure ses amis dans sa vie. Depuis que les enfants sont nés, elle a perdu le contact avec la plupart des amis qui lui sont chers.

En potassant son emploi du temps, elle se demande ce qu'elle pourrait bien faire.

Déléguez pour avoir du temps libre

De nombreuses personnes anxieuses pensent qu'elles doivent toujours assumer la responsabilité complète de leur travail, toujours s'occuper de leur famille et de leur maison. À moins d'être partout, elles ont peur que les choses ne soient pas faites. Et si quelqu'un d'autre prend une tâche en charge, elles ont peur que le résultat ne soit pas à la hauteur de ce qu'elles attendent.

Hélène travaille beaucoup et se sent encore obligée de faire la cuisine, le ménage, d'emmener ses enfants à leurs activités extrascolaires, et de faire la plupart des courses. Parfois, son mari lui propose de faire la lessive ou la cuisine, mais elle refuse, en pensant qu'il ne pourra que tout rater. Mais lorsque Hélène prend la décision de réorganiser sa vie, elle sait qu'elle devra se mettre à déléguer.

Elle se demande que déléguer, comment et quand. Elle a découvert des techniques de *brain-storming* au cours de séminaires de formation pour son travail, et elle invite donc deux de ses amies, en incluant son mari, à participer avec elle à une séance créative de groupe. Elle leur demande à tous de l'aider à imaginer une liste de choses qu'elle pourrait confier à l'extérieur pour réduire une grande partie de sa lourde charge de travail. Voici les résultats de ce *brain-storming* :

À ESSAYER

- **Prendre le risque de laisser le mari d'Hélène faire un peu de lessive et de cuisine**. S'il se plante, Hélène pourra lui montrer comment mieux se débrouiller la prochaine fois.
- **Prendre une aide ménagère pour qu'elle vienne faire le ménage une semaine sur deux**. Ça coûtera un peu d'argent, mais Hélène, qui travaille tant d'heures, gagne suffisamment d'argent pour pouvoir se la payer.

  Une de ses amis lui parle en riant d'un service de nettoyage pour animaux domestiques auquel elle a recours, qui s'appelle *Poop Busters* « Eliminateurs de caca ». Ils en rient tous, mais Hélène apprécie l'idée de ne plus avoir à embêter ses enfants pour qu'ils nettoient les excréments de leurs deux chiens, et les prestations de ce service de nettoyage sont étonnamment abordables.

» **Demander à un cuisinier de venir une semaine sur deux sur place, à la maison, pour préparer sept ou huit repas de famille, et les conserver au freezer**. Une autre de ses amies raconte qu'elle fait appel à un nouveau service de préparation de repas à domicile proposé par un cuisinier. Pour elle qui avait l'habitude de manger au restaurant très souvent, le prix est en faveur de ce nouveau service.

» **La famille toute entière peut passer une heure par semaine à s'éclater à faire le ménage en groupe**. Son mari lui dit que si tout le monde le fait en même temps, ça pourrait être amusant.

» **La secrétaire d'Hélène se verra confier davantage de responsabilités, y compris la prise en charge des appels téléphoniques des clients et la gestion des rendez-vous d'Hélène**. Elle pense qu'elle peut lui demander ça, parce qu'elle n'est vraiment pas très occupée.

» **Engager un jardinier pour qu'il vienne tondre la pelouse une fois par mois**. Le mari d'Hélène dit que cela ne le dérange pas de tondre la pelouse, mais qu'un jardinier engagé pour le faire pourrait entretenir, fertiliser, retourner le sol et entretenir la pelouse mieux que lui, et qu'ils pourraient aussi passer plus de temps ensemble.

» **Lire *Bien gérer son temps pour les Nuls* de Dirk Zeller.** Lisez ce livre pour vous organiser, gagner du temps et éviter les efforts inutiles. Si vous ne voulez pas engager de l'aide extérieure, ce livre pourra vous aider à exécuter ces tâches en moins de temps. Une fois que vous serez bien organisé, vous les effectuerez plus facilement et plus rapidement.

Nous sommes bien conscients que certaines de ces idées coûtent de l'argent. Pas toujours autant que vous ne le pensez peut-être, mais quand même. Il s'agit de savoir dans quelle mesure l'argent est important dans votre liste de priorités. Pour les choses qui vous sont chères, mettez l'argent contre le temps sur la balance.

Néanmoins, toutes les familles ne peuvent pas envisager de telles options. Vous remarquerez que toutes ces options ne nécessitent pas forcément un effort financier important. Soyez créatif. Demandez à vos amis, à vos collègues, et aux membres de votre famille s'ils ont des idées sur la manière de déléguer. Ça pourrait changer votre vie.

À ESSAYER

Trouvez deux tâches que vous pourriez déléguer à quelqu'un d'autre. Il n'est pas nécessaire que ce soit onéreux, il s'agit simplement de vous soulager d'une ou de plusieurs de vos obligations d'une manière qui vous fasse gagner du temps.

Sachez simplement dire « Non »

Nous avons encore une idée dans notre besace : dites « Non. » Si vous êtes anxieux, vous avez peut-être des difficultés à faire valoir vos droits. L'anxiété empêche souvent les gens d'exprimer leurs sentiments et leurs besoins. Lorsque cela se produit, la rancune se mêle à l'anxiété et produit de la frustration et de la colère. En outre, si vous ne savez pas dire non, d'autres personnes peuvent profiter de vous, sciemment ou sans le faire exprès. Vous n'avez alors le contrôle ni de votre temps, ni de votre vie.

Hélène accepte de faire quasiment tout ce que tout le monde lui demande. Lorsque son chef lui demande de travailler tard au dernier moment, elle accepte toujours. Même si le fait de travailler tard empiète sur des projets importants, elle n'exprime que rarement sa réticence. Elle trouve aussi qu'il est difficile de raccrocher au nez des démarcheurs téléphoniques ennuyeux. Elle donne quelques euros à chaque fois qu'on la sollicite pour une organisation caritative, même si elle n'a jamais entendu parler de l'organisation. Elle conduit plus souvent les enfants des autres que les autres parents du groupe qui a organisé le pool de transport. Lorsque ses enfants ont besoin d'une aide de dernière minute pour leurs devoirs, elle les aide, malgré sa propre fatigue.

Si vous êtes un peu comme Hélène, nous avons quelques suggestions pour apprendre à dire « Non. » Sachez que cela vous prendra du temps pour intégrer cette nouvelle habitude. Après avoir été probablement d'accord pour satisfaire les moindres demandes de tout le monde pendant de nombreuses années.

D'abord, détectez les situations dans lesquelles vous êtes amené à dire « oui » alors que vous ne le voulez pas vraiment. Est-ce que cela se produit surtout au travail, en famille, avec des amis, ou avec des personnes que vous ne connaissez pas ? Lorsque des gens vous demandent de faire quelque chose, essayez ce qui suit :

- **Validez la requête ou la question de la personne.** Par exemple, quelqu'un vous demande si cela vous dérangerait de mettre une lettre à la poste sur votre chemin de retour du travail. Répondez : « Si je comprends bien, ce serait plus pratique pour toi que je poste cette lettre. » Cela vous donnera plus de temps pour réfléchir et décider si vous voulez vraiment le faire ou non.
- **Une fois que vous avez décidé, regardez dans les yeux la personne qui fait la requête.** Vous n'avez pas besoin de vous presser pour faire votre réponse.
- **Donnez une brève explication, surtout s'il s'agit d'un ami ou d'un membre de la famille.** Mais souvenez-vous que vous ne devez d'explications à personne. Il s'agit simplement de courtoisie. Vous pouvez dire que vous aimeriez être utile, mais que ce n'est pas possible, ou vous pouvez simplement dire que vous préférez ne pas le faire.
- **Faites clairement comprendre que vous ne pouvez pas faire ou que vous ne ferez pas ce que l'on vous a demandé.** Dire « non », c'est un droit humain fondamental.

Hélène répond au téléphone, et un démarcheur téléphonique commence aussitôt à lui débiter son baratin avec un entrain admirable. Il parle si vite qu'Hélène n'arrive pas à en placer une. Puis elle réalise qu'elle a le droit de l'interrompre ! Après tout, il dérange son dîner. Elle rassemble donc tout son courage et lui dit « Merci de votre appel, mais cela ne m'intéresse pas. » Le démarcheur ne se laisse pas démonter et lui dit : « Puis-je vous demander pourquoi ? », « Non », répond-elle en raccrochant. Son mari et ses enfants la regardent, ébahis.

CONSEIL

Lorsque vous dites « Non » à des supérieurs ou à des membres de votre famille, il vous en voudront peut-être un peu temporairement. Si vous trouvez que vous réagissez avec exagération à leur mécontentement, votre réaction est peut-être due à une idée inquiétante. Reportez-vous au **chapitre** 5 pour en savoir plus sur le sujet.

Chapitre 8

Faites de l'exercice !

DANS CE CHAPITRE :

- **Faites de l'exercice pour soulager en grande partie votre anxiété**
- **Découvrez ce qui vous fait agir : c'est la motivation**
- **Engagez-vous à suivre un programme d'exercice**
- **Choisissez un programme d'exercice que vous pourrez tenir**

À 50 ans, **Bernadette** a encore des problèmes de tension, et elle est agacée la plupart du temps. Bien sûr, elle va beaucoup mieux qu'il y a quelques années, depuis qu'elle a consulté un thérapeute pour soigner ses attaques de panique. À cette époque, elle devait manquer quelques jours au travail chaque semaine en raison de son trouble d'anxiété, car elle avait en moyenne quatre attaques de panique par semaine. Son thérapeute lui a enseigné un bon nombre des techniques que nous vous présentons aux **chapitres** 4, 5, 6 et 14. Ces techniques ont quasiment éliminé ses attaques de panique, mais il semble que le système nerveux de Bernadette se soit emballé.

Elle essaie plusieurs médicaments différents, mais elle n'aime pas leurs effets secondaires. Elle remarque aussi qu'elle grossit, ce qui est courant chez les femmes à cet âge. Une amie la persuade de s'inscrire à un centre de remise en forme. En payant pour l'adhésion, elle a droit à quatre séances individuelles avec un moniteur de sport. Au bout de six semaines, Bernadette a découvert sa passion pour l'exercice. Son humeur s'améliore ; son anxiété et son stress se réduisent. Elle commence même à perdre quelques kilos, et elle se sent merveilleusement bien.

Dans ce chapitre, nous passons en revue les nombreux avantages de l'exercice physique. Un solide programme d'exercice peut vous aider à combattre votre anxiété, mais il pourra aussi améliorer votre santé, votre allure, et votre sentiment de bien-être. La grande difficulté pour la plupart des gens, c'est de trouver la motivation et le temps d'intégrer l'exercice à leur emploi du temps quotidien. Nous allons vous aider à trouver la motivation, et aussi vous montrer que si vous élaborez un plan raisonnable, ça peut marcher. Nous allons également vous guider à travers les diverses options de programmes d'exercices. Le choix dépend en grande partie de vos objectifs personnels et de votre état de santé.

À vos marques, prêts... Exorcisez !

Veuillez excuser notre jeu de mots : nous ne vous conseillons pas d'essayer d'exorciser des démons ni de jouer à l'apprenti-sorcier, mais nous voulons simplement faire passer l'idée que comme un bon nettoyage ménager, l'exercice peut vous débarrasser des toiles d'araignées, des idées embrumées et de l'inertie qui accompagnent souvent l'anxiété.

À ESSAYER

Faire de l'exercice, ça réduit l'anxiété. Plus vous en faites de façon intensive et dans le long terme, moins vous serez anxieux, que vous choisissiez de nager, de faire du jogging, de marcher, de travailler votre jardin ou même de monter des escaliers. L'exercice vous insufflera une nouvelle confiance en chassant le nuage d'anxiété. Si vous en faites suffisamment, vous remarquerez que votre attitude changera du négatif au positif.

L'exercice réduit l'anxiété de plusieurs façons :

- Il permet à votre corps de se débarrasser de l'excès d'adrénaline qui augmente l'anxiété et l'excitation.
- L'exercice augmente la production d'*endorphines* de votre corps. Les endorphines sont des substances qui réduisent la douleur et créent une sensation douce et naturelle de bien-être.
- L'exercice vous aidera aussi à relâcher la tension musculaire et à réduire les frustrations.

Bien sûr, tout le monde a le sentiment de devoir faire davantage d'exercice. La plupart des gens se rendent compte que l'exercice a un avantage ou un autre pour leur santé, mais tout le monde ne sait pas à quel point il peut leur être bénéfique.

» Des scientifiques ont découvert que l'exercice réduit :

- L'anxiété
- Le « mauvais » cholestérol
- La tension artérielle
- Les douleurs chroniques
- La dépression
- Les douleurs lombaires

» Ils ont également découvert que l'exercice réduit le risque :

- De cancer du sein
- De cancer du côlon
- De diabète
- De chute, surtout parmi les personnes âgées
- De crise cardiaque
- D'attaque d'apoplexie

» Ils approuvent aussi l'hypothèse selon laquelle l'exercice augmente :

- Le sens de l'équilibre
- L'endurance
- Le niveau d'énergie
- La flexibilité
- Le fonctionnement du système immunitaire
- Le « bon cholestérol »
- La capacité pulmonaire
- Le discernement
- La sensation de bien-être

Dites donc ! Avec des effets aussi positifs et aussi vastes sur l'anxiété, la santé et le bien-être, comment se fait-il que tout le monde ne fasse pas du sport ? Des millions de gens en font. Malheureusement, des millions n'en font pas. La raison est à la fois simple et complexe. Pour la plupart, les gens se heurtent à un mur lorsqu'il s'agit de trouver la motivation de faire de l'exercice, particulièrement lorsqu'il s'agit de persévérer. Ils se plaignent de n'avoir pas suffisamment de temps et d'être trop gênés, trop vieux, trop gros et trop fatigués pour faire de l'exercice. Mais si notre liste d'avantages vous attire, la section suivante « N'attendez pas la volonté, commencez tout de suite » vous aidera peut-être à vous motiver.

ATTENTION !

Avant de commencer un programme d'entraînement, vous devriez consulter votre médecin. Ceci vaut particulièrement si vous avez plus de 40 ans, si vous avez une surcharge pondérale ou si vous avez des problèmes de santé connus. Votre médecin pourra vous indiquer les précautions à prendre, les limitations ou les restrictions dont vous devriez tenir compte. En outre, si après un peu d'exercice vous avez des douleurs dans la poitrine, une respiration très courte, des nausées, le vertige, consultez votre médecin immédiatement.

N'attendez pas que la volonté arrive, commencez tout de suite

Vous êtes-vous déjà dit que vous n'avez tout simplement pas la volonté d'entreprendre un programme d'exercice ? Vous serez peut-être surpris d'apprendre que nous n'y croyons pas, en la volonté. C'est vrai quoi : la *volonté*, ce n'est qu'un mot, qu'une idée ; ce n'est pas quelque chose de réel.

Votre cerveau ne possède pas une structure spéciale qui contient ce que l'on appelle la volonté. Ce n'est pas quelque chose dont on possède une quantité fixe et que l'on ne peut pas modifier. La raison pour laquelle les gens pensent qu'ils n'ont pas de volonté, c'est tout simplement qu'ils ne font pas ce qu'ils pensent qu'ils devraient faire. Mais d'autres raisons que la volonté sont responsables de ce manque d'effort.

On échoue et on n'entreprend pas de projets pour divers types de raisons :

- **Un raisonnement faussé** : vous vous dites peut-être des choses comme « je n'ai tout simplement pas le temps », « cela n'en vaut pas la peine », ou « j'aurais l'air nul comparé à d'autres qui sont en bien meilleure forme que moi ».
- **Le manque de récompense** : ce problème surgit lorsque vous ne mettez pas en place de plan destiné à honorer les nouveaux efforts. Vous pensez peut-être que l'exercice vous coûtera quelque chose en termes de temps de loisirs, de repos ou de travail plus profitable. D'une certaine manière c'est vrai. C'est pourquoi vous devez établir un plan afin de consolider vos efforts.
- **Les obstacles de l'environnement** : peut-être ne connaissez-vous pas d'endroit adéquat pour faire de l'exercice, ou peut-être que les conditions météo de votre lieu de résidence ne s'y prêtent pas. Peut-être devez-vous vous occuper de vos enfants. Vous devez trouver le moyen de contourner ces obstacles.
- **Un encouragement insuffisant** : nous avons tous besoin de soutien à un moment ou à un autre. L'exercice tout seul, ça peut être dur pour n'importe qui, surtout si votre partenaire ne veut pas y participer.

Et pas de défaitisme !

Si vous attendez que la motivation vienne frapper à votre porte, vous pouvez vous lever de bonne heure. En effet, il n'y a pas beaucoup de gens qui, un beau matin, se réveillent avec un grand élan d'enthousiasme pour démarrer un nouveau programme d'exercice. En d'autres termes, mettez-vous-y sans plus attendre. Car fréquemment, la motivation suit l'action. Si vous pensez le contraire, vous mettez la charrue devant les bœufs. Croire que vous devriez attendre la motivation avant d'agir, c'est l'une des dix idées les plus défaitistes qui soient.

Vous trouverez la liste des dix idées les plus défaitistes et les arguments pour les contrecarrer dans le tableau 8-1. Étudiez-les attentivement pour voir lesquelles d'entre elles, si c'est votre cas, vous empêchent peut-être de vous décider à faire de l'exercice. Étudiez les deux aspects soigneusement.

TABLEAU 8-1 Les 10 idées défaitistes les plus courantes

Idée défaitiste	Démystification
Je n'ai pas de motivation. Lorsque l'inspiration viendra, je me mettrai à faire de l'exercice.	La motivation suit l'action, et pas l'inverse. On se sent bien lorsque l'on fait régulièrement de l'exercice, mais cela prend souvent du temps.
Je n'ai pas le temps.	Le temps, ce n'est qu'une affaire de priorités. Faire de l'exercice pendant une demi-heure trois fois par semaine, ce serait un bon début.
Je suis trop fatigué.	Je suis fatigué la plupart du temps parce que je ne fais pas d'exercice ! Faire de l'exercice, ça augmente l'énergie et le dynamisme.
Je suis trop vieux pour faire de l'exercice.	Personne n'est trop vieux pour faire de l'exercice. Les médecins disent que c'est bénéfique à tout âge ; même les personnes âgées de plus de 80 ans peuvent en profiter. Il suffit qu'elles procèdent doucement.
J'aurais l'air idiot comparé aux gens qui sont en meilleure forme physique.	Tout le monde commence à partir d'un point ou d'un autre. Si je suis trop gêné, je peux commencer chez moi. Je pourrai ensuite rejoindre les autres lorsque j'aurai l'impression d'avoir atteint un niveau minimal.
Aller au centre de la forme, c'est trop cher.	Comparé aux coûts causés par une mauvaise santé, c'est bon marché. De toute façon, je peux faire de l'exercice sans aller en salle de gym.
Ça n'en vaut pas la peine.	Ça en a parfois l'air, mais les bienfaits sont pourtant indiscutables.
J'ai trop de travail. Je ne peux pas prendre du temps pour quelque chose d'aussi futile que faire de l'exercice.	Des études ont prouvé que les gens qui font régulièrement de l'exercice manquent moins de jours de travail. En outre, ils ont probablement aussi une productivité plus élevée que les autres.

Idée défaitiste	Démystification
Je n'aime pas faire de l'exercice.	Cela semble peut-être vrai de temps en temps, mais il n'est pas nécessaire que j'aime tout ce qui est bon pour ma santé. Je n'aime pas passer ma visite médicale annuelle, mais je la passe quand même, et je pourrai toujours essayer d'autres types d'exercices ; peut-être que j'en trouverai un qui me plaira.
L'exercice, c'est tout simplement pas mon truc. Je suis tout simplement différent.	Avec tous les effets bénéfiques que l'exercice peut avoir sur ma santé, il faut que j'en fasse. Je n'ai pas besoin d'être un grand sportif, mais simplement de faire de l'exercice trois ou quatre fois par semaine.

Le tableau 8-1 présente les dix idées les plus défaitistes auxquelles nous nous heurtons le plus souvent. Si vous croyez en l'une ou plusieurs de ces idées, vous serez peut-être d'accord avec nos arguments destinés à vous démystifier. Sinon, essayez de voir si vous êtes vous-même capable de neutraliser les idées et les pensées défaitistes. Le **chapitre** 3 présente de nombreuses idées destinées à vous aider à surmonter les pensées qui causent la résistance au changement. Si vous trouvez que la motivation vous manque, vous n'êtes certainement pas la première personne au monde à avoir ce problème.

N'OUBLIEZ PAS !

La *volonté* est un terme mal approprié. Tout ce que vous avez à faire, c'est de vous attaquer aux pensées qui vous barrent la route, et d'essayer nos méthodes expliquées dans le reste de ce chapitre afin d'induire la motivation.

Récompensez-vous pour l'exercice que vous faites

Les psychologues savent depuis des décennies que les gens, chaque fois qu'ils le peuvent, font davantage les choses qu'ils trouvent gratifiantes et moins celles qu'ils trouvent désagréables. Cet état de fait vous semble peut-être banal. Et pourtant, il est facile d'ignorer l'importance des récompenses lorsqu'on commence un programme d'exercice.

Si votre forme physique n'est pas au top, faire de l'exercice vous semblera peut-être plus désagréable qu'agréable, du moins au début. Pendant ou après votre entraînement, vos muscles seront peut-être douloureux, avec des courbatures pendant quelques jours, voire plus longtemps. Il pourra être utile de vous rappeler tous les bienfaits de l'exercice, mais regardons bien les choses en face : les bienfaits ne se feront pas sentir avant que vous ne vous soyez entraîné sérieusement pendant un moment.

Un grand nombre des problèmes auxquels les gens font face consistent à faire la part entre les résultats à court terme et les bienfaits à long terme et les coûts. Ne trouvez-vous pas ? Jetez un œil à la liste de mauvaises habitudes que nous vous présentons au tableau 8-2. La tendance plus forte à s'accorder une gratification instantanée surpasse toute considération des effets néfastes qui surgissent dans le long terme.

TABLEAU 8-2 Les effets des mauvaises habitudes

Exemple	Récompense à court terme	Résultat à long terme
Abus d'alcool	On se sent habituellement mieux lorsque l'on boit que lorsqu'on ne boit pas.	L'alcool tue.
Fumer	Les fumeurs prétendent que fumer, ça les détend.	Toute une série de problèmes de santé.
Obésité	Les gens qui luttent contre les kilos trouvent que manger, cela les satisfait.	De nombreux problèmes de santé.
Abus de drogues	Consommer des drogues dites « douces », ça fait se sentir bien.	Des dommages permanents du corps et du cerveau.
Problèmes de dépenses	D'habitude, dépenser de l'argent, c'est amusant.	Les économies et la retraite en souffrent grandement.

Le fait de faire de l'exercice implique les mêmes problèmes de peser le pour et le contre des récompenses à court et à long terme. Les récompenses à long terme ne deviennent visibles qu'après une participation régulière à long terme. Au début, faire de l'exercice, on trouve ça nul le plus souvent. Pourtant, chez ceux qui tiennent bon et continuent, l'entraînement quotidien améliore finalement la santé et le sentiment de bien-être. Malheureusement, beaucoup de gens ont du mal à faire ce qui peut être déplaisant à court terme, même si les effets bénéfiques les attendent à long terme.

CONSEIL

LE PLAN DE CAMPAGNE POUR VRAIMENT S'Y METTRE

Si vous voulez vraiment vous mettre à faire de l'exercice bien que vous n'ayez toujours pas commencé à cause de telle ou telle raison, essayez ce que nous appelons *le plan de campagne*. En voici les étapes simples :

» Remplissez cinq chèques d'un montant qu'il vous serait douloureux de perdre, mais pas au point de grever votre budget, peut-être des chèques de 10 ou de 20 euros chacun.

» Recherchez l'adresse d'une organisation que personnellement vous n'aimez pas, peut-être celle d'un parti politique ou d'une organisation locale qui vous fait fulminer.

» Pour accompagner chaque chèque, écrivez une lettre de soutien à cette organisation et signez-la.

» Mettez les lettres avec les chèques dans des enveloppes affranchies et donnez-les à un ami en qui vous avez particulièrement confiance. Dites à votre ami que vous allez lui dire chaque semaine pendant cinq semaines si vous avez fait de l'exercice pendant trois fois ou plus. Si vous ne l'avez pas fait, demandez à votre ami de poster la lettre.

Aïe ! Sommes-nous sérieux ? Oui. Nous avons essayé cette stratégie avec plusieurs patients dans le passé. Croyez-nous : rares sont ceux qui permettent vraiment à ces lettres d'être postées.

Le plan de campagne fonctionne d'habitude au mieux pour des besoins de motivation à court terme, qui durent six semaines ou moins. N'y comptez pas pour des solutions à long terme. Heureusement, les programmes d'exercice deviennent souvent une habitude au bout de quatre ou cinq semaines d'efforts soutenus.

CONSEIL

Vous pouvez pourtant contourner ce dilemme. Mettez en place votre propre système de récompense pour faire de l'exercice. Par exemple, accordez-vous 10 points chaque fois que vous faites de l'exercice pendant 30 minutes ou plus. Une fois que vous aurez 100 points, faites-vous plaisir et offrez-vous quelque chose, une nouvelle combinaison, une sortie dans un bon restaurant, un week-end spécial, ou une journée entière passée à pratiquer votre hobby préféré. Avec le temps, alors que la pratique de l'exercice deviendra plus agréable (et elle le deviendra !), relevez la barre et exigez 200 points avant de vous récompenser.

Finalement, vous vous rendrez compte que faire de l'exercice, c'est une récompense en soi, et vous n'aurez plus besoin de vous récompenser pour vous motiver. Alors que les douleurs d'un corps qui avait perdu sa forme diminuent et que l'endurance augmente, vous allez aussi découvrir d'autres récompenses de la pratique de l'exercice, notamment :

- Cela peut vous donner d'excellentes occasions pour réfléchir à des problèmes et trouver des solutions.
- On peut planifier la journée ou la semaine pendant que l'on fait de l'exercice.
- Certaines personnes disent qu'elles ont des pensées plus créatives lorsqu'elles font de l'exercice.
- Vous aurez peut-être un grand sentiment d'accomplissement.

N'OUBLIEZ PAS !

Étant donné que lorsqu'on se met à faire de l'exercice, d'habitude on ne se sent pas forcément bien au début, cela peut beaucoup aider de mettre en place un système de récompense. Ensuite, d'autres récompenses apparaîtront.

Pourtant, si vous trouvez que même un programme de récompenses ne suffit pas à vous motiver, que faire ? Dans ce cas, nous avons une idée supplémentaire un peu plus sévère à vous proposer, le plan de campagne. Reportez-vous à l'encadré un peu plus haut dans ce chapitre.

Écartez les obstacles qui vous empêchent de faire de l'exercice

Il arrive parfois que l'on ait du mal à commencer un programme d'exercice à cause de quelques problèmes personnels ou d'environnement. Vous voulez vous mettre à faire de l'exercice, mais il y a des inconvénients, comme :

- Le temps, qui est trop froid ou trop pluvieux pour que vous puissiez envisager de faire du jogging.
- Les gymnases de votre quartier sont bondés et les équipements y sont toujours utilisés.
- Le quartier est dangereux, il ne vaut mieux pas y faire du jogging ou de la marche.
- Un manque d'équipements pour faire de l'exercice et pas d'argent pour les acheter.

Pourtant, le véritable problème, c'est votre attitude, et pas les obstacles en soi. Il s'agit simplement d'inconvénients, de tracas, de petits problèmes qui attendent d'être résolus, et pas de véritables barrières.

CONSEIL

Néanmoins, rendre votre environnement aussi adapté à l'exercice que possible, c'est une bonne idée. Chez vous, pensez à transformer une pièce ou un coin non utilisé en espace d'exercice. Rendez cet espace aussi adapté à l'exercice que possible. Vous y aurez peut-être une stéréo avec ou sans casque, un poste de télé, ou simplement un livre à lire.

En outre, vous pouvez équiper votre pièce d'un matériel simple et relativement peu coûteux. Pas besoin de dépenser une fortune en équipement. Pensez à employer :

- Des cordes à sauter ;
- Des boîtes de soupe en conserve au lieu d'haltères ;
- Un parpaing en béton pour les exercices de stepping ;
- Un tapis de yoga bon marché ;
- Des équipements d'exercice à un prix raisonnable.

Soyez créatif. Les soldes sont de bonnes occasions pour acheter des équipements d'exercice à un prix raisonnable. Trouver le type d'équipement que vous voulez utiliser, cela prendra peut-être du temps, le temps de trouver le bon magasin et de vous y rendre au bon moment. Mais rendez-vous compte que vous êtes capable de résoudre le problème, et que votre solution ne doit pas forcément être une solution parfaite.

Entourez-vous de quelques motivateurs

Bien que les encouragements ne soient pas absolument essentiels, nombreux sont ceux qui trouvent qu'avoir de la compagnie, ça peut augmenter la motivation pour l'exercice. Les autres peuvent vous encourager et vous pouvez vous entretenir avec eux. Cette forme de soutien de la part d'autres personnes s'obtient de diverses façons :

- Recrutez un compagnon ou une compagne d'exercices ;
- Participez à un cours ;
- Inscrivez-vous à un centre de remise en forme ou à un club de sport ;
- Engagez un coach (entraîneur personnel).

Au bout du compte, il vous sera plus facile de vous lancer dans une entreprise nouvelle mais ardue si vous avez un système de soutien, que vous pourrez mettre en place en y réfléchissant.

Casez un programme d'exercices dans votre emploi du temps

De nos jours, les gens travaillent plus longtemps qu'ils ne l'ont jamais fait, et il est donc tentant de dire que la journée n'a pas suffisamment d'heures pour qu'on puisse faire de l'exercice. Bien sûr, nous vous avons parlé de la croyance erronée « Je n'ai pas suffisamment de temps pour faire de l'exercice » au tableau 8-1, plus haut dans ce chapitre. Pourtant, bien que vous vous soyez peut-être rendu compte que vous avez en fait le temps et que tout n'est en fait qu'une question de priorités, vous ne trouverez pas du temps, à moins d'en prévoir.

C'est vrai : vous devez soigneusement étudier votre emploi du temps pour y insérer l'exercice. Peut-être votre employeur vous propose-t-il des horaires flexibles ; dans ce cas vous pouvez choisir de venir au bureau une heure plus tard et d'y rester plus longtemps deux ou trois fois par semaine pour avoir le temps de faire de l'exercice le matin ; peut-être aussi pouvez-vous faire vos exercices deux fois pendant les week-ends et trouver la possibilité de vous entraîner juste une fois après le travail durant la semaine.

CONSEIL

Il est habituellement conseillé de pratiquer un type d'exercice vigoureux pendant une demi-heure ou davantage au moins trois fois par semaine. Peut-être qu'en étant créatif, vous pourrez faire deux séances le week-end et une troisième au cours de la semaine. Par exemple :

» **Garez votre voiture loin de votre lieu de travail** : une ou deux fois par semaine, garez votre voiture de telle sorte que vous deviez marcher 20 minutes à vive allure pour vous rendre à votre lieu de travail.

» **Prenez les escaliers** : si vous prenez souvent l'ascenseur pour monter cinq ou six étages par jour, essayez à la place de grimper rapidement les étages à pied.

» **Faites de l'exercice durant les pauses** : si vous avez deux fois 10 à 15 minutes de pause au travail par exemple, essayez de sortir faire une promenade à vive allure plutôt que de rester autour du distributeur de boissons. Deux ou trois périodes d'exercice de 10 minutes ont le même effet bénéfique qu'une période de 20 ou de 30 minutes.

Choisissez un type d'exercice, peu importe lequel, pourvu qu'il vous plaise

Le type d'exercice physique qui vous conviendra le mieux dépend en partie de vos objectifs. Quasiment n'importe quel exercice pourra réduire un peu l'anxiété. Pourtant, il est certain que vous aimerez certains exercices mieux que d'autres.

Étant donné que tous les exercices physiques ont des aspects bénéfiques, nous vous recommandons de commencer par un type d'exercice qui vous plaît. Bien que la gamme des exercices possibles soit quasiment infinie, parmi les formes d'exercice les plus courantes on trouve notamment l'aérobic, les haltères et le yoga.

Gonflez votre cœur et vos poumons

L'une des meilleures manières de soulager l'anxiété consiste à faire des exercices de type *cardio-vasculaire*. Il s'agit du type d'exercice robuste qui augmente votre prise d'oxygène et stimule donc le cœur et les poumons. Les exercices cardio-vasculaires abaissent aussi la tension artérielle, le taux de « mauvais cholestérol » en augmentant celui du « bon cholestérol », et ils renforcent votre dynamisme et votre endurance.

Ces exercices impliquent vos grands muscles dans des actions rythmiques et répétées qui durent plus de quelques minutes. Pour en tirer le profit maximal, il est conseillé de s'exercer pendant au moins 20 à 30 minutes, bien que deux ou trois séances de 10 minutes chacune fonctionnent très bien elles aussi. Parmi ce type d'exercice physique, on compte :

» Le basket-ball

» Le cyclisme

» Le jogging

» Le jeu de paume

» L'aviron

» Le patinage

» Le tennis

» La marche rapide

Avec les exercices cardio-vasculaires, votre objectif est de vous sentir essoufflé mais quand même capable de dire une phrase de cinq ou six mots sans avoir d'abord à reprendre votre respiration, ce qui est une indication que votre cœur et vos poumons travaillent suffisamment durement pour améliorer leur forme, mais pas si durement que vous ne risquiez d'en trépasser. Si vous voulez être précis, vous pouvez acheter un enregistreur de la fréquence cardiaque pour suivre votre pouls. Vous pouvez aussi prendre vous-même votre pouls en plaçant l'index sur l'artère du cou qui se trouve juste en dessous du menton et près de la pomme d'Adam. Cette artère n'est pas difficile à trouver, parce que l'on y sent le pompage rythmique du sang avec les doigts. Le *pouls* indique à quelle vitesse bat le cœur (rythme cardiaque). Tenez une montre dans l'autre main, et les doigts sur l'artère, comptez le nombre de pulsations qui se produisent pendant 15 secondes et multipliez ce chiffre par quatre pour obtenir le nombre de battements par minute. C'est ce que l'on appelle le *pouls*.

Il existe une formule de base pour trouver la zone idéale de votre rythme cardiaque. Pour l'essentiel, soustrayez votre âge au nombre 220, et multipliez le résultat par un pourcentage qui dépend de votre niveau de forme.

ATTENTION !

Tout le monde devrait faire des contrôles médicaux de sa forme physique régulièrement. Si vous avez plus de 40 ans ou si vous avez des problèmes de santé, de quelque type que ce soit, veillez à consulter votre médecin pour déterminer votre niveau de forme et le niveau souhaité (cible) de votre rythme cardiaque.

Si vous êtes un débutant en bonne santé, mais en mauvaise forme physique, prenez 0,5 comme multiplicateur. Par exemple, si vous avez 35 ans et si vous n'avez plus fait d'exercice depuis la gym en terminale, calculez comme suit la zone cible initiale pour votre rythme cardiaque :

220 – 35 = 185 x 0,5 = 92,5

Si, en revanche, vous êtes dans une forme modérément bonne, prenez 0,6 comme multiplicateur. Par exemple, si vous avez 65 ans, si vous êtes assez actif et que votre médecin vous donne sa bénédiction, voici comment calculer votre zone cible :

220 – 65 = 155 x 0,6 = 93,0

Finalement, si vous êtes déjà en très bonne forme, vous pouvez prendre 0,8 comme multiplicateur. Par exemple, si vous avez

53 ans et que vous faites de l'exercice de façon énergique depuis déjà un certain temps, calculez votre zone cible comme suit :

220 – 53 = 167 x 0,8 = 133,6

Si vous faites vigoureusement de l'exercice, le rythme cardiaque va probablement dépasser la zone idéale. Lorsque cela se produit, il est temps de ralentir et de le ramener dans la zone cible.

Soulevez des poids

Les exercices musculaires avec des haltères ont pour principal effet d'augmenter la force musculaire, et ils ne réduisent peut-être pas autant l'anxiété que les exercices cardiovasculaires, mais certains les trouvent utiles. Ils disent que leur confiance augmente et que leur tension se réduit.

La façon probablement la plus facile de commencer la musculation, c'est avec des haltères, des barres à disques ou des machines à soulever des poids. Pourtant, vous pouvez aussi obtenir une augmentation raisonnable de votre force musculaire en faisant des exercices avec des machines de musculation contre résistance, avec une bande élastique et même des exercices sans équipement du tout, tels que : des sauts sur place, en avant et en arrière, en écartant les jambes de chaque côté, en s'accroupissant puis en se relevant, sans oublier des pompes.

Sachez qu'un minimum de connaissances est nécessaire avant de vous mettre à la musculation. Avant de commencer, nous vous conseillons de consulter un moniteur de sport ou d'acheter un livre.

Vous mourez d'envie d'essayer le yoga ?

Il faudrait presque vivre dans un monastère pour ne pas avoir entendu parler du yoga aujourd'hui. Personne ne sait avec certitude quand exactement le yoga a commencé, mais il existe depuis au moins 3 000 ans, si ce n'est 5 000 ans. Les nombreux types et versions de yoga impliquent une série de poses qui sont maintenues pendant une durée de 30 secondes à 2 minutes, par exemple. De nombreuses histoires existent au sujet de l'origine du yoga. La plupart affirment que le yoga a été développé en Inde et qu'il était pratiqué par des moines bouddhistes.

Pour beaucoup, le yoga a une composante spirituelle. D'autres le pratiquent simplement comme un exercice. Vous pouvez choisir l'une ou l'autre des approches. Il n'existe pas de règle fixe sur la manière de pratiquer le yoga.

CONSEIL

Le yoga a des effets bénéfiques intéressants. D'abord, il peut être assez relaxant et soulager l'anxiété. Il se combine aussi très bien avec la « attention consciente », une pratique que nous décrivons au **chapitre** 16. En tandem, le yoga et la vigilance peuvent constituer un outil puissant contre l'anxiété. Ensuite, le yoga a des effets physiologiques positifs, tels que l'accroissement de la force physique, de la souplesse et de l'équilibre. Certaines versions du yoga peuvent même être semblables aux exercices cardio-vasculaires que nous décrivons plus haut.

Mais peut-être pensez-vous que le yoga consiste à immobiliser votre corps dans une position de bretzel en appui sur les oreilles, ou que le yoga ressemble davantage à de la sieste qu'à de l'exercice, parce que vous avez en tête des images de personnes assises sur le sol avec les yeux clos. Ces deux idées sont fausses, et nous pouvons tous les deux les réfuter.

Il y a deux ans, Laura Smith (co-auteur de ce livre) a commencé à faire un peu de yoga. En rentrant à la maison, elle chantait les louanges du yoga à Charles Elliott (l'autre co-auteur de ce livre). Charles Elliott, c'est moi-même, et je l'encourageais à continuer sur cette voie, mais je savais que ce n'était pas pour moi. Après tout, je mesure 1,90 m, et à l'époque, j'étais aussi souple qu'une statue de bronze. Je pensais que j'aurais l'air du parfait guignol en faisant du yoga.

Au bout de quelque mois, Laura me pria instamment de m'y mettre aussi. Je lui répondis que je m'y mettrais peut-être... quand les poules auront des dents. Mais elle s'obstina. (Elle s'obstine toujours lorsqu'elle sait qu'elle a vraiment raison). Finalement, alors que nous participions ensemble à une conférence, elle suggéra que nous prenions une leçon particulière de yoga dans le centre thermal de l'hôtel où nous étions descendus. Je pensais qu'une leçon particulière ne serait peut-être pas si humiliante que ça, et que j'allais pouvoir lui montrer une bonne fois pour toutes que je n'allais pas aimer le yoga, et que j'en étais de toute façon bien incapable.

Eh bien, j'avais tort. Bien que mon corps n'ait pas plié comme un bretzel, le professeur me montra comment respecter tout signal restrictif que mon corps me donnait, et il souligna que le yoga est une activité sans esprit de concurrence. Pas besoin d'avoir un look d'enfer. Aujourd'hui, nous apprécions tous deux le yoga et nous trouvons que c'est très relaxant. Grâce au yoga, nous avons gagné de la souplesse, de l'équilibre, de la force physique et de la sérénité.

Ici aussi, pour bien profiter du yoga, il convient d'avoir quelques connaissances. Vous pouvez vous inscrire à un cours de débutant, lire un livre, comme *Le Yoga pour les Nuls* de Georg Feuerstein et Larry Payne, ou essayer l'une des nombreuses vidéos sur le sujet. Nous pensons que vos efforts en vaudront la peine. Le yoga vous surprendra peut-être comme moi il m'a surpris.

L'EXERCICE ET LES ATTAQUES DE PANIQUE ?

Certaines personnes craignent que la pratique d'un exercice puisse déclencher des attaques de panique. Cela peut être vrai en partie, car l'effort physique produit quelques symptômes, comme l'accélération du rythme cardiaque, et les gens qui souffrent d'attaques de panique répondent parfois à ces symptômes par la panique. Pourtant, si vous vous mettez à faire de l'exercice de façon progressive, cette pratique peut servir d'exposition progressive, une méthode que nous décrivons au **chapitre** 8. En d'autres termes, faire de l'exercice, ce peut être une approche de traitement efficace du trouble panique.

En outre, bien que le risque réel soit quelque peu controversé, l'exercice peut entraîner une accumulation d'acide lactique, qui semble déclencher des attaques de panique chez certaines personnes. Pourtant, à long terme, l'exercice améliore aussi la capacité du corps à se débarrasser de l'acide lactique. En conséquence, si vous craignez de subir des attaques de panique en faisant de l'exercice, nous vous recommandons d'y aller doucement, tout simplement. Si vous trouvez que c'est absolument intolérable, arrêtez l'exercice pendant un certain temps ou servez-vous d'autres techniques de ce livre pour réduire la fréquence de vos attaques de panique avant de vous remettre à l'exercice.

Chapitre 9

Le sommeil, le doux sommeil

DANS CE CHAPITRE :

- **Qu'est-ce qui vous fait rester éveillé ?**
- **Ayez une chambre douillette et jolie**
- **Créez et adoptez une routine de coucher**
- **Débarrassez-vous des cauchemars**

Ce dialogue intérieur du petit matin vous semble-t-il familier ? Il est 4 h 07, et vous pensez...

Je suis réveillé. Le réveil va sonner dans deux heures. J'espère que je vais pouvoir me rendormir... Voyons... Je me demande quel temps il va faire et ce que je vais mettre... Est-ce que j'ai suffisamment d'essence dans la voiture ? J'ai quatre nouveaux patients prévus pour ce matin et puis une consultation à l'hôpital plus tard. La section suivante du bouquin doit être livrée dans une semaine – voilà à quoi je vais passer le week-end. Il faut que je m'occupe de l'assurance de ma mère – ça veut dire qu'il va falloir appeler l'agence et rester en ligne une éternité. Et je ferais bien de vérifier que Pierre a bien fait sa demande d'inscription à l'université, on a bientôt atteint la date limite. Il faut aussi que je remplisse ce truc financier. Je me demande si je vais arriver à aller faire du sport ce soir. Est-ce que je me suis bien souvenu de sortir le poulet pour le dîner ? Je dois vraiment arrêter de penser à tout ça... Il faut que je me rendorme. D'accord, je vais essayer de me concentrer sur ma respiration. J'inspire en comptant jusqu'à huit, et ensuite j'expire lentement. Et puis j'inspire...

Avez-vous déjà fait l'expérience des « soucis du petit matin » ? Comme s'il n'était pas suffisamment difficile de s'endormir, nombreux sont ceux qui se réveillent avant l'heure souhaitée, mis en état d'alerte élevée par des pensées anxiogènes qui fusent à travers leur esprit. Dans ce chapitre, vous allez découvrir comment profiter du meilleur repos possible. Nous allons également vous montrer que ce que vous faites au cours des heures qui précèdent le coucher peut aider ou interrompre le sommeil. Finalement, vous allez apprendre comment vous débarrasser une fois pour toutes de ces cauchemars à répétition.

ATTENTION !

La tendance qui consiste à se réveiller tôt le matin sans pouvoir se rendormir peut constituer un signe de dépression ou d'anxiété. Si votre appétit change, si le niveau de votre énergie décroît, si votre humeur passe la vitesse inférieure, si votre capacité de concentration diminue et si vous avez perdu l'intérêt pour les activités qui vous plaisaient auparavant, vous faites peut-être une dépression clinique. Vous devriez consulter un professionnel de la santé mentale ou un médecin pour en avoir le cœur net.

Les différents troubles du sommeil

En général, on a besoin de huit heures de sommeil par nuit. Les seniors ont peut-être besoin d'un peu moins, mais cette idée est controversée parmi les scientifiques. En outre, l'indicateur de la quantité exacte de sommeil dont vous avez besoin, c'est votre état pendant la journée, et pas le nombre exact d'heures que vous avez dormi. En tout cas, l'anxiété dérange fréquemment le sommeil, et un manque de sommeil peut augmenter l'anxiété. La liste suivante décrit les troubles du sommeil les plus courants :

- **Le trouble du rythme circadien** se produit lorsque votre horloge biologique de sommeil ne s'accorde pas avec votre horaire de sommeil réel. Ce trouble se manifeste chez des personnes qui travaillent par équipes tournantes (trois-huit par exemple) ou qui voyagent en traversant des fuseaux horaires.

- **Les facteurs hormonaux** peuvent aussi jouer un rôle. Les femmes enceintes ou en ménopause peuvent souffrir de troubles du sommeil. Les fluctuations hormonales qui se produisent durant la grossesse et la ménopause peuvent occasionner de la gêne physique et des changements de la température corporelle qui interrompent le sommeil.
- **L'insomnie** est de loin le plus commun des troubles du sommeil. Elle peut être causée par de l'anxiété, de la dépression, du stress, de mauvaises habitudes de sommeil, de la gêne physique, ou un environnement qui ne convient pas au sommeil, constitué par exemple par un appartement bruyant ou un matelas défoncé. Les insomniaques ont des difficultés à s'endormir et à rester endormis.
- **La narcolepsie** se produit pendant la journée plutôt que la nuit. Il s'agit d'une grave maladie dans laquelle la personne concernée a des accès brusques de sommeil ou des sensations irrésistibles de sommeil. Un traitement médicamenteux peut être utile.
- **Les cauchemars**. Leur nombre peut augmenter avec le stress et l'anxiété. Bien sûr, ils peuvent quand même arriver sans ces deux raisons. Quoi qu'il en soit, s'ils se produisent fréquemment, ils peuvent réduire la qualité du sommeil.
- **Le sommeil sans rêve**. C'est un type de sommeil qui est moins reposant. Les scientifiques appellent *sommeil paradoxal* l'état de rêve. Pendant cette phase, les yeux ont des mouvements rapides, et les rêves se produisent. L'interruption du sommeil, certains médicaments et l'alcool peuvent empêcher que l'on ait suffisamment de sommeil paradoxal.
- **Les problèmes de prostate** peuvent déranger suffisamment un homme pour le tenir éveillé. Les hommes qui souffrent d'une prostate hypertrophiée peuvent se lever plusieurs fois par nuit pour uriner. Si vous vous levez plus d'une fois chaque nuit pour uriner, il sera peut-être utile de consulter votre médecin.

» **Le syndrome des jambes agitées**, que l'on rencontre surtout parmi les adultes d'âge moyen et avancé, entraîne pour le sujet le besoin impérieux de bouger sans arrêt parce qu'il a des sensations de gêne dans les jambes et les pieds. Certains médicaments sur ordonnance peuvent être utiles pour le combattre, donc consultez votre médecin si vous pensez souffrir de ce problème.

» **Le ronflement** indique parfois un problème plus sérieux appelé *syndrome d'apnée du sommeil*. Les personnes qui en souffrent arrêtent en fait de respirer pendant de courtes périodes et se réveillent brièvement pour prendre leur respiration.

LES TERREURS NOCTURNES DES ENFANTS

Les troubles du sommeil chez l'enfant, qui constituent l'un des soucis les plus courants dont on fait part aux pédiatres, peuvent déranger toute la famille. Les enfants surmontent habituellement de nombreux troubles du sommeil, tels que l'incontinence nocturne, les levers fréquents, et les problèmes à s'endormir, dans une période de temps raisonnable.

Les terreurs nocturnes, qui sont particulièrement étranges et effrayantes pour de nombreux parents, sont un phénomène relativement répandu chez les enfants (il affecte 1 à 6 % de tous les enfants), mais peu chez les adultes (moins de 1 % en souffrent). Les terreurs nocturnes ont tendance à survenir environ une heure et demie après le coucher. L'enfant s'assoit alors soudainement sur son lit et crie pendant au maximum une demi-heure. Pendant cet épisode, il est en fait endormi, et il est difficile de le réveiller pour le réconforter. Les enfants ne s'en souviennent pas le lendemain matin. Ce phénomène affecte le plus souvent les enfants entre 4 et 10 ans. Il disparaît habituellement à l'adolescence.

Il n'existe pas actuellement de traitement direct des terreurs nocturnes. Mais comme les enfants ne s'en souviennent pas, cela ne leur cause pas de problème pendant la journée. Un manque de sommeil peut augmenter les probabilités de terreurs nocturnes, il faut donc que les parents veillent à ce que leurs enfants dorment suffisamment longtemps. Le stress y contribue peut-être aussi, et les parents devraient en conséquence veiller à soulager le stress et à réduire les facteurs d'anxiété chez leurs enfants.

ATTENTION !

Le *syndrome d'apnée du sommeil* peut représenter un sérieux problème. Si vous-même ou si votre partenaire ronflez fortement, vous devriez peut-être consulter un médecin ou faire appel aux services d'une clinique du sommeil. De nombreux grands hôpitaux ont des cliniques spécialisées où l'on peut surveiller le sommeil du patient et l'évaluer. Habituellement, on s'y rend pour y passer la nuit.

Comme vous le voyez, le manque de sommeil a de nombreuses causes d'origine physique. Si votre sommeil est interrompu pour n'importe quelle raison ou si vous avez des problèmes d'anxiété, il est plus difficile de vous rendormir. Il va de soi que vous devriez rechercher la cause physique possible de tout problème de sommeil et il est possible que vous deviez encore vous efforcer d'améliorer vos habitudes de sommeil.

Le b.a.-ba de vos ZZZ

Votre environnement de sommeil est important. Bien sûr, certains oiseaux rares peuvent dormir n'importe où, sur le divan, dans un fauteuil, par terre, dans la voiture, ou même au bureau. Mais la plupart des gens ont besoin du confort d'un lit et de conditions propices à un bon sommeil. Les experts du sommeil sont d'avis que pour avoir un sommeil reposant, il faut que vous dormiez dans une chambre :

À ESSAYER

» **Obscure** : la petite horloge dans votre tête vous signale lorsqu'il est temps de se coucher. L'obscurité contribue à stimuler cette horloge en causant l'émission par le cerveau de mélatonine, une hormone qui contribue à induire le sommeil. Vous pouvez installer des rideaux qui bloquent la plus grande partie de la lumière si vous êtes réveillé par la lumière du petit matin ou si vous avez besoin de dormir durant la journée. Certaines personnes portent même des masques pour bloquer la lumière.

» **Fraîche** : on dort mieux dans une pièce fraîche. Si vous avez froid, il vaut souvent mieux utiliser davantage de couvertures que de dormir dans une pièce chaude.

» **Calme** : si vous habitez une rue très fréquentée, vous pouvez acheter un ventilateur ou un générateur de bruits blancs pour masquer les bruits nuisibles. Le pire des types de bruit est constitué par les bruits intermittents et imprévisibles. Si le bruit est continu, les différents types de bruits sporadiques qui peuvent être masqués par un simple ventilateur de sol sont très nombreux.

» **Équipée d'un lit confortable** : les matelas ont leur importance. Si vous dormez avec quelqu'un d'autre ou avec un chien, veillez à ce que tout le monde ait suffisamment de place.

En d'autres termes, faites de votre chambre un lieu de retraite accueillant et douillet. Gâtez-vous avec des draps et des taies de belle qualité. Vous pouvez essayer l'aromathérapie (voir le **chapitre** 10). Personne ne sait avec certitude si elle marche, mais nombreux sont ceux qui affirment que l'odeur de la lavande les aide à s'endormir.

De bonnes habitudes à suivre avant d'aller vous coucher

Le sommeil régénère vos ressources physiques et mentales. Des études ont montré que le manque de sommeil fait que l'on conduit comme si l'on était drogué. Les médecins qui n'ont pas assez dormi font davantage d'erreurs, et le manque de sommeil rend irritable, grincheux, anxieux et découragé.

ATTENTION !

Vous devez donc prévoir de dormir suffisamment, au moins sept ou huit heures. Ne brûlez pas la chandelle par les deux bouts. Peu importe la charge de travail que vous avez ; vous priver de sommeil, cela ne pourra vous rendre que moins productif et moins agréable.

Avant tout, prévoyez suffisamment de temps pour dormir. Mais cela ne suffit pas si vous avez des problèmes de sommeil, et nous vous suggérons dans ce cas de jeter un œil aux idées des sections qui suivent pour améliorer la qualité de votre sommeil.

Associez dans votre tête votre lit à l'idée de sommeil

À ESSAYER

L'un des principes les plus importants du sommeil consiste à éduquer votre cerveau pour qu'il associe le sommeil à votre lit. Cela veut dire que lorsque vous vous mettez au lit, n'y amenez pas du travail. Certains trouvent que lire au lit, cela les détend et d'autres aiment regarder un peu la télé avant de se mettre au lit. C'est très bien si cela fonctionne pour vous, mais si ces activités ne vous détendent pas, évitez de les pratiquer au lit.

Si vous vous couchez sans pouvoir vous endormir au bout de 20 à 30 minutes, levez-vous. Nous le répétons, il s'agit d'entraîner votre cerveau à associer le lit au sommeil. Vous pouvez lui enseigner de ne pas aimer d'avoir à se lever en faisant quelques travaux ménagers déplaisants (bien qu'assez passifs) lorsque vous n'arrivez pas à vous endormir. Si vous faites cela plusieurs fois, votre cerveau trouvera qu'il est plus facile de commencer à avoir sommeil lorsque vous êtes au lit.

Juste avant de vous mettre dans les plumes

À ESSAYER

Certains trouvent apaisant de prendre un bain chaud avec des huiles parfumées ou des sels de bain environ une heure avant de se mettre au lit. Vous découvrirez peut-être que se reposer dans un bain parfumé avec un éclairage tamisé en écoutant une douce musique avant d'aller vous coucher, c'est exactement ce qu'il vous faut pour bien dormir. D'autres utilisent l'une des techniques de relaxation dont nous parlons aux **chapitres 10** et **11**, et en sont très contents. Des études ont montré que la relaxation peut améliorer le sommeil.

Lorsque c'est possible, allez vous coucher chaque soir à quasiment la même heure. Nombreux sont ceux qui aiment rester debout tard le week-end, et c'est très bien si vous n'avez pas de problèmes de sommeil ; mais si vous en avez, nous vous recommandons de garder les mêmes horaires que pendant la semaine. Vous avez besoin de routine régulière et des mêmes activités passives avant de vous mettre au lit.

En conséquence, ne faites pas d'exercice vigoureux au cours des quelques heures qui précèdent le coucher. Quasiment n'importe quelle activité stimulante peut gêner le sommeil, même s'il s'agit d'une activité mentale. Par exemple, nous avons découvert, à notre grand dam, que si nous travaillons à écrire un article ou un livre après 21 heures, nos cerveaux continuent à bouillonner de pensées et d'idées bien après l'heure du coucher. Nous avons donc changé notre routine, et nous n'écrivons plus tard dans la soirée.

Faites attention à ce que vous mangez et à ce que vous buvez

Il va de soi que vous n'avez pas intérêt à vous charger de boissons à la caféine au cours des quelques heures qui précèdent le coucher. N'oubliez pas qu'il existe de nombreuses autres sources de caféine que le café : les colas, certains thés, le chocolat et certains antalgiques en contiennent. Bien sûr, certaines personnes semblent être assez insensibles aux effets de cette substance, alors que d'autres feraient mieux de ne plus en consommer après le déjeuner. Même si la caféine ne vous a pas gêné dans le passé, on devient parfois plus sensible à son action avec l'âge. Surveillez les effets de la caféine sur votre organisme si vous avez des problèmes de sommeil.

La nicotine, elle aussi, est excitante. Essayez d'éviter de fumer juste avant de vous coucher. Il va de soi qu'il vaut mieux complètement arrêter de fumer. Mais si vous n'avez pas encore réussi à vous arrêter jusqu'à maintenant, au moins essayez de surveiller la quantité que vous fumez avant l'heure du coucher.

L'alcool détend le corps, et logiquement, il devrait être un moyen génial pour faciliter le sommeil, mais ce n'est pas vrai. Car il dérange les cycles du sommeil. Si vous en avez consommé, votre phase de sommeil paradoxal, qui est si important (et que nous avons abordé plus haut dans ce chapitre dans la section « Les différents troubles du sommeil »), sera moins longue, et vous vous réveillerez peut-être très tôt le lendemain matin. Pourtant, certains trouvent qu'un verre de vin ou deux le soir les détend. D'accord, mais ne dépassez pas cette quantité.

Les repas copieux avant le coucher ne sont pas davantage recommandés. Nombreux sont ceux qui trouvent que trop manger avant d'aller se coucher leur cause une gêne légère. En outre, il peut être utile d'éviter les plats très épicés ou très gras avant le coucher. Pourtant, aller se coucher en ayant faim, ce n'est pas une bonne idée non plus. La vérité réside dans l'équilibre.

À ESSAYER

Alors, que faut-il manger ou boire avant le coucher ? Les tisanes, comme la camomille ou la valériane, ont beaucoup de partisans. Nous ne disposons pas de données sur leur efficacité, mais il est peu probable que les tisanes gênent le sommeil, et elles sont agréables. Il est prouvé qu'il est utile de manger un en-cas avec des glucides complexes (sucres lents) avant le coucher pour faciliter l'endormissement.

Les sédatifs et somnifères

Beaucoup de gens essaient de régler leur problème de sommeil en prenant des médicaments sans ordonnance. Parmi ces médicaments, beaucoup contiennent des substances antihistaminiques qui sont efficaces, mais qui peuvent induire une somnolence le lendemain. Pour la plupart, leur utilisation occasionnelle est relativement sans danger. Les médicaments à base de plantes, comme la passiflore ou la valériane peuvent aussi être utiles. (Voyez le **chapitre** 12 pour en savoir plus sur les plantes médicinales.)

En cas de troubles chroniques du sommeil, vous devriez consulter un médecin. Il est possible que vous prenez un médicament qui gêne votre sommeil. Votre médecin pourrait vous prescrire des somnifères. De nombreux somnifères perdent de leur efficacité avec le temps, et certains présentent en outre le danger d'entraîner la dépendance. Ces médicaments qui peuvent rendre dépendant ne sont employés que pour une courte période. En revanche, quelques rares médicaments agissent pendant plus longtemps sans risque de dépendance. Parlez de votre problème de sommeil avec votre médecin pour en savoir plus et pour obtenir de l'aide à ce sujet.

Que faire en cas d'insomnie ?

« Ding, dong » fait la pendule. **Barbara** soupire en réalisant qu'il est 2 heures du matin, et qu'elle ne s'est pas encore endormie. Elle se tourne et se retourne dans son lit et essaie de se tenir tranquille pour au moins ne pas réveiller son mari. Elle se dit : « Avec tout ce que je dois faire demain, si je ne dors pas je serai une épave. Je déteste ne pas dormir. » Elle se lève, va dans la salle de bains, y prend le tube de valériane, et prend trois comprimés. Cela fait trois mois qu'elle les prend régulièrement, et ils ne semblent plus avoir le même effet qu'avant.

Elle retourne au lit, essaie de se calmer, et se fait du souci à cause des cernes qu'elle a sous les yeux et de ce que les autres penseront peut-être. Sa peau sèche se met à la démanger. Elle ne supporte pas la sensation d'être au lit depuis une éternité sans pouvoir dormir.

Dans l'esprit de Barbara, son manque de sommeil se transforme en catastrophe, et son jugement de la situation rend son endormissement encore plus difficile. Lorsque vous ne pouvez pas dormir, essayez de dédramatiser la situation :

À ESSAYER

- **Souvenez-vous que dans le passé, chaque fois que vous n'avez pas réussi à vous endormir, vous avez toujours fini par vous en tirer le lendemain, malgré le manque de sommeil**. Ça n'a peut-être pas été génial, mais vous y êtes parvenu.
- **Prenez conscience du fait que manquer de sommeil, ça peut arriver à tout le monde**. Se faire trop de souci, cela ne peut qu'aggraver la situation.
- **Levez-vous et faites quelque chose de distrayant**. Cela empêche votre esprit d'accorder trop d'importance au problème, et cela peut également vous empêcher d'associer votre lit avec l'idée de « pas de sommeil ».
- **Concentrez-vous uniquement sur votre respiration**. Voyez le **chapitre** 14 pour des idées sur l'attention consciente au moment présent, au lieu de vous concentrer sur des pensées relatives aux effets négatifs de votre manque de sommeil.

ATTENTION !

De nombreuses personnes essaient de faire des siestes pendant la journée si, régulièrement, elles ne dorment pas la nuit. Mais ce qui ressemble à une solution géniale ne fait malheureusement qu'aggraver le problème. Les siestes fréquentes ou prolongées dérangent l'horloge naturelle du corps. Si vous devez faire une sieste, que celle-ci soit courte et ne dépasse pas 20 minutes.

Bien sûr, quelques rares personnes trouvent qu'elles peuvent dormir juste 3 ou 4 minutes à n'importe quel moment de leur choix durant la journée. Elles se réveillent rafraîchies et dorment bien la nuit. Si c'est votre cas, n'hésitez pas, et faites vos siestes. La plupart de gens n'en sont simplement pas capables.

Des cauchemars qui harcèlent

Les mauvais rêves torturent quasiment tout le monde de temps en temps. Mais certaines personnes trouvent que les cauchemars envahissent leur sommeil chaque nuit. Ceux qui souffrent d'un trouble de stress post-traumatique sont particulièrement exposés. Nombreux sont ceux qui trouvent les cauchemars bouleversants sur le plan émotionnel, et ces visions d'horreur peuvent causer le réveil et des problèmes à se rendormir.

Les psychiatres Krakow et Neidhardt ont élaboré une technique efficace pour se débarrasser des cauchemars. Vous n'aurez plus besoin de vous sentir comme une victime impuissante de ces mélodrames qui se jouent dans votre esprit. À la place, vous allez agir pour vous débarrasser des cauchemars une fois pour toutes.

Ceux qui souffrent de troubles de stress post-traumatique font peut-être le même cauchemar chaque nuit. D'autres font des cauchemars impliquant d'autres scénarios d'horreur bien plus souvent qu'ils ne le souhaitent. Vos cauchemars peuvent être répétitifs ou toujours changeants. Quoi qu'il en soit, vous pouvez employer la technique suivante :

1. **Utilisez votre imagination.**

   Imaginez et décrivez des scènes brillantes, vives, tant qu'elles sont agréables et qu'elles impliquent plusieurs sens. Vous pouvez aussi vous reporter au **chapitre** 13 pour développer votre imagination.

2. **Tenez un journal de vos cauchemars.**

Ayez un bloc-notes et un stylo à votre chevet. Lorsque vous vous réveillez sur un cauchemar, ou en premier lieu au réveil, écrivez tout ce que vous pouvez pour évoquer le cauchemar. Écrivez au présent et à la première personne. Décrivez la scène avec tous vos sens si vous le pouvez. Laissez un peu de place sur la page afin de pouvoir écrire toute pensée ou tout souvenir que vous associez au cauchemar.

Par exemple, **Victor** est routier. Il y a quelques années, il a conduit son camion à travers un tronçon d'autoroute couvert de brouillard. Tout d'un coup, sans prévenir, il a vu des feux de frein juste devant lui. Il a écrasé la pédale de freins, mais n'a pas pu s'arrêter à temps. Au moment même où il heurta le semi-remorque de devant, il entendit un autre véhicule heurter l'arrière du sien. Il entendit des coups de Klaxon, le bruit du métal déchiqueté et des gens crier dans cette scène surréaliste. Bien que fortement choqué, Victor n'a souffert que de contusions légères et de bleus. D'autres ont eu moins de chance dans cet accident qui a impliqué quarante véhicules.

Depuis cette époque, les cauchemars tourmentent Victor presque chaque nuit. Il se réveille en sueur et passe souvent le reste de la nuit sans dormir. Il consigne ce qui suit dans son journal :

> « Je suis dans mon semi en train d'aller quelque part, mais je ne sais pas où. Mes freins lâchent, et je commence à prendre de la vitesse dans une descente. Je sens l'odeur de la garniture des freins qui brûle. Je vois des voitures qui se mettent à quitter la route devant moi sans raison. Puis je vois juste devant moi la vieille voiture que mes parents conduisaient. Je sais qu'ils sont dedans. Le visage de ma mère apparaît à la vitre arrière. Au début elle rit, mais ensuite son rire se transforme en terreur. Je sais que je vais leur rentrer dedans. Je ne peux pas m'arrêter. »

Et maintenant, il écrit ses pensées et ses souvenirs qui sont évoqués par le rêve.

> « Je sais que la pensée des freins qui me lâchent provient de mon accident et du manque total de contrôle que j'ai éprouvé. Je me suis aussi senti horriblement coupable lorsque je me suis réveillé.

Peut-être que c'est à cause de tous les gens qui ont été blessés dans le carambolage de ce jour-là. Je me souviens surtout des deux enfants qui ont été tués. Je me demande pourquoi je pense à la voiture de mes parents. Je me souviens avoir appris à conduire dans cette voiture. Alors pourquoi serait-elle dans ce rêve ? Peut-être parce que j'ai commencé à sentir que je n'étais pas un si bon conducteur que ça après l'accident. Mais pourquoi mes parents se trouvent-ils dans ce rêve, et pourquoi est-ce que je me sens si coupable ? Je ne les ai jamais vraiment blessés, ou peut-être que si. Je me sens encore un peu coupable d'avoir quitté Charolles pour m'installer à Brest alors qu'ils étaient assez vieux et qu'ils ne voulaient pas que je m'en aille. »

3. **Prenez le rêve qui vous dérange et changez-en la fin.**

   Il s'agit de la dernière étape de l'élimination de vos cauchemars. Créez une fin qui vous fait vous sentir mieux et vous met dans une situation que vous contrôlez davantage. Puis imaginez de très nombreuses fois le nouveau rêve dans des détails vivants.

   Voici la version révisée du rêve de Victor :

   « Je suis dans mon semi en train d'aller quelque part, mais je ne sais pas où. Mes freins lâchent, et je commence à prendre de la vitesse dans une descente. J'entends un grincement au moment où je force le semi-remorque à ralentir en rétrogradant. Je vois la vieille voiture de mes parents devant moi et un embranchement qui monte juste en face. Je sais que je peux guider mon camion directement dans l'embranchement et l'arrêter dedans. Je tourne, et le camion s'arrête. Mes parents voient ce qui s'est passé et font demi-tour pour me suivre. Nous sortons pour nous embrasser. »

Est-ce que quelque chose d'aussi simple marche ? La réponse est : « Oui ». Krakow et Neidhardt ont participé à une étude qui a montré que réécrire des cauchemars de cette manière, cela fait baisser leur fréquence et leur intensité dans 70 % des cas. Ce taux de réussite a même été confirmé un an et demi après. Essayez cette méthode, et dormez bien.

4 Concentrez-vous sur les émotions

DANS CETTE PARTIE...

Nous allons vous montrer qu'il est impossible d'être à la fois anxieux et détendu. En conséquence, nous allons vous expliquer quelques techniques rapides et faciles de relaxation destinées à calmer votre esprit et votre corps. Adressez-vous à tous vos sens par la respiration, la relaxation musculaire, l'aromathérapie, la musique, le massage et la visualisation.

Parfois, il en faudra davantage pour réprimer votre anxiété. Nous passons en revue les diverses plantes et compléments alimentaires dont on a rabâché qu'ils guérissaient l'anxiété, et vous allez être informé de ceux qui marchent et de ceux qui ne marchent pas. Nous allons ensuite vous aider à décider si les médicaments sur ordonnance semblent être une approche que vous devez envisager pour vous-même ou non.

Finalement, nous vous proposons un guide pour laisser partir l'anxiété par l'acceptation. Vous verrez que l'acceptation implique de trouver comment abandonner votre ego, tolérer l'incertitude, embrasser l'imperfection et vous relier au moment présent en le vivant pleinement.

Chapitre 10

La relaxation en cinq minutes

DANS CE CHAPITRE :

- **Respirez pour faire disparaître vos tensions**
- **Pratiquez les techniques de relaxation**
- **Trouvez les exercices qui vous conviennent le mieux**
- **Des sons et des odeurs agréables**
- **Le bon massage**

« Je n'ai pas le temps de me détendre. Ma vie est bien trop mouvementée. Telles que les choses sont en ce moment, j'ai à peine le temps de voir mes amis. Je ne me rappelle même pas la dernière fois où j'ai pris un week-end entier de repos. Je néglige même ma propre famille. Dès l'instant où les couverts du dîner ont disparu, je m'effondre devant la télévision, incapable de penser à quelque chose d'autre. »

Est-ce que cela ressemble à ce que vous pourriez dire vous-même, ou à ce que quelqu'un qui vous est cher pourrait dire ? Lorsque les gens se mettent à réfléchir à comment ils pourraient changer leurs vies, ils se plaignent avant tout de n'avoir pas assez de temps. La vie moderne avance à un tempo plus rapide. Les mobiles vous suivent partout, au travail, à la maison, dans la voiture et, pour certains, jusqu'au lit.

Nous avons demandé à un maître de yoga avisé combien de temps il pratique le yoga chaque jour, prêts à entendre une réponse décourageante comme : « Une heure ou deux. » Imaginez notre surprise lorsqu'il nous a répondu : « Cinq minutes. » C'est tout ce dont il a besoin. Il nous expliqua alors que d'habitude il prend plus de temps, mais qu'il ne réserve que 5 minutes pour chaque jour.

Nous avons écouté notre professeur de yoga, et aujourd'hui, nous ne nous réservons que 5 minutes par jour. Cinq minutes qui ont changé nos vies. Ce n'est pas beaucoup. Tout le monde peut trouver 5 minutes. Et si vous faites 5 minutes, cette durée pourrait bien s'allonger pour atteindre 10 à 20 minutes. Mais si elle reste à 5 minutes, c'est très bien quand même. La relaxation s'installe en douceur dans votre vie sans que vous ne vous en rendiez compte, et si l'anxiété frappe, vous aurez un outil valable pour calmer la tempête intérieure.

Dans ce chapitre, les procédures de relaxation sont classées dans l'une des trois grandes catégories qui regroupent diverses techniques de respiration, des méthodes pour détendre le corps, et quelques expériences sensorielles. Il faudra du temps pour maîtriser complètement certaines de ces techniques, mais elles peuvent toutes être mises en œuvre avec profit durant 5 minutes. La clé du succès, c'est la pratique quotidienne. Comme tout autre technique, plus souvent vous pratiquez, plus facile et plus rapidement cela ira.

Autant en emporte le souffle

Respirer, c'est ce que l'on fait le plus souvent dans sa vie. On ne se rend même pas compte que l'on respire lorsque l'on est éveillé. Et pourtant, parmi toutes les fonctions biologiques, la respiration est cruciale pour la vie. On peut survivre pendant plusieurs jours ou semaines sans nourriture, deux jours sans eau, mais seulement quelques minutes sans respirer. On a besoin d'oxygène pour purifier son sang, brûler les déchets de l'organisme et régénérer chaque partie du corps et de l'esprit. Si l'on n'absorbe pas suffisamment d'oxygène :

- la pensée se ralentit,
- la tension artérielle monte,
- le rythme cardiaque s'accélère.

On a également le vertige, on tremble et on est déprimé, et on finit par perdre conscience et par mourir.

Nombreux sont ceux qui réagissent au stress par une respiration rapide et superficielle, qui déséquilibre rapidement le ratio oxygène-dioxyde de carbone dans le sang. Ce phénomène, appelé *hyperventilation*, cause toute une série de symptômes affligeants :

- Des troubles de la vision ;
- La désorientation ;
- La nervosité ;
- La perte de conscience ;
- Des crampes musculaires ;
- Une mauvaise concentration ;
- Un pouls rapide ;
- Des sensations de picotement dans les extrémités du corps ou sur le visage.

L'hyperventilation accompagne fréquemment des attaques de panique et l'anxiété chronique. De nombreux symptômes ressemblent à des symptômes d'anxiété, et beaucoup d'anxieux ont tendance à hyperventiler. En conséquence, on considère que respirer correctement, c'est un antidote efficace contre l'anxiété.

Lorsque vous êtes venu au monde, à moins que vous n'ayez eu des problèmes de poumons, vous avez probablement respiré tout à fait normalement. Prenez la plupart des bébés. À moins qu'ils ne souffrent de faim ou d'une autre douleur, ils n'ont besoin d'aucune instruction pour savoir comment respirer ou se détendre. Leur petit ventre se soulève et retombe naturellement de manière rythmée. Les différents stress de la vie quotidienne ont pourtant influencé votre réaction naturelle de respiration depuis votre naissance.

Lorsqu'ils sont stressés, les gens se mettent habituellement à respirer de façon superficielle et rapide, ou parfois à ne pas respirer du tout. Certains retiennent leur respiration lorsqu'ils sont stressés et n'en sont même pas conscients. Essayez d'observer votre respiration lorsque vous vous sentez stressé, et voyez si vous retenez votre respiration ou si celle-ci devient superficielle et rapide.

Vous pouvez aussi surveiller votre respiration lorsque vous n'êtes pas stressé :

1. **Étendez-vous sur le dos.**
2. **Placez une main sur le ventre et l'autre sur la poitrine.**
3. **Observez les mouvements de vos mains en respirant.**

Si vous respirez correctement, la main sur le ventre se soulève lorsque vous inspirez et s'abaisse lorsque vous expirez. La main qui se trouve sur votre poitrine ne bouge pas autant, et dans la mesure où elle bouge, elle devrait bouger en tandem avec l'autre main.

Il est probable que si vous avez un problème d'anxiété, votre respiration pourrait bien avoir besoin d'un réglage. C'est surtout le cas si vous avez des attaques de panique, dont nous avons parlé au **chapitre** 2. Les exercices de respiration peuvent vous aider à vous calmer.

L'ANXIÉTÉ ET LA RELAXATION NE FONT PAS BON MÉNAGE

Connaissez-vous deux personnes qui ne peuvent pas être dans la même pièce en même temps ? Si elles se rendent à la même fête, il va y avoir des problèmes. Elles sont comme l'eau et l'huile, elles ne se mélangent pas.

L'anxiété et la relaxation sont comme ça. Réfléchissez-y. Comment peut-on être anxieux en même temps que détendu ? Pas évident ! Des psychologues appellent cela *inhibition réciproque*. Beaucoup de psychologues pensent que les techniques décrites dans ce chapitre fonctionnent parce que la relaxation inhibe l'anxiété, et parce que l'anxiété inhibe la relaxation. Donc si vous vous entraînez avec assiduité à employer la relaxation, cela devrait contribuer à inhiber votre anxiété.

LES BIENFAITS DU CONTRÔLE DU SOUFFLE

Juste pour le cas où vous penseriez que respirer mieux, ce n'est qu'une manière de réduire l'anxiété qui manque d'imagination et d'élégance, vous pourriez aussi considérer ses effets bénéfiques pour la santé. Des études ont montré que le contrôle du souffle peut contribuer à la réduction des attaques de panique en quelques semaines. D'autres études ont indiqué que la respiration contrôlée peut légèrement réduire la pression artérielle, améliorer le rythme cardiaque, réduire certains types d'attaques d'épilepsie, affûter les performances mentales, augmenter la circulation sanguine, réprimer les soucis, voire améliorer le résultat des efforts de rééducation cardiaque à la suite d'une crise cardiaque. Pas mal, pour une fonction aussi simple.

La respiration abdominale, cinq minutes par jour seulement

Découvrez comment respirer avec votre *diaphragme* : il s'agit du muscle qui se trouve entre la cavité abdominale et la cavité pulmonaire. Essayez cet exercice pour vous remettre à respirer comme un bébé. Vous pouvez vous allonger ou faire cet exercice en étant assis, tant que vous avez un fauteuil grand et confortable dans lequel vous pouvez vous étirer.

À ESSAYER

1. **Cherchez les tensions de votre corps. Notez si certains muscles sont tendus, si votre respiration est superficielle et rapide, si vous serrez les dents, ou si vous avez d'autres sentiments angoissés.**

   Vous pouvez évaluer votre tension à l'aide d'une échelle comprise entre 1 et 10, 1 pour la détente complète, 10 pour une tension totale.

2. **Placez une main sur le ventre.**

3. **Inspirez lentement par le nez et emplissez la partie inférieure de vos poumons.**

   Vous saurez que vous inspirez correctement lorsque la main posée sur l'abdomen se soulève.

4. **Retenez un instant votre respiration.**
5. **Expirez lentement.**

   Tandis que l'air sort, imaginez que votre corps se dégonfle comme un ballon, et laissez-le s'avachir.

6. **Retenez brièvement de nouveau la respiration.**
7. **Inspirez de la même façon, lentement par le nez en comptant lentement jusqu'à quatre.**

   Vérifiez que la main posée sur l'abdomen se soulève. Votre poitrine ne devrait bouger que légèrement, et ce, en tandem avec votre abdomen.

8. **Retenez brièvement votre respiration.**
9. **Expirez en comptant lentement jusqu'à six.**

   Au début, si vous trouvez que c'est difficile, comptez jusqu'à quatre. Plus tard, vous constaterez qu'il est plus facile de ralentir en comptant jusqu'à six.

10. **Continuez à inspirer et à expirer de cette manière pendant 5 minutes.**
11. **Cherchez de nouveau les tensions de votre corps, et évaluez-les sur l'échelle de 1 à 10.**

    Nous vous recommandons de faire cet exercice une fois par jour pendant 5 minutes. Vous trouverez qu'il va vous détendre, et qu'il n'ajoutera pas davantage de stress à votre journée en lui ôtant du temps précieux. Cinq minutes pendant dix jours de suite. Après cela, essayez d'observer régulièrement votre respiration à différents moments de votre emploi du temps. Vous vous rendrez rapidement compte que vous respirez à travers le diaphragme, ou que vous n'utilisez que la partie supérieure de la poitrine, comme le font tant de gens. Lentement mais sûrement, la respiration abdominale va pouvoir devenir une nouvelle habitude qui va réduire votre stress.

La respiration avec un livre ouvert sur le ventre

Bon, juste pour le cas où vous auriez un problème à comprendre la respiration abdominale, nous avons un autre moyen de vous aider à découvrir cette fonction : il s'agit de la respiration avec un livre. Cela semble peut-être *a priori* un peu bizarre, mais vous verrez que c'est simple.

À ESSAYER

1. **Cherchez les tensions de votre corps.** Évaluez votre tension sur une échelle comprise entre 1 et 10, 1 pour la détente complète, 10 pour une tension totale.
2. **Prenez un livre de taille moyenne et ouvrez-le.**
3. **Allongez-vous sur le dos sur un lit, sur un divan ou par terre.**
4. **Placez le livre ouvert avec les pages sur le ventre.**
5. **Détendez-vous.**
6. **Inspirez lentement par le nez de telle sorte que le livre se soulève.**
7. **Retenez brièvement votre respiration, et expirez lentement.**
8. **Continuez à respirer de cette façon.** Permettez à votre respiration d'être lente, aisée et régulière.
9. **Inspirez, et permettez au livre de se soulever.** Puis expirez et regardez le livre descendre lentement.
10. **Continuez à respirer comme ça pendant 5 minutes. Observez les sensations de votre corps.** Soyez attentif à la sensation de l'air qui entre dans vos narines, dans vos poumons, et qui en ressort.
11. **Évaluez de nouveau la tension dans votre corps sur une échelle de 1 à 10.**

N'OUBLIEZ PAS !

Tout ce dont vous avez besoin, c'est de pratiquer ce type de respiration pendant 5 minutes. Tout le monde dispose de 5 minutes.

Après voir pratiqué la respiration avec un livre ou la respiration abdominale pendant dix jours, observez votre respiration durant la journée. Autorisez votre diaphragme à prendre l'habitude d'être responsable de votre respiration. Vous vous sentirez un peu mieux chaque fois.

Chaque fois que vous sentez venir l'anxiété ou la panique, essayez l'un de ces exercices de respiration.

La respiration anti-panique

De temps en temps, vous aurez peut-être besoin d'une technique plus vigoureuse. Peut-être vous êtes-vous senti piégé au centre commercial, peut-être vous êtes-vous senti accablé en allant à un entretien d'embauche. Quelle que soit la situation, lorsque le stress vous frappe comme un coup inattendu à l'estomac, essayez notre technique de respiration anti-panique.

À ESSAYER

1. **Inspirez profondément et lentement par le nez.**
2. **Retenez votre respiration en comptant lentement jusqu'à six.**
3. **Expirez lentement à travers les lèvres en comptant jusqu'à huit, en produisant un léger sifflement.**
4. **Répétez cette respiration cinq ou dix fois.**

Vous pensez peut-être qu'il est difficile de pratiquer la respiration anti-panique lorsque le stress vous frappe comme l'éclair. Certes, il faut de l'entraînement. Pourtant, mes collègues et moi-même (Charles Elliott, co-auteur), nous avons enseigné avec succès à des enfants comment utiliser cette technique lorsqu'ils devaient subir des interventions médicales douloureuses. Lorsque les enfants utilisent cette technique, ils sont un peu plus calmes et ils disent qu'ils ressentent moins d'angoisse et de douleur. L'important, c'est de bien produire le léger sifflement, car c'est un moyen très simple de ralentir la respiration.

Si la respiration anti-panique ne marche pas, et si vous avez l'impression que vous êtes peut-être en train de faire face à une véritable attaque de panique que vous n'arrivez pas à enrayer, essayez d'inspirer et d'expirer dans un sac de papier avec l'ouverture du sac autour de votre bouche. Cela permet de rééquilibrer le ratio oxygène-dioxyde de carbone, et devrait faire cesser l'attaque de panique. En effet, lorsque vous respirez trop rapidement, votre corps accumule un excès d'oxygène, bien que vous ayez l'impression de ne pas en avoir suffisamment. La respiration dans le sac ramène le niveau de dioxyde de carbone à la normale.

La respiration avec un mantra

Les mantras sont souvent employés pour différents types de méditation. Pour certains, un mantra est un mot qui a une connotation spirituelle. L'une des ramifications de la religion hindoue aurait à l'origine développé l'usage du mantra, qui devait être donné au disciple par un gourou lors d'une cérémonie. Ce mot était supposé avoir des vertus spéciales qui pouvaient amener la rédemption.

Pourtant, on peut aussi employer les mantras en tant que technique non religieuse, et c'est ce que nous vous proposons dans ce chapitre. Outre leur usage pour la méditation, on les emploie pour moduler la respiration. Utiliser un mantra pour détendre votre respiration, ce n'est pas difficile.

À ESSAYER

1. **Choisissez un mot sans signification ou une suite de lettres qui ont un son plein et agréable.**

   Il n'est pas nécessaire que ce mot ait une signification particulière, mais s'il inspire la relaxation, c'est tant mieux. Tout mot que vous souhaitez utiliser fera l'affaire. Vous pouvez aussi choisir un mot neutre, comme un, ou un mot qui a un rapport avec la relaxation, comme relax, calme, ou paix. Certaines personnes utilisent une courte phrase telle que : « Lâche prise… détends-toi. » Les mots qui s'y prêtent sont par exemple :

   mmmmm

   iiimmm

   ohhmmm

   shaammm

   shalooom

2. **Asseyez-vous confortablement.**
3. **Fermez les yeux.**
4. **Commencez à répéter lentement votre mantra à haute voix. Allongez une prononciation complète pour qu'elle dure environ 10 secondes.**
5. **Progressivement, réduisez le volume de votre voix en répétant votre mantra.**
6. **Si des pensées surgissent, prenez-en simplement acte et revenez à votre mantra.**
7. **Continuez pendant 15 à 20 minutes.**

Mais attendez : nous avons dit que 5 minutes suffisent, et elles suffisent vraiment. Au début, pourtant, essayez de vous exercer pendant un peu plus longtemps. Plus tard vous pourrez réduire l'exercice à 5 minutes chaque fois que vous le souhaiterez. Mais vous pouvez aussi le pratiquer pendant seulement 5 minutes dès le départ. Toute pratique est utile. Certaines fois, vous aurez peut-être envie de continuer plus longtemps, contrairement à d'autres fois où ce ne sera pas le cas, et ce sera très bien comme ça.

La technique de l'inspiration et de l'expiration en douceur

Vous allez probablement trouver que la technique de l'inspiration et de l'expiration en douceur est la plus simple. Elle ne prend que quelques minutes et ne requiert qu'un petit peu de votre attention.

À ESSAYER

1. **Asseyez-vous confortablement.**
2. **Observez votre respiration, l'air qui traverse vos narines et va à vos poumons, et sentez vos muscles qui l'aspirent et qui l'expirent.**
3. **Respirez en suivant un rythme régulier et doux.**
4. **Imaginez que vous portez une fleur aux pétales délicats à votre nez. Permettez à votre respiration**

de s'adoucir pour que les pétales ne soient pas dérangés.

5. **Inspirez et expirez en suivant un rythme régulier et doux.**
6. **Continuez à observer l'air qui circule dans vos voies respiratoires.**
7. **Observez que le fait de ne vous concentrer que sur votre respiration détend en douceur votre esprit et votre corps.**
8. **Laissez l'air vous rafraîchir.**
9. **Continuez en ne vous concentrant que sur les sensations de la respiration douce et régulière.**

Exercez-vous à la technique de l'inspiration et de l'expiration en douceur 5 minutes par jour pendant dix jours. Après, vous pourrez par exemple continuer avec l'une ou l'autre de nos techniques de respiration chaque jour de votre vie. Après tout, il faut bien que vous respiriez. Alors, autant le faire en se relaxant, d'une manière qui réduit l'anxiété.

Décompressez

Certains d'entre vous trouveront peut-être que les techniques de respiration étouffent rapidement l'anxiété. D'autres auront besoin d'une technique qui vise directement à détendre l'ensemble du corps. Des chercheurs ont découvert une profusion d'effets bénéfiques qui proviennent des méthodes de relaxation du corps, et qui font maintenant partie pour la plupart des programmes de traitement de l'anxiété. Nous décrivons trois types de relaxation corporelle : la relaxation musculaire progressive, le training autogène et la méthode de relaxation appliquée.

La relaxation musculaire progressive

Il y a plus d'un siècle, le docteur Edmund Jacobson, un médecin de Chicago, a mis au point ce qui est devenu l'une des techniques de relaxation les plus largement employées aux

États-Unis, la *relaxation musculaire progressive*. Vous trouverez une grande variété de techniques semblables, qui sont toutes appelées relaxation musculaire progressive, dans divers livres et revues. Chacune d'elles utilise peut-être des groupes de muscles légèrement différents ou procèdent dans un ordre différent, mais pour l'essentiel, il s'agit de la même chose.

La relaxation musculaire progressive consiste à passer en revue divers groupes musculaires du corps et de les contracter l'un après l'autre pendant un petit moment, puis de les relâcher rapidement. On obtient ensuite une sensation de relâche, et on peut observer à quel point les muscles sont mous par comparaison à l'état de tension qui précédait.

Préparez-vous à vous détendre

Vous verrez qu'il est utile de trouver un bon endroit pour faire votre relaxation musculaire progressive. Vous ne disposez probablement pas d'une pièce complètement isolée des bruits, mais placez-vous dans l'endroit le plus isolé que vous pouvez. Pensez à éteindre ou à débrancher les téléphones.

Mettez des vêtements confortables ou desserrez tout vêtement serré qui vous gêne. Vous n'avez pas besoin de chaussures, de ceinture, ou de quoi que ce soit d'autre qui ne soit pas confortable.

Prenez conscience du fait que lorsque vous allez commencer à contracter chaque groupe musculaire, il ne faut pas vous surmener. Ne contractez pas vos muscles pendant plus d'environ les deux tiers de l'effort total. Votre objectif est de réaliser une contraction forte et ferme, mais pas de faire du body-building. En contractant les muscles, maintenez la tension pendant 6 à 10 secondes chaque fois, et observez ce que vous sentez. Puis relâchez toutes les tensions à la fois, comme si une corde qui aurait maintenu les muscles tendus avait été coupée.

Après avoir relâché le muscle, concentrez votre attention sur la sensation de détente, et laissez-la s'épanouir pendant 10 à 15 secondes. Si vous n'avez pas atteint l'état de relaxation de ce groupe de muscles, vous pouvez répéter la procédure deux fois ou plus si vous le souhaitez.

CONSEIL

Sachez que vous ne pourrez pas *forcer* la relaxation. Vous lui *permettez* de se produire. Les perfectionnistes ont des problèmes avec cette idée. N'essayez pas de la forcer à se produire, et débarrassez-vous de l'idée que vous devez absolument exécuter l'exercice *de façon parfaite*. Il s'agit d'une aptitude qui s'acquiert lentement avec le temps.

N'OUBLIEZ PAS !

En contractant un groupe de muscles, essayez de garder tous les autres muscles du corps détendus. Ça nécessite un peu d'expérience, mais vous êtes capable de trouver comment contracter seulement une zone du corps à la fois. Gardez le visage particulièrement détendu lorsque vous contractez une zone autre que le visage. Les professeurs de yoga disent souvent qu'il faut « adoucir les yeux ». Nous ne pouvons pas exactement vous expliquer ce que cela veut dire, mais il semble que cela nous aide à nous détendre, quel que soit l'exercice que nous sommes en train de faire.

ATTENTION !

De temps à autre, la pratique de la relaxation fait que les gens ressentent soudainement de la gêne. Si cela se produit, arrêtez-vous tout simplement. Si cela continue de se produire avec une pratique régulière, consultez un professionnel. En outre, ne contractez pas une partie de votre corps si cela vous cause de la gêne. Évitez de contracter toute zone qui a été blessée ou qui vous a causé des problèmes fréquents, comme la région lombaire, par exemple.

La technique de la relaxation progressive des muscles

Vous êtes maintenant prêt à commencer. Asseyez-vous à l'endroit que vous avez choisi, et mettez-vous à l'aise.

À ESSAYER

1. **Inspirez profondément, retenez votre respiration, imaginez que vous faites disparaître la tension.**

   En aspirant l'air depuis votre abdomen, respirez profondément. (Voir la section « La respiration abdominale, 5 minutes par jour seulement » plus haut dans ce chapitre, si cela n'est pas clair.) Retenez votre respiration pendant 3 ou 4 secondes, et laissez sortir l'air lentement. Imaginez que votre corps tout entier est un ballon qui perd de l'air lorsque vous expirez et qui fait partir la tension avec l'air. Prenez encore deux ou trois inspirations comme celle-là, et sentez comment votre corps se relâche de plus en plus avec chacune d'elles.

2. **Serrez fortement les mains, puis détendez-les.**

   Serrez les doigts pour former un poing. Sentez la tension et maintenez-la pendant 6 à 10 secondes. Puis relâchez la tension de vos deux mains en même temps, et laissez-les s'avachir. Permettez à la tension de vos mains de s'écouler à l'extérieur. Permettez à la relaxation de s'épanouir pendant 10 à 15 secondes.

3. **Serrez les muscles des bras, puis détendez-les.**

   Amenez les avant-bras presque à hauteur d'épaule, et contractez les muscles. Veillez à contracter les muscles à l'intérieur et à l'extérieur de la partie supérieure du bras et de l'avant-bras. Si vous n'êtes pas sûr de le faire correctement, servez-vous de la main de l'autre bras pour vérifier la tension musculaire. Maintenez la tension pendant un petit moment, puis laissez tomber le bras comme si vous aviez coupé un fil imaginaire qui les avait maintenus en l'air. Laissez la tension sortir et la relaxation entrer.

4. **Haussez les épaules, serrez-les, puis détendez-les.**

   Haussez les épaules aussi haut que si vous étiez une tortue qui essaie de rentrer dans sa carapace. Maintenez la tension, puis laissez tomber les épaules. Sentez la relaxation qui s'épanouit pendant 10 à 15 secondes.

5. **Tendez puis détendez les muscles du haut du dos.**

   Tirez les épaules en arrière, et rapprochez les omoplates l'une de l'autre. Maintenez cette tension un petit moment, puis relâchez-la.

6. **Faites une grimace avec le visage tout entier, puis détendez-le.**

   Froncez fortement les sourcils, serrez les mâchoires, durcissez fortement les yeux, et serrez la langue et les lèvres. Faites monter la tension et maintenez-la… puis relâchez tout et détendez-vous.

7. **Tendez et détendez le cou à l'arrière de la tête.**

   En évitant de vous blesser, tirez doucement la tête en arrière vers le dos, et sentez les muscles qui se tendent à l'arrière du cou. Observez cette tension et maintenez-la, puis relâchez-la et détendez-vous. Observez la relaxation qui s'installe, et recommencez si vous le souhaitez.

8. **Contractez les muscles du devant du cou, puis relâchez-les.**

   Amenez doucement le menton vers la poitrine. Serrez les muscles du cou, laissez la tension s'accroître et maintenez-la ; puis relâchez. Sentez la tension fondre comme la cire d'une bougie.

9. **Serrez les muscles du ventre et de la poitrine et maintenez la tension. Puis relâchez-la.**

10. **Courbez le dos, maintenez la contraction, puis détendez-vous.**

    Allez-y doucement avec votre région lombaire (le bas du dos), et sautez entièrement cette étape si vous avez déjà eu des problèmes avec cette partie de votre corps. Contractez ces muscles en cambrant le bas du dos, en le pressant contre le fauteuil, ou en tendant les muscles d'une manière de votre choix. Augmentez doucement la tension et maintenez-la, mais sans exagérer. Puis relâchez la tension, et laissez les vagues déferler.

11. **Contractez les muscles des fesses, puis relâchez-les.**

    Contractez les fesses comme si vous vouliez doucement vous redresser dans votre fauteuil. Maintenez la tension. Puis laissez-la disparaître et permettez à la relaxation de s'installer.

12. **Serrez les muscles des cuisses, puis relâchez-les.**

    Tendez ces muscles et maintenez la tension. Puis relâchez-la, et sentez la tension qui en sort. Permettez à la sensation de calme de s'approfondir et de s'étendre dans votre corps.

13. **Contractez les mollets, puis relâchez-les.**

    Tendez les muscles des mollets en tirant les orteils vers vous. Allez-y doucement. Si vous avez des crampes musculaires, n'exagérez pas. Maintenez la tension… puis relâchez. Laissez la tension s'écouler dans le sol.

14. **Serrez les orteils, maintenez la tension, puis relâchez-la.**

15. **Prenez quelques instants pour passer en revue votre corps tout entier.**

    Vous sentez-vous différemment qu'avant cette séance ? Si vous trouvez encore une ou plusieurs zones de tension, permettez à l'état de détente des zones qui l'entourent d'y venir et de remplacer cette tension. Si cela ne marche pas, répétez pour la zone tendue la procédure qui consiste à contracter, puis à relâcher les muscles.

16. **Passez quelques minutes à savourer les sensations de détente.**

    Laissez la relaxation s'étendre et pénétrer chacune des fibres musculaires de votre corps. Notez toute sensation que vous éprouvez. Vous ressentez peut-être de la chaleur, ou une sensation de flottement. Peut-être avez-vous l'impression de vous affaisser. Quelle qu'elle soit, laissez cette sensation se produire. Si vous le souhaitez, vous pouvez maintenant ouvrir les yeux et reprendre votre journée, en vous sentant peut-être un peu comme si vous veniez juste de rentrer de brèves vacances.

Certaines personnes aiment écouter une cassette avec les instructions de la relaxation musculaire progressive, car cela rend leurs efforts plus faciles. Si vous vous enregistrez une cassette, veillez à parler d'une voix lente et calme.

Au début, prévoyez un peu plus de 5 minutes pour effectuer toutes les étapes de la relaxation musculaire progressive. D'habitude, si vous y consacrez 20 à 30 minutes au début, ça fonctionne mieux. Pourtant, plus vous pratiquerez, plus vous vous rendrez compte que vous pouvez glisser plus rapidement dans la sérénité. Donc même si vous écoutez des cassettes, vous pourriez réduire de votre propre chef la procédure après quelque temps. Vous pouvez par exemple contracter à la fois tous les muscles de la partie inférieure de votre corps, en enchaînant par la contraction de tous les muscles du haut du corps. Lors d'autres séances, vous pouvez simplement contracter et relâcher quelques zones de votre corps qui sont affectées par la plus grande partie de la tension musculaire. Le plus souvent, il s'agit du cou, des épaules, et des muscles du dos. Certaines personnes nous disent qu'elles ont fini par trouver comment se relaxer en une seule minute, une fois qu'elles ont bien maîtrisé cette technique.

LES BIENFAITS DE LA RELAXATION MUSCULAIRE PROGRESSIVE

Nombreux sont les gens qui pensent que pour qu'une méthode soit vraiment efficace, il faut beaucoup de travail et peut-être même que ça fasse un peu mal, c'est l'attitude « on n'a rien sans rien ». Comme vous le voyez, la relaxation musculaire progressive n'est pas particulièrement difficile, et on se sent vraiment bien lorsqu'on la pratique, alors, peut-on se demander, est-elle vraiment bonne pour la santé ? Eh bien, pour commencer, la relaxation musculaire progressive constitue habituellement l'une des composantes des programmes de traitements les plus efficaces contre l'anxiété !

En outre, des études montrent aussi que la relaxation musculaire progressive peut réduire de façon efficace divers types de douleurs chroniques, comme celle de la colite ulcérative, celle du cancer et les maux de tête. Elle marche aussi pour réduire l'insomnie. Une étude publiée dans le numéro de décembre 2001 de la Revue de psychologie clinique (*Journal of Clinical Psychology*) a révélé que non seulement la technique de relaxation musculaire progressive induit une grande relaxation, mais encore qu'elle procure un calme mental et donne de la joie. D'autres études semblent indiquer qu'elle pourrait améliorer le fonctionnement du système immunitaire. Et la revue Rééducation psychologique (*Psychological Rehabilitation*, volume 9, 1999) a rapporté qu'en ce qui concerne les patients souffrant de la maladie d'Alzheimer, la relaxation musculaire progressive améliorait en fait à la fois leurs performances comportementales et verbales mais aussi celles relatives aux tâches de mémoire.

Nous ne voulons pas dire que la relaxation musculaire progressive guérit la maladie d'Alzheimer ; elle ne guérira pas davantage le cancer, et elle ne fera pas disparaître toute douleur pas plus qu'elle ne supprimera toute anxiété. Pourtant, de nombreuses études montrent clairement qu'elle a des effets bénéfiques pour toute une série de problèmes. Nous vous recommandons de l'essayer.

Hypnotisez-vous vous-même avec le training autogène

Le training autogène (ce dernier mot veut dire « produit de l'intérieur ») a également été élaboré il y a plus d'un demi-siècle, quelques années seulement après la relaxation musculaire progressive de Jacobson. Schultz, le neuropsychiatre allemand qui a élaboré cette technique pour réduire le stress, l'a fondé sur l'auto-hypnose et le pouvoir de la suggestion.

Le training autogène constitue la manière la plus passive de se relaxer. Toutes les techniques de relaxation donnent leurs meilleurs résultats si vous adoptez une approche telle que vous leur permettez d'agir sans forcer quoi que ce soit. Toutefois, le training autogène se fonde sur ne rien *faire* du tout. Il comporte simplement des réponses passives à des suggestions. D'autres chapitres de ce livre traitent de la façon dont les pensées peuvent faire monter en flèche votre anxiété. Heureusement, l'opposé est vrai aussi. Les idées calmes provoquent un sens de relaxation presque comme s'il s'agissait d'un réflexe, si vous les laissez faire.

LE TRAINING AUTOGÈNE VAUT-IL LA PEINE QU'ON L'ESSAIE ?

Quelque chose d'aussi passif et qui ne nécessite aucun effort, comme le training autogène, peut-il vraiment servir à quelque chose ? En fait, les études réalisées à ce sujet ne sont pas toutes aussi fiables sur le plan scientifique que celles relatives à la relaxation musculaire progressive. Néanmoins, le training autogène constitue la technique de relaxation la plus employée par les professionnels de la santé européens. Plusieurs études raisonnablement sérieuses semblent indiquer qu'elle est utile pour diminuer le stress, en plus du fait qu'elle permet de contrôler différents troubles d'anxiété, de calmer le mal des transports et de soulager certains types de douleurs musculaires chroniques de même que la douleur et l'angoisse qui suivent les opérations chirurgicales de pontage. Une étude publiée dans la revue Thérapies complémentaires en médecine (*Complementary Therapies in Medicine*, volume 8, 2000) a montré qu'elle est au moins aussi efficace que le traitement médicamenteux standard pour traiter le trouble d'anxiété généralisé. (Voir le **chapitre 2** pour une description du trouble d'anxiété généralisé.)

Cela s'explique par le fait que votre esprit associe automatiquement certaines réponses à différents mots et à différentes images. Par exemple, imaginez que vous coupez un citron avec un couteau aiguisé et que vous voyez le jus jaillir alors que vous le coupez. Imaginez que vous prenez la moitié du citron, que vous la sentez, que vous ouvrez la bouche et que vous mordiez largement dans la pulpe acide et juteuse. Maintenant, revenons à la réalité. Est-ce que vous salivez ? Si oui, ce sont les mots seuls qui ont induit cette réaction.

En fait, si vous aviez essayé de saliver sans aucun mot ni aucune image, il est probable que vous auriez échoué. Il est tout simplement impossible de commander que certaines réactions se produisent. La même chose vaut pour la relaxation. Essayez, et vous verrez. Steven Hayes, notre collègue psychologue, a expliqué qu'il est impossible de forcer la relaxation en ces termes : imaginez que vous êtes relié à une machine qui mesure vos niveaux de tension en analysant la tension musculaire, le rythme cardiaque et d'autres réponses physiques au stress. Ensuite, nous vous promettons un million d'euros si vous ne faites rien d'autre que de vous relaxer. Vous avez bien lu. Un million d'euros. Oh, et tant que nous y sommes, pour vous motiver encore davantage, nous pointons un pistolet sur votre tempe en vous disant que si vous n'arrivez pas à vous relaxer, nous allons tirer. Maintenant, DÉTENDEZ-VOUS ! Pensez-vous que ça va se passer sans problème ?

Comprenez plutôt qu'on n'arrive à se relaxer que lorsqu'on lâche prise. Permettez à la relaxation de se produire en réponse naturelle à des suggestions calmantes. Il est impossible de forcer la relaxation.

La relaxation autogène consiste à imaginer que votre corps se trouve dans un état de calme confortable. Allongez-vous, desserrez vos vêtements ou enfilez des vêtements plus confortables, fermez les yeux et passez du temps à vous concentrer sur chacun des concepts autogènes qui suivent, et imaginez que vous vous sentez lourd et chaud, que votre cœur bat calmement, et que votre respiration est tellement aisée. Essayez de vous concentrer séparément sur chacun des concepts, jusqu'à ce que vous ayez vu le résultat qu'il peut vous apporter. Puis vous verrez ce que cela peut vous apporter de les combiner.

N'OUBLIEZ PAS !

Pensez seulement aux mots et aux images que le training autogène vous propose ; n'essayez pas de faire en sorte que quelque chose se produise, sinon vous allez ruiner leurs effets.

À ESSAYER

- **Lourds** : mes mains, mes bras et mes jambes sont lourds… Si lourds. Je n'ai pas besoin de faire quoi que ce soit parce que mes membres sont si lourds que je ne pourrais pas les soulever même si je le voulais. Mes mains et mes bras sont lourds… très très lourds. La gravité pèse le long de mes bras et emporte la tension avec elle. La tension s'évacue… Entendez des mots de très nombreuses fois : lourds comme des poids fixés autour de mes bras… très très lourds. Mes jambes sont très lourdes… très très lourdes. Des poids fixés à mes jambes… plongeant… détendu et calme… plongeant dans un état de calme et de sérénité… ne rien faire et pas avoir besoin de faire en sorte que quelque chose se produise. Les soucis et les préoccupations fondent, s'enfoncent hors de ma vue tranquillement et paisiblement.
- **Chauds** : mes bras et mes jambes sont chauds et lourds. Un soleil du désert projette ses rayons sur mes bras et sur mes jambes. Il traverse ma peau et mes muscles… la tension fond… chaud et serein… des couvertures chaudes enroulées autour de moi… Je suis immergé dans un bain à remous d'eau qui circule, je m'enfonce dans le calme et la relaxation… Je sens la tension qui s'éloigne sur les flots… qui se dissout… Entendez ces mots de très nombreuses fois : chaud, fondant… pas le moindre besoin de faire en sorte que quelque chose se produise. Le soleil réchauffe mon corps, serein et placide… s'enfonce… si chaud et si calme… paisible et détendu.
- **Cœur calme** : placez une main sur votre cœur. Rappelez-vous que votre cœur bat de façon vigoureuse, régulière et calme… le cœur qui fait un bruit sourd rythmique… comme un battement lent de tambour… Je m'enfonce dans un fleuve de relaxation… la tension disparaît… Écoutez ces mots raisonner dans votre tête de très nombreuses fois : cœur régulier, puissant et calme… régulier, battement, la relaxation qui s'installe, apaisant et tranquille… un moment pour oublier les soucis… chaud, calme, régulier… paisible et détendu.

» **Respiration aisée** : asseyez-vous confortablement et rappelez-vous que votre respiration est tellement rythmique et tellement aisée… pas besoin de respirer d'une manière précise. Il suffit de la laisser se produire. Permettez à votre corps de trouver son propre rythme. Pensez de très nombreuses fois aux mots et aux phrases qui suivent : pas de soucis, tension qui disparaît, détendu, régulier, calme, serein, aisé, respiration qui s'écoule naturellement. Mon corps prend simplement la respiration en charge et il respire comme il veut… paisible… l'air qui s'écoule facilement, qui entre et qui sort facilement… entre et sort facilement… si calme et si détendu… en douceur et sans effort… régulier et rythmique.

L'AVANTAGE DE LA RELAXATION APPLIQUÉE À UNE SITUATION PARTICULIÈRE

Vous avez peur d'aller chez le dentiste ? *La relaxation appliquée* (qui consiste à appliquer une technique de relaxation à une situation stressante) pourra vous aider à faire face à vos peurs. Une étude scandinave a montré que la relaxation appliquée a permis de réduire la peur du rendez-vous chez le dentiste et qu'elle a aidé les gens à suivre le traitement qu'ils évitaient. Elle a été également employée avec succès pour traiter le trouble d'anxiété généralisé. De plus, cette approche semble être utile aux personnes souffrant de trouble panique.

(Voyez le **chapitre** 2 pour une description du trouble d'anxiété généralisé et du trouble panique.) L'un des emplois les plus courants de la relaxation appliquée, c'est pour soulager les douleurs chroniques.

Soyez détendu lorsque c'est important avec la relaxation appliquée

Découvrir comment vous relaxer à l'aide de techniques de respiration, de relaxation musculaire progressive ou de training autogène, cela vous aidera peut-être à réduire votre anxiété. Mais si vous ne pratiquez ces activités que lorsque vous êtes allongé au lit ou que vous passez une journée tranquille chez vous, vous passez à côté d'une opportunité de vous attaquer à vos peurs avec un outil puissant. Pratiquer la *relaxation appliquée*, cela consiste à prendre les techniques que vous avez pratiquées et à les utiliser lorsque vous êtes dans une situation de stress maximal.

La clé du succès réside dans la maîtrise de la technique dans une situation non stressante avant de franchir l'étape suivante. Par exemple, peut-être que vous avez pratiqué de nombreuses fois la technique de relaxation progressive, et que vous pouvez contracter et relâcher vos muscles pour parvenir à un état de relaxation en quelques minutes seulement.

Maintenant que vous maîtrisez cette technique dans une situation non stressante, pensez à une situation particulière qui vous effraie, comme parler en public. Vous avez par exemple prévu une intervention lors d'un événement important, durant laquelle vous allez parler devant plusieurs centaines de personnes. Avant votre discours, vous pratiquez votre technique de relaxation favorite. Vous essayez de maintenir cet état en marchant pour aller prononcer votre discours, mais vous paniquez quand même. Que s'est-il passé ?

C'est à peu près ce à quoi nous nous serions attendus, parce que la relaxation appliquée donne les meilleurs résultats si vous subdivisez la tâche en étapes plus gérables. Par exemple, vous pourriez pratiquer la technique de relaxation alors que vous êtes en train de préparer un discours devant une petite audience. Puis vous pourriez pratiquer la relaxation en vous imaginant que vous êtes en train de prononcer votre discours. Vous continuez ensuite votre pratique en suivant de petites étapes progressives. (Découvrez comment travailler par petites étapes progressives au **chapitre** 6.)

Détendez-vous à travers vos sens

Votre recherche de la relaxation vous amènera peut-être à faire diverses expériences. Nous ne pouvons pas prédire quelle direction marchera le mieux pour vous. Il est nécessaire que vous fassiez l'expérience de diverses approches pour découvrir votre propre méthode de relaxation. Dans cette section, nous allons vous demander d'autoriser vos sens à vous apaiser.

La musique adoucit les mœurs

Depuis qu'il y a des hommes sur la Terre, ceux-ci se sont servis de la musique pour se consoler. Qu'il provienne de tambours primitifs ou d'orchestres symphoniques, le son provoque l'émotion, la ferveur patriotique, l'amour, l'excitation, et la peur – et même la relaxation. Une profession, celle des musicothérapeutes, exploite les pouvoirs de la musique. Ces professionnels travaillent dans des hôpitaux, dans des écoles, et dans des maisons de retraite en utilisant les sons pour soulager l'angoisse.

Mais il n'est pas nécessaire d'être soi-même musicothérapeute pour utiliser le pouvoir de la musique. Vous savez probablement déjà quel type de musique vous calme. Peut-être aimez-vous la musique classique ou le jazz. Peut-être n'avez-vous pas encore pensé à écouter une cassette ou un CD de vagues de l'océan, de ruisseaux qui murmurent, de vent qui souffle doucement ou d'autres sons de la nature. Beaucoup de gens trouvent que ces sons sont assez relaxants, et bien que nous n'arrivions pas à comprendre comment, beaucoup d'ados nous disent qu'ils se détendent en écoutant du heavy metal. Essayez vous-même.

Rendez-vous dans un magasin de disques ou sur un site Web bien fourni, et vous y découvrirez tout un tas de possibilités. Faites des expériences, essayez de nouveaux sons. Beaucoup d'enregistrements prétendent contenir de la musique spécialement conçue pour la relaxation.

ATTENTION !

Mais attention ! N'achetez pas tout simplement n'importe quelle cassette affichant le mot *relaxation*. Faites-vous conseiller, ou écoutez des extraits. Certains sites Internet ont la possibilité de vous en faire écouter.

Le nez pour se sentir bien

Avez-vous déjà senti l'odeur de croissants chauds alors que vous vous trouviez dans un centre commercial ? Peut-être avez-vous eu l'envie d'en acheter un seulement à cause de l'odeur. Nous soupçonnons que le fait que l'odeur de ces mets délicieux flotte dans tout le centre commercial n'est pas le pur fruit du hasard, et nous pensons même que parfois les boulangers doivent pomper l'air de leurs fours dans le système de ventilation de tout le centre en parfaite connaissance de l'effet provoqué par l'odeur ainsi répandue.

Outre le fait qu'elle aiguise votre faim, l'odeur des croissants peut également provoquer des émotions agréables et vous rappeler de bons souvenirs. Peut-être que cela vous rappelle les dimanches matin où toute la famille dégustait des croissants appétissants avec du bon café chaud. Dans ce cas, l'odeur a automatiquement rappelé vos souvenirs sans qu'aucun effort n'ait été requis.

Une gigantesque industrie du parfum exploite le pouvoir des odeurs pour attirer et séduire. Les fabricants de déodorants, de lotions, de poudres, de laques en aérosol et de déodorants font la même chose, et vous pouvez explorer les propriétés des odeurs pour calmer vos nerfs en pelote.

L'aromathérapie fait usage de diverses huiles essentielles, qui sont des substances naturelles extraites de plantes. Ces substances ont une influence évidente à la fois sur la santé physique et émotionnelle. Nous ne pouvons pas nous en porter garants parce que nous ne disposons pas de bonnes études sur le sujet. Pourtant, la théorie qui sous-tend l'aromathérapie n'est pas complètement farfelue, parce que les nerfs crâniens transmettent des messages depuis le nez vers les parties du cerveau qui contrôlent l'humeur, les souvenirs et l'appétit.

ATTENTION !

Si vous souffrez d'une maladie physique grave, veuillez consulter un médecin, car il est improbable que l'aromathérapie vous guérisse. Personne ne sait si l'aromathérapie est vraiment bonne pour la santé. Mesdames, n'utilisez pas ces substances si vous êtes enceintes.

Cependant, si vous voulez expérimenter diverses senteurs pour voir si elles facilitent votre détente, allez-y. Des études préliminaires semblent indiquer que certains arômes soulagent peut-être l'anxiété, et réduisent les symptômes et les maux de tête liés à l'abandon du tabac. Vous ne perdrez donc rien à essayer l'aromathérapie.

À ESSAYER

Réfléchissez aux idées suivantes d'aromathérapie, mais veillez à comparer les prix, parce que ceux-ci peuvent varier de façon substantielle. Un bon magasin d'alimentation diététique de votre quartier pourrait constituer un bon point de départ.

- Camomille
- Eucalyptus
- Lavande
- Néroli (citrus aurantium)

Ces huiles essentielles pourront peut-être contribuer à soulager l'anxiété et à combattre l'insomnie. En outre, elles sentent très bon, donc mettez-en quelques gouttes dans un bain chaud ou sur votre oreiller. Bonne nuit.

Le massage qui fait disparaître le stress

Environ quinze fois par jour, l'un de nos chiens nous fourre son nez sous le bras pour indiquer qu'il est grand temps de le caresser. Les chiens n'éprouvent pas la moindre gêne à demander qu'on les touche, qu'on les caresse et qu'on les frictionne. Nous trouvons qu'ils savent aussi très bien comment s'y prendre pour obtenir ce qu'ils veulent.

À ESSAYER

Les êtres humains ont aussi besoin d'être touchés. C'est super d'être embrassé et caressé par les personnes qui nous sont chères. Pourtant, une manière merveilleuse de satisfaire le besoin d'être touché et le besoin de relaxation, c'est de se faire masser par un professionnel. Si vous ne vous êtes jamais gâté, réfléchissez à vous faire plaisir avec un massage. Dans les années passées, seule l'élite de la société a fait appel à la kinésithérapie. Aujourd'hui, les gens vont en masse chez les kinés pour réduire leur stress, gérer la douleur et tout simplement se sentir bien.

ATTENTION !

Ne vous rendez qu'au cabinet d'un kiné ou d'un masseur/d'une masseuse possédant les qualifications requises. La kinésithérapie, ce *n'est pas* une expérience sexuelle, et il ne faut pas la confondre avec l'offre de services sexuels de certains prestataires qui se déguisent en soi-disant « masseurs » ou « masseuses ».

Bien que le massage ait longtemps été considéré comme une intervention de médecine douce dont la valeur était mise en doute, de nouvelles études ont alimenté l'intérêt qui est porté à ses bienfaits. Une étude publiée en 2001 dans la Revue internationale de neurosciences (*International Journal of Neuroscience*) a montré que le massage améliore la productivité au travail et réduit le nombre des accidents du travail.

Une autre manière de se faire masser consiste à s'asseoir 5 minutes dans un bain à remous. Cela peut être vraiment relaxant parce qu'outre le massage des jets d'eau, la sensation et le son de l'eau chaude qui afflue dans le bassin ont aussi un effet calmant, comme les vagues de l'océan qui viennent déferler sur la plage. Vous pouvez faire installer un système de bains à remous dans votre salle de bain, et la plupart des centres de remise en forme disposent également de bains à remous que les hôtes peuvent utiliser pour un prix modique en plus du coût de l'adhésion.

Chapitre 11

Imaginez un espace de calme

DANS CE CHAPITRE :

- **Aiguisez votre imagination**
- **Visualisez votre propre voie vers la relaxation totale**
- **Créez vos propres images**
- **Développez vos capacités d'observation**

Les gens qui ont une imagination fertile (en faites-vous partie ?) peuvent s'imaginer au milieu de toutes sortes de situations angoissantes. Donnez-leur juste un moment pour flirter avec une idée, et ils sont partis pour un nouveau trip d'anxiété.

Heureusement, on peut revenir sur ses pas, et retourner à un endroit plus calme lorsque l'on sait utiliser la *visualisation guidée.*

Cette technique a marché pour **Sarah**. Des pensées tendues envahissent chacun de ses moments de veille. De l'instant où elle saute du lit le matin, à la dernière pensée palpitante qui précède le moment où le sommeil agité la prend avec miséricorde, Sarah pense. Elle rejoue dans sa tête chaque moment d'anxiété vécu au travail et ressasse chaque erreur qu'elle s'imagine avoir commise pendant la journée. Elle visualise chaque défaut de son maquillage, de son tailleur et de sa constitution physique. Des images d'incompétence, d'insuffisance et de manque d'attrait affluent dans son esprit.

Pour réduire le stress et l'anxiété qui saturent les scènes de son esprit, elle décide de faire appel à un coach de renom. Celui-ci lui enseigne plusieurs techniques de respiration, mais Sarah n'arrive pas à retenir l'avalanche d'images anxieuses. Elle essaie ensuite la relaxation musculaire progressive, plus tard le massage, puis la musique et l'aromathérapie, sans résultat. Finalement, le coach a une inspiration : « Sarah pense en images. Elle a besoin de la technique de visualisation guidée ! »

La visualisation guidée se sert de votre imagination pour imaginer un moment ou un espace agréable et relaxant. Les meilleures images font appel à tous vos sens. Lorsque vous les visualisez, vous voyez, vous entendez, vous sentez, vous ressentez et vous avez peut-être même des sensations de toucher. Dans le cas de Sarah, ses images étaient pleines de situations anxiogènes. Lorsqu'elle a essayé d'autres techniques de relaxation, celles-ci ont échoué parce que des images angoissantes remplissaient encore son esprit. Avec la visualisation guidée, pourtant, la richesse des expériences paisibles écarte les autres préoccupations.

Dans ce chapitre, nous allons vous montrer comment employer votre imagination. Puis nous allons vous donner plusieurs scénarios que vous allez pouvoir jouer dans votre esprit. N'hésitez pas à les modifier comme bon vous semblera. Finalement, vous pourrez personnaliser vos propres images mentales spéciales.

Laissez errer votre imagination

Certaines personnes considèrent qu'elles manquent plutôt d'imagination et qu'elles ont du mal à former des images dans leurs esprits. Ces personnes sont en général mal à l'aise lorsqu'il s'agit de dessiner quelque chose, et elles ont du mal à se souvenir des détails d'événements auxquels elles ont assisté. Peut-être est-ce votre cas. Si oui, l'utilisation de l'imagination pour vous détendre et réduire votre anxiété ne sera peut-être pas la bonne méthode pour vous.

Mais qui sait, peut-être que ça marchera quand même. La visualisation guidée ne fait pas appel qu'au seul sens visuel ; elle inclut l'odorat, le goût, le toucher et l'ouïe. Nous pouvons vous aider à aiguiser tous ces sens.

ATTENTION !

Nous vous recommandons d'essayer ces exercices, mais chacun d'eux a des points forts et des points faibles différents, et vous trouverez peut-être qu'un ou plusieurs de ces exercices ne marche pas pour vous. Si vous découvrez que la visualisation guidée n'est pas faite pour vous, ce n'est pas grave. Ce livre vous propose de nombreuses autres façons de vous relaxer.

CONSEIL

Avant de réaliser une des séries d'étapes numérotées des exercices de visualisation guidée dans ce **chapitre** :

1. **Asseyez-vous ou allongez-vous dans un endroit confortable.**
2. **Veillez à bien desserrer tout vêtement trop ajusté ou toute chaussure trop serrée.**
3. **Fermez les yeux et respirez plusieurs fois profondément et lentement.**

Imaginez la sensation de toucher

Les exercices de visualisation donnent les meilleurs résultats lorsqu'ils font appel à plus d'un seul sens. Le fait d'imaginer des sensations corporelles, cela renforce l'expérience générale de détente, de visualisation guidée. Procédez comme suit pour voir comment cela marche :

1. **Représentez-vous une grande baignoire de luxe.**
2. **Imaginez que vous êtes en train de tourner le robinet et que vous sentez l'eau qui en jaillit.**

   Vous sentez le contact de l'eau et vous sentez qu'elle est froide alors qu'elle coule sur votre main. La température augmente progressivement pour atteindre un niveau optimal.
3. **La baignoire se remplit et vous pouvez maintenant vous imaginer en train de verser de l'huile de bain et de la mélanger à l'eau.**

   Sentez que l'eau devient soyeuse.

4. **Trempez votre pied dans l'eau.**

   L'eau est juste un tout petit peu trop chaude au début, mais vous trouvez que la chaleur vous soulage après avoir immergé votre corps dans la baignoire.

5. **Renversez la tête en arrière et laissez-vous aller dans cette eau lisse, douce et chaude.**

   Vous sentez qu'elle vous enveloppe alors que la chaleur détend vos muscles.

Avez-vous pu sentir les sensations : celle du contact de l'eau, et la chaleur soyeuse ? Si ce n'est pas le cas, ne désespérez pas. Vous pouvez améliorer votre perception en consacrant seulement 5 minutes par jour à faire de façon active une expérience réelle et en confiant ensuite cette expérience à votre mémoire. Essayez l'un ou plusieurs des exercices suivants chaque jour pendant cinq jours, et vous pourrez ensuite essayer d'autres exercices si vous le souhaitez. Veillez simplement à vous concentrer sur la sensation de toucher.

» **Tenez vos mains sous de l'eau à des températures différentes.**

  Observez ce que sentent vos mains. Mieux encore, remplissez le lavabo et immergez vos mains dans l'eau pour économiser l'eau.

» **Frottez de l'huile de massage sur le dos de votre main et sur votre poignet**. Observez ce que vous ressentez avec cette huile.

» **Prenez un bain chaud et observez les sensations de bien-être, de chaleur et de volupté.**

  Concentrez-vous sur les sensations corporelles.

» **Trempez un gant de toilette dans de l'eau chaude, essorez-le et placez-le sur votre front**. Remarquez la chaleur et la texture du linge.

» **Asseyez-vous en face de la cheminée, et observez les endroits où la chaleur atteint votre corps.** Faites l'expérience de la chaleur.

Après avoir exécuté l'un des exercices qui précèdent, attendez 1 minute. Puis essayez d'évoquer dans votre esprit les sensations ressenties. Le lendemain, faites l'exercice, attendez 5 minutes, puis évoquez les sensations. Chaque jour, allongez un peu la durée entre l'expérience proprement dite et votre évocation mentale de cette expérience.

Rappelez-vous des sons

Il n'est nullement besoin d'être musicien pour apprécier la musique ou pour la recréer dans son esprit. La visualisation guidée vous demande souvent de recréer dans votre esprit les sons de la nature pour augmenter la relaxation. Appliquez les instructions qui suivent pour essayer d'imaginer le son d'une plage au bord de l'océan :

1. **Imaginez-vous allongé à la plage.**

   Vous entendez les vagues de l'océan déferler l'une après l'autre sur la plage. Elles arrivent et se retirent. Leur roulement doux vous apaise et vous détend. Elles arrivent et se retirent.

2. **Dans votre esprit, écoutez chaque vague approcher avec un crescendo au moment où elle déferle doucement sur la plage.**

   Un bref moment de calme suit immédiatement, alors que la prochaine vague se prépare à déferler. Quelques mouettes crient en passant au-dessus de votre tête.

Avez-vous entendu l'océan et les mouettes ? Vous pouvez améliorer votre aptitude à recréer des sons dans votre esprit en faisant d'abord l'expérience de la situation réelle. Vous pouvez aussi réfléchir à d'autres manières de pratiquer l'écoute de ces sons avec votre esprit.

- **Écoutez un court passage d'une de vos chansons préférées**. Passez-la plusieurs fois et écoutez chaque note. Centrez-vous et concentrez-vous sur la chanson.
- **Asseyez-vous dans un fauteuil de votre salon et mettez-vous à l'écoute**. Débranchez ou éteignez les téléphones, la chaîne stéréo et tout autre source de

bruit. En fermant les yeux et en écoutant attentivement, observez chaque son que vous entendez, peut-être la circulation au dehors, un chien qui aboie, une brise légère ou le grincement du plancher.

» **Écoutez le son que vous produisez vous-même en mangeant une pomme, une tige de céleri ou une carotte**. C'est non seulement bon pour la santé, mais en plus vous allez entendre des sons intéressants. Mâchez lentement et écoutez-vous croquer. Observez le son dur initial lorsque vous mordez, puis le son plus sourd lorsque vous mâchez.

À la suite de chacune de ces expériences, attendez 1 minute. Puis reproduisez les sons dans votre esprit. Écoutez-les à nouveau. Ne vous en faites pas si vous n'y arrivez pas. L'expérience aidant, vous allez sûrement vous améliorer. Augmentez chaque jour un peu le temps d'attente entre l'expérience proprement dite et l'évocation de l'expérience dans votre esprit.

Évoquez des odeurs dans votre esprit

Nos chiens ont un odorat bien meilleur que le nôtre. On dirait qu'ils savent exactement quel buisson doit être à nouveau marqué sur le chemin qu'ils empruntent. Nous sommes sûrs qu'ils savent exactement quel chien rival a fait quoi à quel buisson. Peut-être que c'est en fait une bonne chose que nous ne puissions pas sentir les odeurs aussi bien qu'eux !

Mais l'odeur exerce aussi une puissante influence sur les gens. Certaines odeurs nous avertissent d'un danger, comme l'odeur de la fumée ou de la nourriture qui se gâte, alors que d'autres évoquent inévitablement des souvenirs et des sentiments agréables, comme l'odeur de votre petit pain cuit au four préféré ou celle d'un être aimé. Voyez si cette description transporte une odeur dans votre esprit :

1. **Imaginez que vous êtes endormi sous un porche abrité, dans une maison de campagne nichée dans la forêt.**

Vous avez été conscient qu'il a plu régulièrement et légèrement toute la nuit. Lorsque vous vous réveillez, le soleil brille.

2. **Dans votre esprit, vous sentez la douce odeur de l'air pur, clair et frais.**

   Vous prenez conscience de l'odeur de terre du sol de la forêt lavé par la nature.

3. **Étirez-vous et respirez profondément.**

   Vous détectez l'odeur des feuilles mortes qui se décomposent. Une sensation agréable et rafraîchissante vous submerge.

Comment avez-vous senti cette scène dans votre esprit ? L'odorat est un sens primitif, et il n'est peut-être pas très facile de le reproduire par l'imagination. C'est peut-être aussi dû au fait qu'il est plus difficile de décrire une odeur avec des mots. Pourtant, avec de l'entraînement, vous allez probablement vous améliorer. Essayez quelques-unes des activités suivantes pour développer votre odorat en imagination :

- **Préparez-vous un bol de chocolat chaud.** Avant de le boire, passez 1 minute à respirer son arôme. Concentrez-vous sur l'odeur lors de chaque gorgée.
- **Faites cuire des petits pains.** Pour vous simplifier la tâche, vous pouvez acheter des petits pains précuits qu'il suffit de mettre au four sur une feuille de papier à cuisson. Restez dans la cuisine pendant qu'ils cuisent. Ouvrez plusieurs fois la porte du four pour intensifier l'expérience.
- **Dans un grand magasin, allez au rayon parfumerie et essayez divers parfums.** Essayez d'en décrire les différences.

Ensuite, essayez de vous rappeler 1 minute plus tard quelle odeur vous avez senti. Allongez chaque jour un peu la durée avant d'essayer de vous souvenir des odeurs. Ne vous en faites pas si vous trouvez cela difficile. C'est le cas pour beaucoup de gens.

Souvenez-vous des goûts

Quels sont les aliments que vous associez au confort et à la relaxation ? Certains pensent à un bouillon de poulet ou à une tisane. L'un de nous mange un pain chaud au chocolat lorsqu'il est vraiment stressé, alors que l'autre se fera plaisir avec de la crème glacée, de préférence à la vanille avec du chocolat ou du caramel. Vous salivez déjà ? Sinon, essayez de jouer cette scène imaginaire :

1. **Imaginez une délicieuse truffe au chocolat.**

   Vous ne savez pas exactement ce qu'il y a dedans, mais vous vous réjouissez à l'idée de le découvrir.

2. **Dans votre imagination, portez la truffe à vos lèvres et mordez-en lentement un coin.**

   Le chocolat riche et sucré couvre votre langue.

3. **Si vous le souhaitez, prenez maintenant une autre bouchée pour découvrir le cœur de la truffe, crémeux et fruité.**

   Vous n'avez encore jamais dégusté quelque chose d'aussi riche et délicieux et cependant pas trop fort. L'arôme de cerise sucré mais légèrement piquant emplit votre corps de satisfaction.

Avez-vous pu déguster la truffe avec votre imagination ? Peut-être que c'était plus facile que les expériences avec l'odeur. D'une manière comme de l'autre, vous pouvez améliorer par la pratique votre aptitude à vous souvenir de goûts. Essayez l'un ou plusieurs des exercices suivants :

- **Achetez un éclair au chocolat**. D'abord, goûtez le l'éclair du bout de la langue. Tenez-le dans la bouche et déplacez-le à divers endroits de votre langue. Puis mâchez-le et observez les arômes du glaçage et de la pâte et de la crème qui se mélangent.
- **Ouvrez une bouteille de votre soupe préférée et faites-la réchauffer**. Versez-en un peu dans une tasse ou dans un bol. Prenez-en une petite cuillerée dans la bouche. Attention à ce qu'elle ne soit pas trop chaude.

Observez comment la soupe est goûtée par chacune des zones de votre langue.

Vous pouvez pratiquer cette activité centrée sur le goût avec tout aliment de votre choix. L'important, c'est d'y consacrer un peu de temps et de se concentrer. Savourez les goûts et faites attention aux nuances : sucré, aigre, amer ou salé. Essayez ici aussi de vous rappeler les goûts 1 minute après l'exercice. Puis, chaque fois que vous refaites l'exercice, allongez un peu plus la période entre l'expérience proprement dite et son évocation.

Peignez des tableaux dans votre esprit

Nombre de nos patients nous parlent de scènes et de désastres anticipés qui envahissent leur imagination de catastrophes. Ces scènes leur causent davantage d'anxiété que les événements désastreux eux-mêmes. L'évocation d'images peut alimenter l'anxiété, mais vous pouvez au contraire vous en servir pour vous aider à noyer les feux de l'anxiété. Essayez de peindre le tableau suivant dans votre esprit :

- Imaginez que vous êtes dans une station de montagne à la fin de l'été.
- Vous avez passé la journée à faire une randonnée pédestre à travers la forêt. Maintenant, vous vous détendez sur le toit de votre cabane, qui surplombe un lac de vallée entouré de sommets de montagne.
- L'eau est calme à la surface du lac ; la surface bleu sombre reflète des images des arbres et des montagnes qui sont très nettes. Le soleil se couche derrière le sommet d'une montagne, ce qui donne aux nuages de brillantes lueurs de rouge, d'orange et de rose. Les sommets des montagnes sont couverts de neiges éternelles. Des sapins vert sombre se dressent fièrement au-dessus d'un tapis de pignes et d'aiguilles.

À quoi cette scène a-t-elle ressemblé dans votre esprit ? Si vous vous entraînez à aiguiser votre aptitude à visualiser, vous deviendrez un témoin oculaire expert. Où que vous soyez, prenez une minute pour inspecter l'environnement. Peu importe ce que c'est. Scrutez l'image devant vous sous tous ses angles. Observez les couleurs, les textures, les formes, les proportions et les positions. Puis fermez les yeux. Essayez, dans votre esprit, de vous souvenir des images. Concentrez-vous sur chaque détail. Vous pouvez pratiquer cela où que vous soyez et à n'importe quel moment. Cela prend juste quelques minutes. Chaque jour, attendez un peu plus longtemps après avoir quitté la scène que vous venez juste d'étudier avant d'essayer de vous rappeler de ses images.

L'ATTENTION CONSCIENTE, POUR TROUVER LA PAIX DANS LE MOMENT PRÉSENT

Nos exercices visant à aiguiser les sens forment en fait une partie d'une méthode plus puissante destinée à surmonter l'anxiété, appelée méthode de l'*attention consciente*, que nous approfondissons au **chapitre** 16. L'attention est une technique qui est utilisée depuis plusieurs milliers d'années dans les mondes à la fois séculiers et religieux de l'Orient. Elle vous fait vous immerger dans le présent avec votre conscience toute entière. Lorsque vous vous consacrez entièrement à votre environnement immédiat, les prédictions catastrophiques concernant l'avenir s'éloignent et l'anxiété tombe. L'attention consciente au moment présent n'a trouvé son chemin dans la psychologie occidentale que récemment. Toutefois, au cours des quelques dernières années, des scientifiques ont découvert que la pratique de ce type d'attention peut constituer un complément substantiel à d'autres approches destinées à réduire l'anxiété. Nous vous recommandons de travailler à aiguiser la perception de vos expériences, puis de lire le **chapitre** 16 pour en savoir plus.

La visualisation avec tous les sens

La meilleure visualisation et la plus efficace est celle qui inclut plusieurs sens. Pas nécessairement chacun des sens à chaque fois, mais pour la plupart des gens, plus de sens y participent, mieux c'est. Si vous n'êtes pas habitué à utiliser un ou deux de vos sens, essayez de vous concentrer sur l'emploi de vos sens qui sont les plus développés. Dans les sections suivantes, nous allons vous proposer deux scènes de visualisation pour que vous essayiez d'utiliser la plupart de vos sens afin de vous souvenir d'une expérience.

Si vous aimez les scènes que nous proposons, utilisez-les. Peut-être même voudrez-vous enregistrer l'une d'entre elles. Dans ce cas, n'hésitez pas à modifier la scène à votre convenance pour pouvoir l'imaginer de façon plus vivante, ou si cela vous aide à vous sentir plus tranquille. Enregistrez vous-même une cassette audio en lisant les sections qui suivent, puis écoutez-vous sur la cassette pour vous détendre. Vous pourrez peut-être ajouter un son de vagues en fond sonore lorsque vous enregistrerez la scène « Détendez-vous à la plage ». De même, vous pourriez passer une cassette de bruits de forêt pour donner un fond sonore à la scène intitulée « Une forêt imaginaire ». Vous trouverez aussi des enregistrements de ce type dans le commerce.

Détendez-vous à la plage

À ESSAYER

1. **Imaginez que vous marchez pieds nus sur une plage de sable un jour où il fait beau et chaud.**

   Le sable est chaud sous vos orteils. En atteignant l'océan, vous sentez l'eau fraîche et rafraîchissante qui vous recouvre les pieds, et l'air vif et frais, et vous inspirez profondément ; vous êtes submergé par une sensation de calme.

2. **Vous continuez de marcher pour arriver à un endroit où les rochers surplombent les vagues.**

   Une vague s'écrase sur les rochers et pulvérise de la brume en l'air ; de petites gouttelettes vous éclaboussent le visage, et elles sont délicieusement rafraîchissantes.

3. **Les mouettes planent sans effort bien au-dessus de vous, et elles plongent en rasant la surface de l'eau.**

   Elles ressemblent à des acrobates des cieux, qui apparaissent et disparaissent avec grâce. Le ressac et les mouettes orchestrent une musique apaisante. Un peu plus loin sur la plage, une chaise longue en bois semble vous inviter.

4. **Vous vous rendez tranquillement au transat et, une fois allongé, vous vous étirez.**

5. **Comme par magie, vous trouvez un verre de votre cocktail préféré, délicieux et glacé, sur une petite table à côté de vous.**

6. **En sirotant votre cocktail et en sentant la boisson fraîche vous remplir la bouche et glisser dans votre gorge, vous êtes rafraîchi et satisfait, serein et content.**

7. **Vous jetez un œil à l'horizon, et vous remarquez que deux bateaux à voile ondulent paresseusement au loin.**

   Vous sentez la chaleur du soleil qui baigne votre peau ; en même temps, une brise douce la rafraîchit dans un équilibre parfait. Vous ne vous êtes jamais senti aussi détendu de votre vie.

8. **Vous vous étirez et vous fermez les yeux.**

   Vous sentez tous les muscles de votre corps qui se relâchent. Vous êtes à moitié endormi, et alerte en même temps. La beauté de la nature vous emplit de respect, et elle fait fondre vos soucis.

Une forêt imaginaire

À ESSAYER

1. **Imaginez que vous marchez à travers des pins et des broussailles.**

   La sève des arbres a une odeur douce et âcre. Vous entendez les branches qui bruissent au vent. La lumière du soleil est filtrée par le feuillage, ce qui fait danser des ombres sur le sol.

2. **Vos pieds marchent sur ce sentier recouvert de couches de feuilles qui datent de plusieurs années.**

   Vous entendez le bruit d'un ruisseau dans le lointain.

3. **Vous prenez une gourde dans votre sac à dos, et vous buvez un peu d'eau.**

   En buvant à petites gorgées, vous vous sentez en paix et vous commencez à vous détendre. Vous entendez des oiseaux chanter au-dessus de vous.

4. **Au fur et à mesure que vous montez, les arbres s'amincissent.**

   Vous atteignez le ruisseau, dont l'eau claire circule rapidement au-dessus et autour des petits rochers de son lit.

5. **Baissez-vous pour toucher l'eau ; elle est fraîche, propre et pure.**

6. **Éclaboussez votre visage avec un peu de cette eau fraîche ; vous vous sentez nettoyé.**

   Vous remarquez un pré verdoyant avec d'innombrables fleurs sauvages. L'odeur des fleurs flotte doucement dans l'air.

7. **En marchant, vous atteignez un endroit confortable recouvert d'herbe. Asseyez-vous.**

   De là, vous avez une vue qui porte à plusieurs kilomètres et vous pouvez observer l'horizon. L'air est pur et propre. Le soleil est chaud sur votre peau. Le ciel est une toile de fond bleue, brillante, devant laquelle flottent quelques nuages blancs ondulés.

8. **Vous avez sommeil et vous vous allongez.**

   Vous sentez votre corps tout entier qui se détend. Vos préoccupations quotidiennes vous semblent dérisoires. Tout ce qui compte, c'est l'instant présent. Vous savourez cette expérience d'harmonie avec la Terre.

Personnalisez vos images

Vous pouvez créer votre propre voyage imaginaire. Cela peut être dans un endroit où vous vous êtes rendu auparavant, ou un lieu que vous n'avez jamais vu. Essayez plusieurs endroits pour voir comment ils marchent pour vous. De nombreuses personnes utilisent la visualisation en tant que moyen pour s'endormir. D'autres utilisent ces images pour les aider à se détendre avant un événement stressant, comme avant de passer un test. Nous avons quelques conseils pour vous aider à concevoir votre visualisation pour la relaxation :

- Le conseil le plus important, c'est d'y prendre plaisir.
- Soyez créatif ; laissez libre cours à vos idées les plus folles, afin d'obtenir des scènes qui soient bonnes pour vous, quelles qu'elles soient.
- Utilisez plusieurs sens, plus le nombre des sens qui participent est élevé, mieux c'est.
- Ajoutez des détails descriptifs. Employez un dictionnaire de synonymes pour trouver des adjectifs évocateurs.
- Faites en sorte que votre scène soit suffisamment longue et qu'elle dure un petit moment. Il faut du temps pour que votre corps se détende.
- Vous pourriez peut-être écouter de la musique apaisante ou des bruits de fond en enregistrant la cassette.
- Veillez à inclure des suggestions relaxantes comme « Je me sens plus calme », « Mes soucis fondent » ou « Mon corps se sent détendu et relaxé. »
- Sachez que pour créer une image, il n'y a pas de bonne ou de mauvaise façon. Ne jugez pas votre scène.
- Si cela ne marche pas, ne vous en faites pas. Vous trouverez de nombreuses autres manières de vous détendre.

TOUT EST BIEN QUI FINIT BIEN

Les athlètes utilisent couramment des images pour les aider à réduire l'anxiété de la performance. En outre, nombre d'entre eux se créent des images de succès. Par exemple, une gymnaste pourrait se visualiser de très nombreuses fois en train d'exécuter une sortie parfaite de la poutre. Un coureur pourrait se visualiser en train de surmonter sa douleur et d'étendre les jambes pour obtenir la première place au finish, maintes et maintes fois. Diverses études indiquent que la visualisation peut donner un coup de pouce supplémentaire aux athlètes.

Une autre manière d'utiliser la visualisation consiste à faire face à vos peurs d'une manière moins stressante que lorsque vous y êtes exposé dans la vie réelle. Pour cela, imaginez-vous maintes et maintes fois en train de surmonter vos peurs. Nous vous expliquons comment procéder au **chapitre** 6.

Chapitre 12

Soulagez l'anxiété avec des plantes médicinales et des compléments alimentaires

DANS CE CHAPITRE :

» **Il faut se faire bien conseiller pour utiliser les plantes médicinales**

» **Parlez-en à votre docteur**

» **Attention aux combinaisons dangereuses**

» **Découvrez les remèdes naturels contre l'anxiété**

« Ingrédients 100 % naturels ! »

« La voie de la nature ! »

Les slogans publicitaires comme ceux qui précèdent semblent bons pour la santé, et ils sont attirants. Surtout pour les gens qui frissonnent à l'idée d'avaler des produits chimiques pour soulager l'anxiété, et qui les compléments alimentaires et les plantes qui poussent dans la nature peuvent réduire leur anxiété sans danger ou sans effet secondaire angoissant. Il n'est pas étonnant que les ventes de vitamines, de plantes et de compléments alimentaires aient monté en flèche au cours des dernières années.

Dans ce chapitre, nous allons tout vous dire sur les plantes et sur les compléments alimentaires contre l'anxiété. Mais ce qui est encore plus important, nous allons vous communiquer les dernières informations sur l'efficacité de ces remèdes, y compris des avertissements sur leurs dangers et sur leurs inconvénients possibles.

ATTENTION !

Parlez à votre médecin des produits soi-disant naturels que vous consommez pour quelque raison que ce soit, afin d'éviter de mélanger des produits dont l'interaction pourrait être dangereuse.

À la recherche de compléments alimentaires

Les compléments alimentaires comprennent les vitamines, les acides aminés les oligo-éléments, les enzymes, ou certaines plantes réputées améliorer la santé et/ou les fonction de l'organisme. Ces compléments sont commercialisés sous diverses formes : capsules, poudres, comprimés, tisanes, liquides et granulés. On peut les acheter en pharmacie ou para-pharmacie, dans des magasins diététiques, dans les rayons diététiques des grandes surfaces ou sur des sites internet (mais attention à la vente par correspondance de produits dont on ne connaît pas l'origine).

On attribue aux compléments alimentaires des effets bénéfiques sur la santé (tonus, sommeil, système immunitaire, os, peau, cheveux, spasmophilie, anxiété...)

ATTENTION !

Beaucoup de personnes recherchent des compléments alimentaires parce qu'elles supposent qu'ils comportent moins de dangers que les médicaments vendus sur ordonnance. Ce n'est pas forcément le cas. Les compléments alimentaires ne sont pas considérés comme des médicaments et ne font donc pas l'objet des mêmes examens rigoureux que la plupart des médicaments. Avant d'obtenir l'autorisation de mise sur le marché, un laboratoire pharmaceutique qui produit un médicament délivré sur ordonnance doit effectuer des essais cliniques pour établir le caractère inoffensif, l'efficacité, le dosage et les possibilités d'interactions nuisibles avec d'autres médicaments.

En France, le complément alimentaire est doté d'un objectif santé et doit s'inscrire dans un cadre défini par la législation. Il doit répondre à l'obligation de se situer au-delà du champ d'action d'une médication tout en apportant au consommateur les informations sur les bénéfices attendus. En outre, la directive européenne de 2002 portant sur l'harmonisation de la réglementation et notamment des règles de composition et de présentation de ces produits, vise à améliorer la libre circulation des compléments alimentaires tout en garantissant une meilleur protection du consommateur. Il n'en reste pas moins que les contrôles effectués par les réseaux de la DGCCRF (Direction générale du commerce de la concurrence et de la répression des fraudes) ont révélé au cours de l'année 2003 des taux de non conformité élevés (en terme de composition et d'étiquetage).

En ce qui concerne les allégations santé des compléments alimentaires, elles doivent répondre à un niveau de justification scientifique qui doit être proportionnel au niveau de leur revendication. Ce qui nécessite l'obtention d'un visa « publicité produit » délivré par l'AFSSAPS (Agence française de sécurité sanitaire des produits de santé).

Un autre problème concerne la diffusion des compléments alimentaires par des personnes non formées qui apportent au consommateur des informations qui laissent à désirer. Heureusement, vous pouvez aussi trouver des professionnels de la santé correctement formés qui pourront vous apporter des informations pertinentes. Attention aux conseils des vendeurs qui, selon les cas, peuvent ou non être utiles. L'histoire de Djamila n'est pas inhabituelle.

Un vendeur jeune et qui respire la santé sourit à **Djamila** lorsque celle-ci entre dans le magasin d'alimentation diététique. Elle lui dit qu'elle cherche un remède naturel pour l'aider à se calmer. Elle évoque ses difficultés de concentration, son mauvais sommeil et son irritabilité. Le jeune homme acquiesce et propose un régime de vitamines et de compléments alimentaires destiné à renforcer la résistance au stress, à améliorer la concentration et à soulager les symptômes d'anxiété de Djamila.

En prenant les flacons dans les rayons, il lui dit : « De la vitamine B pour vous revigorer, de la vitamine C pour combattre les infections. Voici des acides aminés, de la lysine L et de la tyrosine, et un composé, le 5-HTP. Des oligo-éléments : du calcium, du zinc, du potassium et du magnésium. Le varech est nourrissant. De la mélatonine pour le sommeil. Oh, et puis peut-être un peu de SAM-e pour améliorer votre humeur. Maintenant, les plantes médicinales : le houblon, la passiflore, la valériane, la citronnelle, la camomille et le kava. Prenez tout ça au moins 1 heure avant les repas. Mangez des glucides, c'est-à-dire des sucres rapides et lents avec ces compléments alimentaires, et pas de protéines. Et celui-là, il faut le prendre juste avant le coucher. »

LES INTERACTIONS DANGEREUSES

Aujourd'hui, c'est jour de paie, et les collègues de **Georges** l'invitent à prendre un pot. « Bien sûr, dit-il, je ne peux pas rester trop longtemps, mais je boirais bien une ou deux bières. La semaine a été dure. » En grignotant des amuse-gueule épicés, Georges finit deux bières en une heure et demie. Il titube un peu en quittant le tabouret de bar, et le barman lui demande si ça va. Georges le rassure : après tout, il n'a bu que deux bières.

En conduisant pour rentrer à la maison, Georges dérive sur la voie de gauche pendant un moment mais donne un coup de volant pour revenir sur la voie de droite. Juste à ce moment, il entend le Klaxon de la voiture derrière lui. Quelques instants plus tard, il voit clignoter les feux d'une voiture de police. Perplexe, il se range en bordure du trottoir. Malgré les signes manifestes de son ivresse, un Alcootest immédiatement effectué indique que son taux d'alcoolémie n'est que de 0,3 g/l, c'est-à-dire nettement inférieur à la limite autorisée. Que s'est-il donc passé ?

Georges s'est récemment plaint auprès de son médecin de se sentir stressé au travail. Son docteur lui a prescrit un médicament anxiolytique à faible dose, en l'avertissant de ne pas en abuser, car il pourrait en devenir dépendant s'il ne faisait pas attention. Georges a trouvé que le médicament était utile, qu'il l'a un peu calmé, mais ne le satisfait pas complètement. Un ami lui a conseillé d'essayer deux plantes. Georges s'est dit que ce serait une bonne manière naturelle d'améliorer l'effet du médicament prescrit, et que les plantes ne pouvaient certainement pas lui faire de mal. Au total, Georges avait combiné deux plantes anxiolytiques, un médicament anxiolytique prescrit sur ordonnance, et de l'alcool. Il a eu de la chance que la police lui demande de se garer, car il aurait pu causer un grave accident.

Ne l'oubliez pas, la consommation d'alcool, même modérée, combinée à des agents anxiolytiques peut intensifier l'effet sédatif au point d'entraîner une incapacité majeure, et même la mort. *Faites attention !*

La note est de 214 euros, et Djamila rentre chez elle en se sentant un peu débordée. Un jour, au travail, après l'ingestion d'une douzaine de comprimés, elle se rue aux toilettes pour vomir. Une amie, inquiète, lui demande ce qui l'a rendue malade. Djamila lui parle alors des compléments alimentaires qu'elle prend. L'amie lui suggère de consulter un naturopathe. Ayant suivi une formation sérieuse.

Djamila se rend chez un naturopathe, qui lui conseille de laisser tomber la majorité de ses achats au profit d'un complément multivitamine. Il lui explique en outre plusieurs techniques de relaxation, des séquences d'exercices, et lui conseille des guides pour s'aider soi-même. Au bout de quelques semaines, Djamila se sent renaître.

Vive les vitamines !

Le stress chronique éprouve l'organisme. Les résultats de plusieurs études montrent que des troubles d'humeur sont liés aux manques de vitamines, et notamment que des déficiences importantes peuvent aggraver l'anxiété. En conséquence, de nombreux experts recommandent la prise d'un complément multivitaminé. Veillez à ce qu'il contienne un complexe de vitamines B, en particulier les vitamines B1, B2, B6 et B12 ainsi que de la vitamine C et de la vitamine E. La carence en sélénium pourrait avoir un lien avec l'anxiété et la déprime. Le magnésium est recommandé pour son effet réputé calmant.

Les vitamines et les oligo-éléments peuvent-ils guérir votre anxiété ? C'est peu probable. Toutefois, ils pourraient peut-être simplement contribuer à garder votre organisme en meilleure forme pour faire face au stress auquel vous êtes soumis. Faites simplement attention et n'en prenez pas des quantités phénoménales car les vitamines peuvent aussi avoir des effets toxiques lorsqu'on dépasse les apports journaliers recommandés (AJR).

À cet égard, les fabricants sont tenus d'apposer sur l'étiquetage les pourcentages en AJR des différents micro-nutriments qui composent les compléments alimentaires.

Parmi tous les compléments alimentaires...

Si vous faites des recherches sur Internet et si vous cherchez aussi dans vos magasins d'alimentation diététique de votre quartier, vous trouverez peut-être plus d'une centaine de compléments alimentaires dont les vertus sont vantées comme antidotes contre l'anxiété. Mais est-ce qu'ils marchent ? Seuls quelques-uns, à notre connaissance. Ceux qui suivent ont au moins recueilli un brin de preuve à l'appui de leur valeur possible en tant qu'anxiolytiques.

» **La mélatonine** : cette hormone, dont la concentration atteint son maximum vers minuit, sert à réguler les rythmes du sommeil, les troubles de l'endormissement (c'est-à-dire les problèmes à s'endormir au bon moment, contrairement aux problèmes de réveil tôt le matin sans pouvoir se rendormir). La mélatonine de synthèse prise en début de soirée, quelques heures avant le coucher, pourrait soulager ce type d'insomnie, fréquente chez ceux qui souffrent d'anxiété excessive. Certains affirment qu'elle les aide à surmonter les problèmes de décalages horaires lorsqu'il y a plusieurs fuseaux de différence. Les travailleurs qui font les trois-huit avec des changements d'équipe disent qu'elle les aide à s'ajuster aux nouveaux horaires de sommeil.

ATTENTION !

Les effets secondaires tels que les étourdissements, l'irritabilité, la fatigue, les maux de tête et une légère dépression sont également possibles, mais les effets à long terme ne sont pas vraiment connus à ce jour. Par ailleurs, évitez de conduire ou de boire de l'alcool lorsque vous prenez de la mélatonine.

Si vous avez une maladie auto-immune ou si vous faites une dépression, vous devriez probablement éviter la mélatonine.

» **La S-adénosyl-L-méthionine (SAM-e)** : vanté pour soulager la douleur et la raideur de l'arthrose et de la fibromyalgie, on trouve cet acide aminé à l'état naturel dans l'organisme. Il peut également contribuer à traiter la dépression et l'anxiété. Toutefois, les recherches sur ce complément alimentaire restent insuffisantes. Il semble que le SAM-e augmente les taux de sérotonine et de dopamine dans le cerveau, ce qui pourrait théoriquement soulager l'anxiété. Les effets secondaires possibles sont des dérangements gastro-intestinaux, de la nervosité, de l'insomnie, des maux de tête et de l'agitation, mais encore une fois, on n'en sait pas beaucoup sur les effets possibles à long terme.

ATTENTION !

Ne prenez pas de SAM-e si vous souffrez d'un trouble bipolaire ou d'une dépression grave. Le SAM-e peut favoriser la manie, un état euphorique dangereux qui entraîne souvent un manque de discernement et des comportements dangereux.

» **Le 5-HTP (5-hydroxytryptophane)** : Ce composé augmente le taux de sérotonine dans le cerveau. Cette hormone joue un rôle crucial dans la régulation des humeurs et de l'anxiété. Il existe aussi des preuves que le 5-HTP peut augmenter le taux d'*endorphines*, ces antalgiques naturels produits au niveau du cerveau. (Voir le **chapitre** 10 pour en savoir plus sur les endorphines.) Malheureusement, seuls des résultats de recherches limitées sont disponibles sur ce composé. Ces études semblent indiquer que le 5-HTP peut réduire quelque peu l'anxiété.

  Les effets secondaires du 5-HTP les plus couramment signalés sont la nausée, la somnolence et une bouche sèche. D'autres effets secondaires relativement rares, sont les maux de tête, les étourdissements et la constipation.

ATTENTION !

Ne prenez pas de 5-HTP si vous utilisez déjà un autre antidépresseur. Évitez-le par ailleurs si vous avez des tumeurs ou une maladie cardio-vasculaire.

Certains médecins partisans de médecines douces recommandent fréquemment l'acide gamma amino butyrique (GABA). Ce composé peut avoir un effet légèrement tranquillisant, mais on ne dispose que de peu de données pour étayer cette thèse.

En outre, le magnésium pourrait améliorer la circulation sanguine et la relaxation musculaire, mais ici encore, peu de preuves viennent soutenir cette affirmation.

La chasse aux plantes utiles

Depuis environ une décennie, les gens affluent dans les magasins d'alimentation diététique, dans les épiceries et les drogueries à la recherche de remèdes sans danger et naturels contre leur anxiété. Les plantes médicinales promettent de réduire les symptômes du stress sans effet secondaire potentiel. Malheureusement, de nos jours, ce sont des vendeurs et vendeuses pourtant souvent sincères et bien intentionnés qui vendent ces produits, mais sans en connaître grand-chose hormis ce qu'il y a sur l'étiquette et sur les prospectus des fabricants. Quelques rares personnes ont toutefois reçu une formation intensive dans l'usage sans danger de la phytothérapie (le traitement des maladies par les plantes), mais même ces spécialistes ne disposent que de peu de renseignements auxquels ils puissent se référer.

Deux plantes, le kava et la valériane semblent réduire efficacement les symptômes d'anxiété. Dans les deux sections suivantes, « Le kava » et « La valériane (herbe-aux-chats) », nous allons vous indiquer les précautions importantes à prendre, les données sur les précautions ou le manque de données, et les dernières découvertes scientifiques sur ces deux plantes. La plupart de ces recherches ont été menées en Europe, car c'est là que l'intérêt y est particulièrement important.

Le kava

Les habitants des îles Marquise et de Hawaii, dans le Pacifique Sud, consommaient le kava à la fois par plaisir et pour se soigner. Ils l'utilisaient pour traiter toute une série de maux dont l'obésité, la syphilis et la gonorrhée, mais nous n'allons pas vous le recommander pour ces problèmes. Les habitants de ces îles l'employaient aussi pour la relaxation, contre l'insomnie, et pour réduire l'anxiété. Le kava est très utilisé en Europe pour combattre l'anxiété. Il semble qu'il agisse sur le système nerveux central, y compris le système limbique, qui régule les émotions.

Efficacité

À ESSAYER

Des études portant sur l'efficacité du kava semblent étayer les impressions des habitants des îles relatives à son aptitude à réprimer l'anxiété et peut-être à soulager l'insomnie.

Dosages

Les personnes qui semblent avoir bénéficié de la prise de kava lors des études scientifiques prennent en général 300 milligrammes (mg) d'extrait normalisé, qui contient 70 % de kavalactone (considéré comme le principe actif du kava), ce qui représente 210 mg de kavalactone pure répartis en deux ou trois doses prises durant la journée.

ATTENTION !

Le kava vendu en magasin peut contenir un pourcentage bien inférieur de kavalactone. Dans ce cas, il faut calculer le nombre total de milligrammes de kavalactone pure à l'aide de l'indication de pourcentage donnée sur l'étiquette. Malheureusement, ce renseignement n'est parfois pas fourni. Veillez à n'acheter le produit que si vous disposez de cette information. Les tisanes et autres breuvages contenant du kava ne vous donnent que rarement ce type de renseignement et, ce n'est pas étonnant, ils contiennent tellement peu de kavalactone qu'il est improbable que cela puisse faire quoi que ce soit pour réduire votre anxiété.

Précautions d'emploi !

L'usage du kava est déconseillé aux femmes enceintes ou qui allaitent, et de manière générale aux personnes qui souffrent de la maladie de Parkinson ou d'une maladie du foie. Cette substance peut interagir avec l'alcool ou d'autres anxiolytiques. Si vous consommez du kava, vous vous sentirez peut-être un peu somnolent, donc attention à ne pas conduire ou manœuvrer de machines. Ne prenez pas de kava en quantités importantes sur une période prolongée (pas plus longtemps que quatre à huit semaines). Un usage régulier de kava sur une période prolongée peut provoquer une décoloration de la peau ou des ongles, et rendre la peau sèche et squameuse.

ATTENTION !

Récemment, le gouvernement allemand a rapporté quelques cas de personnes ayant pris des doses élevées de kava qui avaient entraîné de graves problèmes au niveau du foie. Si vous prenez du kava en buvant de l'alcool régulièrement, arrêtez ! Si vous remarquez que votre urine est sombre ou que vos yeux jaunissent, arrêtez ! Si vous prenez d'autres médicaments qui peuvent nuire à votre foie, ne prenez pas non plus de kava !

La valériane (herbe-aux-chats)

La valériane est une plante d'Europe et d'Asie. Son nom vient de mots latins qui veulent dire « se porter bien ». On l'utilise contre les problèmes digestifs, l'insomnie et l'anxiété. Comme beaucoup d'herbes, la valériane est très employée en Europe et elle a également gagné en popularité aux États-Unis.

Efficacité

Plusieurs études avec des groupes de contrôle (placebo) semblent indiquer que la valériane améliore la qualité du sommeil des insomniaques. Quelques études contrôlées étayent l'utilisation de la valériane pour le traitement de l'anxiété. Elles sont pourtant assez peu nombreuses, et les vertus de la valériane sont plus clairement prouvées contre les troubles du sommeil que contre l'anxiété.

Dosages

On ne dispose pas encore de dosages pour le traitement spécifique de l'anxiété par la valériane. Pourtant, en ce qui concerne celui de l'insomnie, on recommande en général l'ingestion d'une quantité comprise entre 400 et 900 mg. Sachez que la qualité et la pureté des produits à base de valériane varient beaucoup. Ceux qui contiennent de l'acide valérique sont considérés de qualité quelque peu supérieure.

Avertissements !

Il semble que la valériane soit une plante relativement sans danger. Pourtant, l'usage est déconseillé aux personnes qui ont des problèmes de foie ou aux femmes enceintes ou qui allaitent. Les effets secondaires de cette plante peuvent inclure des dérangements gastriques, des maux de tête, et, parfois, des lésions au niveau du foie. Si vous en prenez à trop fortes doses, vous risquez de vous sentir désorienté, hypersensible, de faire de l'insomnie ou même d'avoir des hallucinations. À forte dose, la valériane peut interagir avec d'autres médicaments, donc faites attention aux combinaisons !

Pour le reste des plantes médicinales, attendons de voir

De nombreux autres remèdes contre l'anxiété à base de plantes sont présentés dans les livres, les magazines et sont présents en magasins. Des fabricants qui vendent par correspondance en font la promotion en arguant qu'il s'agit de méthodes sans danger et efficaces. Mais attention : de nombreuses plantes parmi celles-ci n'ont pas subi de tests de leur efficacité ou de leur caractère inoffensif. Nous vous recommandons de les éviter, parce qu'il existe tellement d'autres agents anxiolytiques et méthodes qui fonctionnent sans effet secondaire dangereux.

ATTENTION !

On n'a quasiment jamais réalisé d'études sur les effets des plantes médicinales prises par les femmes enceintes ou qui allaitent. Car personne ne veut prendre le risque de causer des dommages à un fœtus ou à un nouveau-né. Il vaut probablement mieux éviter des produits à base de plantes si vous êtes enceinte ou si vous allaitez. Tout au moins, consultez votre médecin avant de prendre des produits à base de plantes ou des compléments alimentaires. Nous ne disposons tout simplement pas de suffisamment d'informations pour justifier le risque.

En revanche, nous ne pensons pas que vous devriez vous faire de souci outre mesure si vous buvez de temps en temps des tisanes. La plupart de ces breuvages contiennent des quantités relativement faibles de la substance active et ne présentent probablement que de faibles risques. Mais si vous voulez vraiment surmonter votre anxiété à l'aide de plantes médicinales ou de compléments alimentaires, utilisez ceux dont les vertus sont le plus étayées par des études scientifiques. Vous êtes peut-être curieux de savoir quelles plantes sont souvent recommandées pour réduire l'anxiété. Le tableau 12-1 propose un aperçu des plantes les plus couramment employées à cet effet.

Les hommes utilisent des remèdes à base de plantes depuis des millénaires. Certains d'entre eux marchent. En fait, un nombre significatif de médicaments sont dérivés de plantes. Vous pouvez essayer une plante ou deux pour traiter votre anxiété. Nous vous recommandons de lire attentivement la documentation disponible sur chaque plante et de faire un choix informé avant de les acheter chez un distributeur sérieux.

ATTENTION !

Si vous souffrez d'un grave trouble d'anxiété, ne comptez pas que sur les plantes. Consultez un professionnel pour obtenir une thérapie et/ou un traitement.

TABLEAU 12-1 Des plantes médicinales plus médiatisées que prometteuses

Plante	État de la recherche	Dangers
La camomille	Insuffisant pour tirer des conclusions raisonnables sur son efficacité pour réduire l'anxiété.	De rares réactions allergiques sont possibles. Déconseillé à ceux qui souffrent de graves allergies à l'herbe à poux.
Le gingko biloba	Insuffisant pour tirer des conclusions raisonnables sur son efficacité pour réduire l'anxiété. Des données limitées semblent indiquer que cette plante peut améliorer la mémoire à court terme et/ou l'intellect. Elle peut être d'intérêt limité pour ceux qui souffrent faiblement de maladie d'Alzheimer ou de démence.	Les effets secondaires peuvent inclure dérangements gastriques, anxiété, insomnie, et complications de saignements. Éviter d'en prendre avec d'autres médicaments destinés à diluer le sang, ou avant ou après une intervention chirurgicale.
La citronnelle	Largement vantée pour ses vertus de soulagement de l'anxiété et de la tension corporelle. Pourtant, les travaux de recherche étayant son efficacité sont rares.	Semble être relativement sans danger.

Plante	État de la recherche	Dangers
Le houblon	Utilisé pour combattre la nervosité et l'insomnie. Il n'existe pas suffisamment de travaux de recherche pour étayer ces assertions.	Ne l'utilisez pas en cas de dépression.
Le ginseng	Souvent recommandé contre le stress et la fatigue. Bien que de nombreux consommateurs ne jurent que par lui, les études n'ont en général pas confirmé son efficacité. Quelques études semblent indiquer que cette plante crée une sensation de bien-être.	Parmi les consommateurs qui en prennent régulièrement de grandes quantités, on a remarqué de l'hypertension, de l'excitation et de l'insomnie. Cette plante pourrait interagir avec d'autres médicaments. Consultez votre médecin si vous prenez d'autres médicaments.
Le millepertuis (herbe de la Saint-Jean)	Recommandé habituellement pour combattre la dépression, mais aussi pour soulager l'anxiété. Un certain nombre d'études sur la dépression indique qu'il semble assez utile. Son utilisation contre l'anxiété n'est à ce jour pas encore étayée par la recherche, bien que la plupart des antidépresseurs réduisent l'anxiété dans une certaine mesure.	N'en utilisez pas si vous prenez d'autres antidépresseurs. Les effets secondaires comprennent l'hypersensibilité au soleil, les dérangements gastriques et les maux de tête. Peut avoir une interaction néfaste avec le vin ou le fromage.

Chapitre 13

Le calme sur ordonnance

DANS CE CHAPITRE :

- **Décidez de prendre ou non des médicaments**
- **Quelles sont vos possibilités ?**
- **Les anciens et les nouveaux médicaments sur le marché**
- **Pesez le pour et le contre : les effets bénéfiques et les effets secondaires**

Au cours des dernières décennies, on a observé une explosion de nouvelles connaissances des émotions, des maladies mentales et de la chimie du cerveau. Les scientifiques peuvent reconnaître les changements dans le cerveau qui accompagnent de nombreux troubles psychologiques. Des médicaments, nouveaux et anciens, sont destinés à pallier ces déséquilibres chimiques, et leur utilisation présente à la fois des avantages et des inconvénients.

Ce chapitre va vous aider à prendre une décision informée relative à la prise ou non de médicaments contre votre anxiété. Nous vous donnons ici des informations sur les médicaments les plus couramment prescrits et sur certains de leurs effets secondaires les plus communs. Vous et vous seul, en consultant votre professionnel de santé, pourrez déterminer ce qui fonctionne le mieux pour améliorer votre situation.

Comment prendre votre décision quant aux médicaments

La question de prendre ou non des médicaments pour combattre votre anxiété vous conduit à considérer différents aspects. C'est une décision qui ne doit pas être prise à la légère. Vous devriez en parler à votre thérapeute si vous en consultez un, de même qu'à votre médecin. Avant de vous décider à prendre des médicaments, qu'avez-vous déjà essayé pour soulager votre anxiété ? Avez-vous lu ce livre et essayé de suivre ses recommandations ? Avez-vous :

- écarté les obstacles sur la voie du changement ? (Voir le **chapitre** 3) ;
- effectué un suivi de vos angoisses sur une certaine période ? ;
- remis en question vos pensées anxiogènes, vos suppositions anxieuses et vos mots anxieux ? (Voir les **chapitres** 4 et 5) ;
- affronté vos peurs en face (Voir le **chapitre** 6) ;
- simplifié votre vie (Voir le **chapitre** 7) ;
- pratiqué de l'activité physique ? (Voir le **chapitre** 8) ;
- essayé d'améliorer votre sommeil ? (Voir le **chapitre** 9) ;
- essayé des techniques de relaxation ? (Voir les **chapitres** 10 et 11) ;
- mis en pratique l'attention consciente ? (Voir le **chapitre** 14).

CONSEIL

Hormis quelques exceptions importantes, que nous passons en revue dans ce chapitre, nous vous recommandons d'appliquer les conseils de la liste précédente avant d'y ajouter l'utilisation de médicaments. Pourquoi ? D'abord, différentes études semblent indiquer que certains médicaments peuvent en fait interférer avec l'efficacité à long terme des traitements de l'anxiété qui marchent le mieux. C'est particulièrement vrai pour les techniques qui utilisent l'exposition directe aux phobies et aux peurs (voir le **chapitre** 6). Ensuite, si vous essayez les techniques données ci-dessus, vous découvrirez peut-être bien que vous n'avez pas besoin de médicaments. Parmi nos techniques anxiolytiques, beaucoup ont le potentiel requis pour consolider le changement dans le long terme et pour affecter pour le meilleur votre vie toute entière.

Les inconvénients des médicaments

Il faut que vous réfléchissiez aux deux côtés de n'importe quelle décision importante. Les médicaments ont sans aucun doute un côté positif et un côté négatif. Ce dernier comprend :

» **La dépendance** : certains médicaments peuvent entraîner une dépendance physique et/ou mentale. Il peut être difficile d'arrêter de prendre ces médicaments, et même dangereux si cela n'est pas effectué correctement. (Pourtant, contrairement à ce que pensent certains, beaucoup de médicaments disponibles *n'entraînent pas de risque* de pharmacodépendance.)

» **Les effets à long terme** : nous ne disposons pas d'informations sur les effets possibles à long terme de certains des médicaments les plus nouveaux.

» **L'attitude** : certaines personnes n'aiment pas prendre de médicaments. Et c'est très bien, mais jusqu'à un certain point.

» **La grossesse et l'allaitement** : seuls quelques médicaments sont recommandés pour les femmes enceintes ou qui allaitent. Les effets potentiels sur le fœtus ou sur le bébé sont tout simplement trop grands.

» **Les effets secondaires** : la plupart des médicaments ont divers effets secondaires, comme des dérangements gastro-intestinaux, des maux de tête, des étourdissements, une bouche sèche, des dysfonctionnements sexuels. Rechercher avec votre médecin le bon médicament, celui qui soulagera votre anxiété sans vous causer d'effets secondaires trop gênants, cela pourra prendre quelque temps.

Les avantages des médicaments

Parfois, il est souhaitable de prendre des médicaments. En soupesant le pour et le contre, nous vous conseillons d'étudier attentivement les effets bénéfiques possibles des médicaments :

- Lorsqu'une dépression grave accompagne l'anxiété, les médicaments peuvent parfois procurer un soulagement plus rapide, surtout en présence d'une tendance suicidaire.
- Lorsque l'anxiété entrave gravement la vie de la personne qui en souffre, les médicaments peuvent parfois procurer un soulagement plus rapide que les changements de style de vie. Les gênes peuvent être :
  - **Des attaques de panique** qui se produisent fréquemment et entraînent de nombreuses et coûteuses visites à la salle des urgences de l'hôpital ;
  - **De l'anxiété** qui est si grave que le sujet doit cesser de travailler ou manquer des événements importants de sa vie ;
  - **Des compulsions et des obsessions** (voir le **chapitre 2**) qui prennent le contrôle de la vie et durent longtemps.
- Si vous avez essayé de mettre en pratique les recommandations de ce livre, consulté un thérapeute qualifié et si vous souffrez quand même encore d'une anxiété excessive.
- Si votre médecin vous dit qu'il vous faut rapidement maîtriser votre niveau de stress en raison d'une affection physique dangereuse, comme l'hypertension. La prise de médicaments contre l'hypertension peut aussi, dans certains cas, réduire le stress et donner au patient quelques années de plus à vivre.
- Si vous vivez un événement traumatique soudain, un bref traitement avec le bon médicament pourrait vous aider à le surmonter. Les traumatismes psychiques qui frappent

le plus souvent les gens à un moment ou à un autre de leur vie sont notamment :

- Le décès soudain d'un être aimé ;
- Un accident auquel on ne s'attendait pas ;
- Un désastre financier inattendu ;
- Une catastrophe naturelle, comme un ouragan ou un tremblement de terre ;
- Être victime d'un crime grave ;
- Être victime d'actes de terrorisme.

L'histoire de François constitue un bon exemple de l'aide que peut procurer la prise de médicaments pour surmonter une période difficile, mais temporaire.

François travaillait à New York, à seulement quelques rues du World Trade Center. Le 11 septembre 2001, il entendit la première explosion et quitta précipitamment son bureau pour voir ce qui se passait. Il vit les gigantesques nuages de fumée se diriger vers lui et constata, horrifié, que des gens tombaient de la tour. Puis il se joignit à la foule qui courait pour échapper à la couche de fumée et de débris qui approchait, et il put s'en tirer sans dommage physique grave.

Au cours des semaines et des mois qui suivirent, François a eu des problèmes pour dormir. Il ne pouvait pas arracher son esprit aux images horribles. Il se sentait nerveux et à cran, et il avait du mal à retourner au travail. Il se rendit chez son docteur, car tout semblait irréel. Son médecin lui dit qu'il souffrait d'un trouble de stress grave, et que si les symptômes continuaient pendant deux mois de plus, une thérapie serait conseillée. Mais il lui dit que pour commencer, il allait lui prescrire un antidépresseur qui lui procurerait un soulagement rapide et qui pourrait peut-être empêcher son état de devenir chronique.

Comprenez bien les diverses options médicamenteuses

Aujourd'hui, les médecins ont à leur disposition une gamme importante de médicaments pour traiter les troubles d'anxiété. De nouvelles substances et de nouvelles utilisations apparaissent chaque jour. Ne vous attendez pas à ce que notre liste couvre l'intégralité des médicaments possibles contre l'anxiété. Elle n'est pas destinée non plus à remplacer les conseils avisés d'un médecin.

ATTENTION !

Si vous décidez de demander à votre médecin qu'il vous prescrive un médicament, n'oubliez pas de lui donner les indications cruciales suivantes si celles-ci s'appliquent à votre cas. Cela peut permettre d'éviter un résultat catastrophique. Donc n'oubliez pas de signaler à votre médecin si vous :

- êtes enceinte ou prévoyez de l'être ;
- allaitez ;
- buvez de l'alcool ;
- prenez un autre médicament délivré sur ordonnance ;
- prenez un médicament sans ordonnance, quel qu'il soit ;
- prenez des préparations à base de plantes ou des compléments alimentaires ;
- êtes affecté par une maladie, comme l'hypertension, une maladie de foie, le diabète ou une maladie rénale ;
- avez eu des réactions négatives à certains médicaments par le passé ;
- avez des allergies, quelles qu'elles soient ;
- prenez la pilule contraceptive (car certains médicaments anxiolytiques en réduisent l'efficacité).

La plupart des médicaments prescrits contre l'anxiété appartiennent à l'une des catégories suivantes. Nous allons les passer en revue, ainsi que divers autres médicaments :

- Les antidépresseurs :
  - Antidépresseurs tricycliques ;
  - IMAO ;
  - Inhibiteurs sélectifs de la recapture de la sérotonine (ISRS) ;
  - Antidépresseurs atypiques ;
- Les benzodiazépines ;
- Divers tranquillisants ;
- Les bêtabloquants ;
- Les neuroleptiques ;
- Les stabilisateurs de l'humeur.

Vous remarquerez que certaines de ces catégories semblent un peu étranges. Par exemple, les antidépresseurs, qui sont utilisés pour traiter la dépression, et les bêtabloquants, qui sont utilisés contre l'hypertension, ne semblent pas être des groupes de médicaments pour traiter l'anxiété. Mais nous allons vous montrer qu'ils ont un rôle important à jouer pour certaines formes d'anxiété.

Les antidépresseurs

On utilise les médicaments antidépresseurs depuis de nombreuses décennies pour traiter l'anxiété. C'est intéressant, parce que l'anxiété et la dépression surviennent souvent ensemble. Et les deux problèmes semblent avoir quelques similitudes sur le plan de leurs causes biologiques.

Les IMAO

Les IMAO (inhibiteurs de la monoamineoxydase) constituent une des plus anciennes catégories de médicaments antidépresseurs. Ils inhibent une substance qui oxyde des neurotransmetteurs dont l'importance est cruciale dans le cerveau. Ce qui permet à ces neurotransmetteurs de rester en quantité suffisante pour réguler l'humeur. Les IMAO ne sont pas utilisés fréquemment, parce qu'ils entraînent des effets secondaires graves. Le plus grave de ces effets secondaires se produit lorsqu'un patient traité avec ce médicament mange des aliments qui contiennent de la tyramine, car cela peut provoquer une crise d'hypertension. Cet effet secondaire comprend une pointe de la pression sanguine qui pourrait entraîner un accident cérébral ou même la mort.

Malheureusement, de nombreux aliments contiennent de la tyramine :

- Les avocats ;
- La bière ;
- Le fromage ;
- Le saucisson sec ;
- Le soja ;
- Les tomates ;
- Le vin.

Néanmoins, les IMAO peuvent s'avérer efficaces lorsque d'autres antidépresseurs n'ont pas marché. Si votre médecin vous en prescrit, il a probablement de bonnes raisons. Pourtant, faites attention à ce que vous mangez, et évitez les aliments de la liste qui précède.

Les antidépresseurs tricycliques

Les antidépresseurs tricycliques allongent la durée de disponibilité du neurotransmetteur norépinéphrine pour les synapses nerveuses. Il est parfois nécessaire d'attendre entre deux et douze semaines avant que le traitement n'atteigne son efficacité maximale. Certaines personnes font temporairement l'expérience d'une anxiété *accrue* en prenant des antidépresseurs tricycliques. Environ 30 % des patients interrompent le traitement, notamment à cause des effets secondaires qui peuvent accroître l'anxiété et l'agitation.

C'est la raison pour laquelle les médecins qui prescrivent des médicaments anxiolytiques commencent par une dose faible et continuent avec des augmentations prudentes de la dose. En d'autres termes, ils vont prescrire une dose très faible au départ pour permettre à l'organisme de s'y adapter avec un minimum d'effets secondaires. Ils augmentent ensuite progressivement la dose afin de réduire au minimum les réactions négatives. De cette manière, cela peut prendre un certain temps avant que la dose efficace ne soit atteinte, mais le patient pourra probablement plus facilement tolérer le médicament.

Pourtant, même avec des précautions de posologie, les anti-dépresseurs tricycliques peuvent entraîner des effets secondaires importants, par exemple vertiges, prise de poids, bouche sèche, vision trouble et constipation. Certains de ces effets disparaissent avec le temps, mais beaucoup persistent quand même après plusieurs semaines. Les tricycliques sont dans certains cas détrônés par les ISRS, qui sont plus récents et entraînent moins d'effets secondaires gênants.

Les inhibiteurs sélectifs de la recapture de la sérotonine (ISRS)

Les ISRS ne sont entrés en scène qu'après que les tricycliques aient été présents sur le marché depuis environ trente ans. Les psychiatres étaient frustrés des effets secondaires des tricycliques et des inhibiteurs de la MAO, mais ils ne disposaient toujours pas d'alternative raisonnable. L'industrie pharmaceutique a consenti des efforts considérables pour élaborer de meilleures options.

Le premier venu a été le Prozac, suivi par un tas d'imitateurs. Les ISRS augmentent le taux de la sérotonine – un neurotransmetteur d'importance cruciale – au niveau des synapses nerveuses, en inhibant la réabsorption de la sérotonine dans les cellules nerveuses. Sachez que les ISRS ont des effets secondaires significatifs, bien que ceux-ci aient tendance à être moins importants que ceux des catégories précédemment citées, et que certains effets secondaires décroissent avec le temps.

Comme d'autres antidépresseurs, les ISRS permettent de traiter efficacement divers troubles d'anxiété. Reportez-vous au **chapitre** 2 pour une description des troubles d'anxiété. Les médecins prescrivent des ISRS pour traiter :

- L'agoraphobie ;
- Le trouble d'anxiété généralisé ;
- Le trouble obsessionnel compulsif ;
- Les attaques de panique et le trouble panique ;
- Les phobies spécifiques ;
- Les phobies sociales.

Parmi les options médicamenteuses, les ISRS sont considérés comme formant la première ligne de défense contre le trouble de stress post-traumatique.

Les antidépresseurs atypiques

Cette nouvelle catégorie d'antidépresseurs a pour cible d'autres neurotransmetteurs eux-mêmes importants ou importants en conjonction avec la sérotonine. Il semble qu'ils soient prometteurs pour le traitement de divers troubles d'anxiété.

ATTENTION !

Comme c'est le cas pour la plupart des médicaments contre l'anxiété, il vaut en général mieux que les femmes évitent d'en prendre durant la grossesse ou l'allaitement. Si c'est votre cas, demandez à votre médecin quelles sont les meilleures alternatives.

Les benzodiazépines

Mieux connues sous le nom de « tranquillisants » ou de « calmants », les benzodiazépines furent mises sur le marché il y a plus de quarante ans. De prime abord, elles semblaient représenter la panacée contre une foule de problèmes d'anxiété. Contrairement aux antidépresseurs, elles agissent rapidement, en réprimant souvent les symptômes au bout de 15 à 20 minutes. Ce n'est pas tout : elles peuvent être prises uniquement lorsqu'on en a besoin, lorsque l'on doit faire face à une situation qui déclenche l'anxiété, comme affronter une phobie, prononcer un discours, ou se rendre à un entretien d'embauche. Leurs effets secondaires ont également tendance à être moins dérangeants que ceux associés aux antidépresseurs. Et pendant environ vingt ans après leur lancement, on a considéré qu'elles présentaient moins de danger que les barbituriques, avec un risque moindre de surdose. Rapidement, elles devinrent le traitement standard de la plupart des troubles d'anxiété. Elles semblent fonctionner en renforçant une substance dans le cerveau qui inhibe l'excitabilité des cellules nerveuses. Que demander de mieux ?

Malheureusement, les benzodiazépines entraînent des problèmes graves. Après tout, rien n'est parfait. Elles présentent un risque significatif de pharmacodépendance (toxicomanie due à un médicament). Comme c'est le cas pour beaucoup de pharmacodépendances, l'arrêt de la prise de benzodiazépines peut s'avérer difficile, voire dangereuse. En outre, si vous arrêtez d'en prendre, il est quasiment certain que votre anxiété va réapparaître. Il est possible que l'anxiété causée par l'arrêt de la prise du médicament soit plus grave que celle d'avant le traitement.

On considère aussi que les benzodiazépines augmentent le risque de chute chez les personnes âgées. Et les chutes des personnes âgées leur causent souvent des fractures de la hanche. En outre, une étude récente semble indiquer que les benzodiazépines peuvent doubler le risque d'accident de voiture.

Ce risque augmente très rapidement lorsque les benzodiazépines sont prises en combinaison avec de l'alcool. En fait, les benzodiazépines posent un problème particulier à ceux qui ont des antécédents d'abus de drogues. Ces personnes en deviennent facilement dépendantes et sont plus exposées aux risques des interactions de ces médicaments avec l'alcool.

Il semblerait logique et humain de prescrire des benzodiazépines à ceux qui ont récemment subi un trauma. En effet, ces médicaments ont le potentiel d'améliorer le sommeil et de réduire à la fois l'excitation et l'anxiété. Pourtant, une étude récente publiée dans la Revue de psychopharmacologie clinique en 1998 (*Journal of Clinical Psychopharmacology*) a montré que leur administration prolongée commencée tôt après un trauma semble en fait augmenter ultérieurement le taux des cas d'état de stress post-traumatique caractérisé. (Voyez le **chapitre** 2 pour en savoir davantage sur l'état de stress post-traumatique.)

Il semblerait aussi logique de penser que la combinaison des benzodiazépines avec certains des changements comportementaux ou de manière de voir les choses qui peuvent réduire l'anxiété (voir les **chapitres** 4, 5 et 6) serait utile et synergique, et pourrait donner de meilleurs résultats que chacune des deux approches adoptées séparément. Pourtant, des études menées par le Dr Michael Otto, un psychologue de l'Hôpital général du Massachusetts, ont montré que le risque de rechute s'accroît lorsque ces médicaments sont combinés avec des changements de mode de pensée et de comportement. Dans le long terme, il semble préférable pour les anxieux d'apprendre des techniques de gestion de leur anxiété plutôt que simplement rechercher des solutions médicamenteuses, surtout s'il s'agit de benzodiazépines.

Néanmoins, les benzodiazépines restent l'une des approches les plus courantes du traitement des troubles d'anxiété, surtout chez les médecins généralistes. Cela peut être dû en partie à la popularité de ces médicaments et à leurs effets secondaires faibles. Et ils peuvent parfois jouer un rôle important, surtout pour lutter à court terme contre des phases aiguës de stress et d'anxiété, de même que pour les patients chez qui les autres médicaments n'ont pas marché. Nous recommandons simplement la prudence avec l'utilisation de ces agents.

Autres tranquillisants

Quelques rares tranquillisants ne sont pas apparentés, par leurs formules chimiques, aux benzodiazépines et semblent donc fonctionner plutôt différemment. Certains de ces médicaments agissent rapidement, avec un peu moins des effets indésirables constatés avec les benzodiazépines.

Les bêtabloquants

Étant donné que l'anxiété peut augmenter la pression artérielle, il n'est peut-être pas surprenant que quelques rares médicaments destinés au traitement de l'hypertension réduisent aussi l'anxiété. Parmi ceux-ci, les principaux sont les bêtabloquants, qui contrôlent la plupart des symptômes physiques de l'anxiété, tels que les tremblements, la tachycardie (accélération du rythme cardiaque) et les rougissements. Dans le traitement de l'anxiété, leur utilité est limitée avant tout aux phobies spécifiques, comme la phobie sociale et le trac. Ils jouissent d'une grande popularité parmi les musiciens, qui les utilisent avant un concert ou une audition pour surmonter leur peur de jouer en public.

MÉDICAMENTS ET VIE SEXUELLE

De nombreux médicaments destinés au traitement de l'anxiété et de la dépression entravent l'excitation sexuelle et la possibilité d'avoir un orgasme. Dans ce groupe de médicaments, les pires malfaiteurs sont les inhibiteurs sélectifs de la recapture de la sérotonine (ISRS). Nombreux sont les patients qui les prennent en étant tellement contents que leur anxiété soit réduite qu'ils hésitent à parler à leur médecin de cet effet secondaire. D'autres se sentent tout simplement trop gênés pour l'évoquer. Sachez que cet effet secondaire est extrêmement courant, et que votre médecin a sans aucun doute déjà entendu de nombreux patients lui en parler. Donc n'hésitez pas, parlez-en à votre médecin, pas besoin d'être embarrassé. Certains médicaments ont moins tendance que d'autres à causer cet effet secondaire, et votre docteur pourrait prescrire un changement de médicament. Ou, en alternative, il existe des médicaments que l'on peut utiliser pour traiter directement les effets secondaires sur le plan sexuel, tels que le Viagra. En consultant votre médecin, vous pourrez explorer avec lui les meilleures options.

Les neuroleptiques

Au cours des dernières années, une nouvelle catégorie de médicaments antipsychotiques a été mise sur le marché, il s'agit des *neuroleptiques*. Contrairement aux médicaments plus anciens, ils présentent un risque bien moins important d'entraîner certains effets secondaires graves, et ils peuvent être utilisés pour traiter une gamme bien plus grande de problèmes que seulement la psychose. Ils ont pour cible un neurotransmetteur différent de celui des ISRS, et on les utilise parfois en combinaison avec ces derniers. Lorsqu'on les emploie pour traiter les problèmes liés à l'anxiété, ces médicaments sont habituellement prescrits à des doses bien inférieures aux posologies de traitement des troubles psychotiques.

En voyant cette catégorie de médicaments présentée ici, dans ce livre, vous pourriez vous dire : « Hé ho ! Je suis anxieux, mais je ne suis pas fou ! » Et, c'est un fait, la psychose est un trouble mental grave qui se manifeste souvent par un raisonnement désordonné, des hallucinations, des fantasmes et d'autres distorsions graves de la réalité. Vous vous demandez donc peut-être ce que des médicaments conçus pour traiter la psychose ont à voir avec le traitement de l'anxiété. Ceux qui souffrent simplement d'anxiété ne font que rarement l'expérience, s'ils la font un jour, des raisonnements profondément confus des personnes psychotiques.

A ce jour, ces médicaments sont principalement employés pour traiter certains cas graves de trouble de stress post-traumatique associé à un trouble obsessionnel compulsif (voir le **chapitre 2**). À ce jour, il semble prouvé que ces médicaments peuvent améliorer substantiellement les résultats du traitement de patients chez qui d'autres médicaments n'ont pas bien fonctionné. Il n'existe pas d'étude sur l'emploi de ces médicaments pour le traitement d'autres troubles d'anxiété, comme le trouble d'anxiété généralisé, l'agoraphobie et le trouble panique (voir le **chapitre 2**). Pourtant, des rapports d'études de certains cas semblent indiquer que ces médicaments pourraient aussi avoir des effets bénéfiques pour traiter ces problèmes. Bientôt, il se peut que des études viennent étayer ces rapports avec des preuves plus tangibles.

Donc avec le potentiel excitant de ces médicaments, vous allez peut-être penser qu'ils deviendront rapidement le traitement de choix pour la plupart des troubles d'anxiété. Pas si vite. Il est peu probable que cela se produise dans un proche avenir, parce qu'ils entraînent parfois des effets secondaires particulièrement pénibles. Ceux qui sont probablement les plus craints sont appelés effets secondaires extra-pyramidaux (EPS).

Les EPS peuvent inclure une gamme importante de problèmes, tels que :

- des mouvements anormaux et incontrôlables des muscles du visage, de la bouche, et parfois d'autres parties du corps ;
- une sensation intense d'agitation ;
- une raideur musculaire ;
- des spasmes ou contractions musculaires prolongées ;
- une démarche traînante.

Bonne nouvelle : ces effets secondaires EPS semblent se produire bien moins souvent avec les nouveaux médicaments antipsychotiques atypiques qu'avec les anciens médicaments antipsychotiques traditionnels. Comme le risque d'EPS est relativement faible, les personnes qui souffrent d'une anxiété grave pour lesquelles les changements de comportement ou d'habitude de penser (voir les **chapitres** 4, 5 et 6) ou d'autres médicaments n'ont pas donné de résultats suffisants pourraient envisager l'utilisation de ces nouveaux outils anti-anxiété.

Comme c'est le cas pour la plupart des anxiolytiques, ces médicaments doivent en général être évités en cas de grossesse ou d'allaitement. Veuillez consulter votre médecin pour de meilleures alternatives.

Les stabilisateurs de l'humeur

Ces médicaments sont habituellement prescrits contre d'autres maladies. Pourtant, lorsque les traitements standard ne fonctionnent pas, les médecins trouvent utile de les employer contre l'anxiété de leurs patients. L'un de ces médicaments est en général utilisé pour le traitement de l'épilepsie. Parmi les médicaments spécifiques de cette catégorie, on compte la Depakine et le Neurontin.

Chapitre 14

L'acceptation attentive

DANS CE CHAPITRE :

- **L'acceptation met fin à la lutte**
- **Être gentil avec soi-même, ça aide**
- **Abandonner son orgueil, ça rend la vie plus facile**
- **Connectez-vous à ce qui se passe en ce moment même**
- **Soyez plus attentif, et moins compulsif**

Vous êtes-vous déjà embourbé avec votre voiture ? Que s'est-il passé si vous avez appuyé plus fort sur l'accélérateur lorsque les roues se sont mises à patiner ? Elles patinent encore plus, la boue gicle dans tous les sens, et l'ornière se creuse encore plus. L'anxiété peut ressembler à cela : plus vous essayez de vous en libérer, plus elle semble s'emparer fortement de vous.

Puis, vous avez une idée de génie, vous permettez à la voiture de reculer dans l'ornière, et vous accélérez doucement au bon moment. Vous sentez peut-être que les roues se remettent à patiner, mais alors vous reculez une fois de plus. Finalement, vous trouvez un rythme qui soulève vos roues pour les amener sur un terrain plus solide – jusqu'à ce que vous rencontriez la prochaine ornière sur la route. Mais au moins, vous arrivez quelque part, et vous y parvenez en *acceptant* l'idée de reculer pendant un moment.

Dans ce chapitre, nous vous expliquons comment vous servir de l'*acceptation* comme d'un moyen de sortir de votre piège d'anxiété. Des fils de ce que nous appelons *acceptation attentive* apparaissent çà et là dans ce livre. Dans ce chapitre, nous les tissons pour en faire une tapisserie. Nous allons vous montrer que l'acceptation va vous aider à arrêter de faire patiner vos roues, pour que vous puissiez calmement envisager d'autres solutions productives. Nous allons vous expliquer que trop d'orgueil et d'estime de soi, cela peut rendre la sortie difficile, et que vivre dans l'instant présent, c'est un peu comme prendre un escalier vers une vie plus équilibrée.

Accepter l'anxiété ? Dites donc, il y a du nouveau !

Comment se fait-il qu'après vous avoir expliqué comment vous débarrasser de votre anxiété, nous vous enjoignons maintenant de l'accepter attentivement ? Est-ce que nous avons perdu la tête ? Ce livre n'est-il pas destiné à *guérir* ?

Bon, bien sûr, nous voulons que vous surmontiez votre anxiété. Mais le paradoxe de l'anxiété, c'est que plus vous serez persuadé que vous devez vous en débarrasser, plus vous serez anxieux. Plus votre anxiété vous gêne, plus elle va vous prendre au piège.

Peut-être qu'à un carnaval ou à une fête on vous a donné des menottes chinoises : il s'agit d'un petit tube de paille tressée. Vous mettez d'abord les deux index dans le tube. Puis vous essayez de les en sortir. Le tube se ferme étroitement autour de vos doigts. Plus vous tirez fort, plus il se resserre. On dirait qu'il n'y a pas d'issue. Donc vous tirez encore plus fort. Finalement, vous vous rendez compte que la seule manière de sortir vos doigts, c'est d'arrêter d'essayer.

L'anxiété ressemble au serrement des menottes chinoises. Plus on se débat, plus on se sent piégé. Le fait d'insister sur l'idée que votre anxiété doit disparaître à cet instant même est sans aucun doute le meilleur moyen pour l'augmenter !

Adoptez un point de vue dépassionné

Les anthropologues étudient le comportement et la culture des êtres humains. Ils font leurs observations de façon objective en prenant un angle dépassionné et scientifique. Nous voulons que vous examiniez votre anxiété comme un anthropologue, avec un calme détachement.

Attendez votre prochaine phase d'anxiété. Étudiez votre anxiété et tout ce qui l'accompagne, et préparez un rapport qui explique ce qu'est l'anxiété et comment votre corps la ressent, comment elle affecte vos pensées et comment elle influence vos actions. Ne jugez pas l'anxiété, contentez-vous de l'observer. Puis, dans votre rapport, en étant aussi objectif que possible, répondez aux questions suivantes :

À ESSAYER

- Où se trouve la tension que je ressens dans mon corps ? Dans les épaules, le dos, les mâchoires, les mains, ou le cou ? Étudiez-la et décrivez comment vous ressentez la tension.
- Mes mains sont-elles moites ?
- Mon cœur bat-il plus vite ? Si oui, quel est mon rythme cardiaque ?
- Est-ce que je sens de la raideur dans la poitrine ou dans la gorge ?
- Est-ce que j'ai le vertige ? Étudiez cette sensation de vertige et décrivez-la.
- Que suis-je en train de penser ? Est-ce que je...
  - fais des prévisions négatives au sujet de l'avenir ?
  - fais tout un fromage d'un petit rien ?
  - transforme un événement désagréable en catastrophe ?
  - suis dérangé par quelque chose qui se trouve hors de mon contrôle ?
- Qu'est-ce que mon anxiété me dit de faire ?
  - Éviter de faire quelque chose que je veux faire ?
  - Que je dois être parfait ?
  - Que je dois dissimuler mon anxiété ?

L'histoire de Marcel constitue un bon exemple de la manière dont votre capacité d'observation peut vous aider à aborder vos sensations d'anxiété :

Marcel, un administrateur d'hôpital de 38 ans, a eu sa première attaque de panique il y a trois ans. Au cours de ces trois ans, ses crises ont augmenté en fréquence et en intensité, et il a même commencé à ne pas aller au travail les jours où il avait peur de diriger les réunions du personnel.

Aujourd'hui, il travaille avec un thérapeute pour réduire sa panique. Le thérapeute observe que le perfectionnisme de Marcel le pousse à exiger une amélioration immédiate. Il lit tout ce qui lui est assigné et essaie d'exécuter chacune des tâches de façon parfaite. Le thérapeute, qui réalise que Marcel doit ralentir et faire marche arrière, lui donne une tâche. Marcel, en prétendant qu'il est un anthropologue en mission, écrit alors un rapport sur l'anxiété qu'il ressent :

« J'ai commencé à remarquer que ma respiration était un peu courte. J'ai pensé : ça recommence ! Puis mon cœur s'est mis à battre la chamade. J'ai remarqué qu'il battait vite, mais pas aussi rapidement que lorsque je fais mes exercices physiques. Je me suis demandé combien de temps ça allait durer. Puis j'ai remarqué que mes mains étaient moites. J'ai eu un peu la nausée. Je ne voulais pas aller au travail. Je pouvais presque entendre cette anxiété me dire que je me sentirais bien mieux si je restais à la maison parce que si j'allais au travail, j'allais me trouver dans une pièce pleine de chirurgiens en colère. Je devrais alors leur expliquer les nouvelles procédures de visite. Ils ne vont pas les apprécier. Ils vont probablement me tailler en pièces. Quelle image intéressante ! Je n'ai jamais été taillé en pièces, mais cette métaphore est incroyable ! Si je suis trop anxieux, je vais dire des absurdités et j'aurai l'air d'un parfait imbécile. Ça aussi, c'est intéressant. Je suis en train de faire des prévisions incroyablement négatives pour l'avenir. C'est bizarre, comme j'ai dit ça, je me sens un tout petit peu moins anxieux. »

Marcel a découvert que lâcher prise et tout simplement observer son anxiété, c'est utile. Plutôt que d'attaquer ses sensations et ses pensées anxiogènes, il a observé et soupesé ce dont il faisait l'expérience, en essayant vraiment d'aiguiser le sens de curiosité scientifique des anthropologues.

Ayez pitié de vous !

Concentrez-vous sur votre dialogue intérieur, c'est-à-dire sur le bavardage intérieur de votre esprit. Si vous êtes comme la plupart des anxieux, votre bavardage consiste trop souvent en une abondance de récriminations inutiles, comme :

- Je n'arriverai jamais à terminer à temps.
- J'aurai l'air d'un imbécile.
- Je n'arrive pas à garder le contrôle.
- Je vais cafouiller.
- Je vais peut-être vomir.
- Et qu'est-ce qui va se passer s'il faut que je sorte de la réunion en hurlant ?
- Je me déteste.
- Je suis un père/une mère indigne.
- Personne ne m'aime.
- Je pense que je suis stupide.
- Ce n'est qu'une question de temps, et ils vont tous découvrir à quel point je suis nul.
- Si les gens me connaissaient vraiment, ils ne m'aimeraient pas.

Maintenant, prenez ces affirmations et mettez-les à la deuxième personne. Dites-les à haute voix comme si vous parliez à quelqu'un que vous connaissez bien, à un ami par exemple. Pouvez-vous vraiment vous imaginer dire à un ami/une amie les choses qui suivent :

- Tu auras l'air d'un imbécile.
- Tu es un père/une mère indigne.

» Personne ne t'aime.

» Je te déteste.

C'est peu probable. Il est probable que vous ne direz jamais quelque chose comme ça à un ami, ou même à une simple connaissance, d'ailleurs. Et pourtant, c'est ce que beaucoup de personnes se disent d'innombrables fois.

C'est un peu comme si un juge siégeait dans votre esprit, mais que ce juge est sans pitié et sans compassion. Il évalue chaque défaut et chaque manquement et ignore les circonstances atténuantes.

Écoutez votre esprit bavarder encore et encore. Lorsque vous entendez le « juge », essayez de le remplacer par une approche plus compatissante, une approche qui pardonne davantage. Soyez un ami pour vous-même.

Tolérez l'incertitude

D'habitude, les anxieux détestent l'incertitude. Si seulement ils pouvaient contrôler tout ce qui se passe autour d'eux, ils se feraient probablement moins de souci. Qu'en dites-vous ? Si vous pouviez tout contrôler, vous n'auriez pas autant de raisons de vous faire du souci, n'est-ce pas ?

Le défaut qui semble assez évident dans cette approche réside dans le fait que la vie est faite d'une incertitude constante et d'un certain degré de chaos. En fait, une loi fondamentale de physique énonce que même dans les sciences soi-disant exactes, la certitude absolue n'existe pas. Des accidents et des événements imprévus se produisent toujours.

Par exemple, vous ne connaissez ni le jour, ni l'heure de votre prochaine panne de votre voiture sur le chemin du travail. Vous ne pouvez pas prévoir l'évolution de la Bourse, bien que beaucoup essaient. Même si vous employiez chaque instant de votre vie consciente à essayer d'empêcher la maladie, les difficultés financières et la perte d'êtres chers, vous n'y arriveriez pas.

Non seulement la tâche d'empêcher les calamités d'arriver est impossible à réaliser, mais vous pouvez encore facilement ruiner vos moments présents si vous essayez. Réfléchissez-y. Si vous contrôlez le moteur de votre voiture chaque jour avant d'aller au travail, si vous faites des économies de bouts de chandelle pour économiser le moindre sous pour la retraite, si vous ne mangez jamais de crème glacée à cause de sa teneur en matières grasses, si vous surprotégez vos enfants parce que vous avez peur qu'ils aient des ennuis, si vous vous lavez les mains chaque fois que vous touchez une poignée de porte, si vous ne prenez jamais de risque, alors à quoi va ressembler votre vie ? Elle ne sera probablement pas très drôle.

Et le fait de se faire du souci, ça ne change pas ce qui se produira de toute façon. Certaines personnes pensent que si elles se font suffisamment de souci, les ennuis ne vont pas se produire. Comme les ennuis ne leur arrivent pas la plupart des jours où ils se sont fait du souci, elles ont l'impression que se faire du souci, ça paie. Mais se faire du souci en soi, cela n'a jamais empêché quoi que ce soit de se produire, pas une seule fois dans toute l'histoire de l'humanité.

À ESSAYER

Trouvez comment faire pour inclure l'incertitude dans votre vie. Elle pourra la rendre à la fois intéressante et excitante. Découvrez comment apprécier les difficultés, de même qu'un peu de souffrance. Sans souffrance ni adversité, il est impossible d'apprécier les bons moments.

Lorsque vous constaterez que vous vous sentez anxieux, demandez-vous si vos soucis concernent une tentative de contrôler ce qui est imprévisible. Par exemple, certaines personnes se font du souci au sujet de leurs participations dans des fonds de pension à la Bourse. Ils surveillent les cours de leurs actions chaque jour. Ils étudient les journaux pour en tirer des informations financières qui pourraient les aider à savoir le bon moment auquel ils devraient vendre.

Comprenez-nous bien, nous n'essayons pas de vous donner des conseils d'ordre financier, d'autres sont bien plus qualifiés que nous pour ça. Pourtant, nous savons que la plupart des études indiquent que des tentatives précises pour prédire les marchés financiers sont vouées à l'échec. Oui, mettez suffisamment d'argent de côté pour votre retraite, et placez une partie de cet argent en Bourse si vous pouvez tolérer un peu de risque. Mais si vous êtes chaque jour obsédé par votre argent le stress et l'anxiété que vous subirez peut nuire à votre santé et ne contribuera que très modestement à augmenter votre richesse.

Abandonnez vos besoins de prévoir et de contrôler. Bien sûr, prenez des précautions raisonnables pour votre santé, vos biens, votre famille, vos finances et votre bien-être, mais lorsque le souci de l'avenir envahit votre joie de vivre la vie maintenant, il va trop loin. Appréciez l'incertitude, et vivez bien aujourd'hui même.

Soyez patient avec vous-même

Qu'est-ce qui vous vient à l'esprit lorsque vous pensez à la patience ? Le calme, l'acceptation et la tolérance. Lorsque vous êtes anxieux, essayez d'être patient et gentil avec vous-même et de vous dire :

À ESSAYER

» D'accord, je me sens anxieux. C'est ce que je ressens.

» Comme d'autres sentiments, l'anxiété apparaît et disparaît.

» Que mon attention soit présente avec mon anxiété, en ce moment même.

Dans l'histoire de Jeannine qui suit, les réactions contrastées de Jeannine, d'abord avec de l'impatience, puis avec de la patience donnent un exemple de la manière dont vous pouvez transformer votre impatience en patience.

Jeannine commence à se sentir anxieuse pendant son trajet du matin. Elle part de chez elle à 7 h 15 et elle peut d'habitude espérer être au bureau à 8 heures. Elle arrive fréquemment 5 minutes trop tôt, mais une fois par mois à peu près, elle tombe dans un embouteillage, et elle arrive quelques minutes en retard. Ce matin, on dirait que c'est le cas.

» **Jeannine l'impatiente** : la circulation est stoppée, et l'anxiété commence à nouer son estomac et à s'accroître comme un crescendo. En transpirant et en se crispant au volant, elle commence à guetter les occasions de changer de voie pour avancer un peu plus vite. Elle déteste commencer sa journée comme ça. Elle ne supporte pas l'anxiété, et elle essaie de s'en débarrasser, mais sans succès. Elle s'imagine que son chef va remarquer son retard et que ses collègues au bureau vont lever les yeux en la voyant arriver. L'anxiété se change en colère alors qu'elle se réprimande pour n'être pas partie plus tôt.

» **Jeannine la patiente** : la circulation est arrêtée, et l'anxiété commence à nouer son estomac. En s'accrochant au volant, elle combat l'envie pressante de changer de voie. Elle remarque et accepte l'anxiété dans son corps, en se disant « je vais peut-être être en retard, mais la plupart du temps, je suis soit à l'heure, soit en avance. Mon chef et mes collègues le savent. Je sens mon anxiété, c'est ce que je ressens. Comme c'est intéressant ! J'arriverai quelques minutes en retard aujourd'hui, et c'est acceptable. »

Dans le second scénario, l'anxiété se dissipe parce que Jeannine s'est autorisée à la ressentir sans jugement ou intolérance. Elle s'est connectée avec patience à sa situation présente.

Comme pour tout, il faut de la pratique pour faire de la patience une habitude. Vous allez développer votre patience avec le temps. Comme on peut se muscler en soulevant des haltères, vous pouvez vous entraîner à pratiquer peu à peu la patience dans votre esprit à chaque fois.

Accédez à la sérénité, ou du moins approchez-vous-en

Accepter l'anxiété, cela implique toute une série d'attitudes apparentées : ne pas se juger, tolérer l'incertitude, abandonner le besoin de contrôle absolu, et avoir de la patience. Réaliser cette acceptation, ce n'est pas la même chose que se résigner, c'est-à-dire abandonner toute lutte.

D'autre part, l'acceptation signifie simplement que vous comprenez que vous-même, comme tous les êtres humains, avez des forces comme des limites. Vous réalisez que vous ne vous débarrasserez jamais complètement de l'anxiété.

Au contraire, avec le temps, vous apprendrez à la gérer et à ne plus être anxieux de votre anxiété. Ce n'est qu'alors qu'elle cessera de vous accabler et de dominer votre vie. La Prière de la sérénité capture joliment l'esprit de l'acceptation :

Mon dieu donnez-moi la sérénité

d'accepter les choses que je ne peux changer,

le courage de changer les choses que je peux changer,

et la sagesse d'en connaître la différence.

De vivre un jour à la fois,

d'accepter les épreuves comme le chemin vers la paix,

d'accepter comme Il l'a fait ce monde comme il est,

et non pas comme je voudrais qu'il soit.

De croire qu'il va prendre soin de tout

si je capitule et si je m'en remets à Sa volonté,

que je peux être raisonnablement heureux dans cette vie

et suprêmement heureux avec Lui, pour toujours dans le futur.

Reinhold Nieburh, 1926

Abandonnez votre orgueil

Tout le monde veut avoir une estime de soi élevée. Les librairies et les bibliothèques sont bourrées de centaines de livres destinés à gonfler votre amour-propre. Vous vous direz peut-être qu'avoir une opinion de soi élevée, ça devrait réduire votre anxiété. Ça semble logique, en tout cas.

Pourtant, l'estime de soi ne fonctionne pas comme ça. En fait, une opinion de soi trop positive cause davantage d'anxiété, ainsi que tout un tas d'autres maux. De même, la plupart des caractéristiques et qualités humaines positives deviennent négatives lorsqu'elles atteignent des niveaux extrêmes. Par exemple, le courage, la générosité, le dur labeur et la confiance sont de merveilleux traits de caractère. Mais un excès de courage peut rendre une personne téméraire, une concentration excessive sur le travail peut ne pas laisser suffisamment de place aux loisirs, et trop de confiance peut transformer quelqu'un en gogo. Peut-être que notre analogie du ballon pour décrire l'estime de soi vous aidera à comprendre les dangers atterrants qu'il y a à trop investir dans son ego et son amour-propre.

Gonflez et dégonflez le ballon de l'amour-propre

Nous trouvons que l'estime de soi, ou amour-propre, ressemble un peu à un ballon. En avoir trop peu, c'est un peu comme être un ballon dégonflé. Il n'a pas d'air à l'intérieur, il est aplati, dégonflé, et ne peut pas flotter. Un ballon dégonflé n'est pas spécialement amusant ni utile. Si votre amour-propre est assez faible, vous passez probablement du temps à vous juger sévèrement et négativement. Votre dynamisme en souffre probablement, et vous êtes probablement anxieux à cause des déficiences que vous percevez.

En revanche, trop d'ego et d'amour-propre, ça ressemble à un ballon tellement gonflé qu'il semble sur le point d'exploser. Une légère égratignure suffit à le faire éclater. Les personnes qui ont trop d'amour-propre (qui ont de l'orgueil) se font constamment du souci à cause de ces égratignures. Toute menace de leur amour-propre leur cause une anxiété considérable, et parfois de la colère. Dans la vie, il est difficile de faire des choses intéressantes sans s'exposer au moins à quelques menaces pour son ego. Si votre ballon d'estime de soi est trop plein, si vous êtes trop imbu de votre personne, ces menaces peuvent sembler particulièrement dangereuses.

En revanche, un ballon bien gonflé, avec juste la bonne quantité d'air, résiste assez bien à l'éclatement. Il peut rebondir facilement, avec joie et en s'amusant. Le ballon avec la bonne quantité d'air n'a ni souci d'écrasement, ni souci d'éclatement.

Dans un certain sens, le ballon dégonflé et le ballon trop gonflé se font beaucoup de souci à cause de leur état, de leur forme, de leur valeur et de leur vulnérabilité.

Le truc pour avoir juste la bonne quantité d'ego (c'est-à-dire d'air dans le ballon), c'est de moins vous préoccuper de vous-même et des autres personnes et de moins vous soucier de votre comportement à l'égard des autres. Lorsque vous pourrez accepter à la fois vos qualités et vos défauts, mais sans vous faire trop de souci à cause des uns ou des autres, vous aurez la bonne quantité d'air dans votre ballon d'amour-propre. Mais ce n'est pas toujours facile à réaliser. Il est nécessaire pour cela de se concentrer sur l'apprentissage, de fournir des efforts importants et de travailler dur, mais pas jusqu'à l'excès.

Pas facile d'être parfait !

Bien trop souvent, les anxieux pensent qu'ils doivent être parfaits pour que les autres les aiment et les acceptent. Pas étonnant qu'ils soient anxieux. Personne n'est parfait, et personne ne le sera jamais.

Imaginez-vous une femme parfaite. **Catherine** est probablement aussi proche de la perfection qu'il est possible de l'être. Elle porte toujours les bons vêtements, à la mode et avec les bonnes couleurs, et ses accessoires sont coordonnés. Elle prend des cours d'architecture d'intérieur, et sa maison a exactement le look qu'il faut. Elle fait quatre fois par semaine de l'exercice, et ne mange que de la nourriture saine. Son maquillage, qu'elle applique avec un soin pointilleux, est toujours impeccable. Elle sait toujours quoi dire, elle ne trébuche jamais sur un seul mot et ne profère jamais le moindre juron. Elle fait toujours montre de gentillesse et elle a des perspectives positives.

Aimeriez-vous sortir prendre un verre avec Catherine ? Vous semble-t-elle quelqu'un avec qui vous aimeriez passer un week-end d'été devant une piscine ? Vous sentiriez-vous à l'aise et pourriez-vous être naturel avec Catherine ? Franchement, nous passerions probablement à l'idée de la compter parmi nos meilleurs amis.

LA PUISSANCE DE SÉDUCTION DE LA PENSÉE POSITIVE

Dans les années 50, les gourous de l'auto-assistance (self-help en anglais) ont lancé un mouvement en disant aux gens de gonfler leur estime de soi. Avant, moins d'une centaine d'articles avaient été écrits sur le sujet de l'estime de soi par les journalistes professionnels aux États-Unis. Au cours des dix seules dernières années, plus de 8 000 articles de ce type ont été publiés dans des journaux de sciences sociales. En outre, des milliers de guides pour s'aider soi-même ont fait la promotion de l'idée qui consiste à entretenir l'estime de soi, sans jamais la remettre en question. Le mouvement de l'estime de soi s'est maintenant infiltré aux États-Unis dans les magazines destinés aux parents, les programmes d'enseignement des écoles, et dans les librairies. Il a séduit une génération de parents, de professeurs et de travailleurs de la santé mentale, et leur a fait croire que la meilleure chose qu'ils pouvaient faire pour leurs enfants, c'est de gonfler leur estime de soi.

Alors maintenant, est-ce que plus d'un demi-siècle de promotion de l'estime de soi (qu'on appelle aussi *ego*, ou chevilles qui enflent) ça en valait la peine ? À peine. Aujourd'hui, aux États-Unis, le taux de réussite scolaire se trouve nettement en dessous de celui de 1960. Pourtant les notes à l'école, elles, sont à la hausse. La violence est bien supérieure à celle d'il y a cinquante ans, et les taux de dépressions et d'anxiété parmi les jeunes d'aujourd'hui sont plus élevés que jamais.

Pourquoi ? Un nombre incroyable d'études récentes montre un lien fort entre la concentration excessive sur le soi et sur la violence, de mauvais résultats scolaires, et des problèmes émotionnels de toutes sortes. Il semble que l'estime de soi « dégonflée » soit mauvaise, et les études semblent indiquer que l'estime de soi « trop gonflée » est encore pire. La réponse semble être qu'il convient de moins se concentrer sur le tout-puissant ego.

Pensez à l'un de vos bons amis, quelqu'un avec qui vous aimez passer du temps, quelqu'un que vous appréciez et estimez, et que vous connaissez depuis un moment. Visualisez cette personne dans votre esprit, et rappelez-vous quelques-uns des bons moments passés ensembles. Dégustez ces images. Rappelez-vous à quel point vous appréciez cette personne, et combien votre vie a été enrichie par cette amitié.

Rendez-vous compte que vous avez toujours connu les défauts et les imperfections de votre ami, et que pourtant vous avez continué de l'apprécier. Peut-être même que vous trouvez certains de ses défauts amusants ou intéressants. Peut-être qu'ils donnent du relief à votre ami. Le fait de penser aux défauts ne va probablement pas non plus vous faire changer votre opinion ou vos sentiments à son sujet.

Essayez d'appliquer à vous-même cette même optique. Appréciez vos petits défauts, vos petites manies et vos excentricités. Ils vous rendent intéressant et unique.

Soyez pour vous-même un ami. Remarquez vos talents et vos imperfections. Trouvez le moyen de reconnaître que tout cela est un ensemble unique. Ne reniez pas vos défauts.

Claude a essayé un exercice qui l'a aidé à voir qu'accepter les défauts, ça n'a pas pour conséquence que les autres vous renient et s'en vont. Il a fait le test d'appréciation des amis avec leurs défauts du tableau 14-1, en pensant à son pote Jacques.

TABLEAU 14-1 Évaluez des amis imparfaits

Qualités	Défauts	Imperfections
Jacques est l'un des types les plus drôles que je connaisse.		
Il est toujours là quand j'ai besoin de lui.		
Jacques m'aide à chaque fois que j'en ai besoin, peu importe de quoi il s'agit.		
J'aime me rendre avec lui à des événements sportifs.		
J'aime le fait que Jacques soit très intelligent.	Parfois, Jacques parle trop.	
	Bien qu'il soit intelligent, il prend parfois des décisions stupides, surtout en matière d'argent.	

Qualités	Défauts	Imperfect…
		Jacques est un…
		Parfois Jacques bo… peu trop.
		Il ne m'écoute pas toujours.
		Jacques a un goût horrible en matière de vêtements.

Claude accepte Jacques, avec tous ses défauts. Il n'y a personne d'autre au monde avec qui Claude préférerait passer son temps, et Jacques est la première personne à qui il s'adresserait en cas de crise. Est-ce que Claude peut s'accepter lui-même comme il accepte Jacques ? C'est la tâche qu'il convient maintenant d'exécuter.

Prenez du papier et faites ce que Claude a fait. Pensez à un de vos bons amis (ou une de vos amies) que vous connaissez depuis un moment, et écrivez ce que vous appréciez chez lui. Puis écrivez ce qui peut vous dégoûter chez cette personne. Finalement, écrivez ses défauts.

Si votre ami remplissait le même formulaire en pensant à vous, il ne fait aucun doute qu'il écrirait à votre sujet à la fois les qualités merveilleuses et certains traits de caractère moins brillants. Et pourtant, votre ami n'abandonnerait pas soudainement cette amitié à cause de votre imperfection. Bien sûr que non : personne n'est parfait. Si nous abandonnions tous nos amis imparfaits, nous n'aurions pas d'amis du tout.

Avez-vous déjà eu une amende pour excès de vitesse dans votre vie ? Il y a six mois, l'un de nous deux est rentré à la maison avec une contravention pour excès de vitesse. Juste deux mois après, l'autre co-auteur est lui aussi rentré à la maison avec une amende. Chacun de nous était un peu déprimé à cause de sa propre bévue au début, mais pardonnait parfaitement celle de l'autre. Nous avons alors rapidement réalisé qu'il est important pour chacun de nous de s'accorder à soi-même la même compassion que nous avons l'un pour l'autre.

Il est difficile de se pardonner à soi-même. Il est peut-être encore plus difficile de trouver comment faire tomber des barrières défensives érigées en réponse à la critique des autres. Trouvez comment écouter cette critique. Pensez au fait qu'elle a peut-être au moins une part de vérité. Appréciez cette part de vérité. Si votre conjoint vous dit que vous n'écoutez pas, il est plutôt probable que votre conjoint ait raison, au moins parfois !

Essayez de reconnaître un tout petit morceau de vérité contenu dans la critique. Peut-être que c'est vrai, *du moins parfois*. Peut-être que la critique s'applique partiellement. Au lieu de mettre des barrières à la communication et à la résolution des problèmes, le fait d'admettre certains défauts rapproche les gens.

ATTENTION !

Certaines critiques qui vous sont adressées pourraient être abusives. Si le ton de la critique transporte de l'hostilité, vous n'avez pas à le tolérer. Si quelqu'un vous critique constamment, adressez-vous à un ami sûr pour vérifier la réalité. Vous pourriez être la victime d'un harcèlement moral. Là, c'est une toute autre histoire.

Connectez-vous à la réalité

D'une certaine manière, le langage représente l'aboutissement de l'évolution. C'est le langage qui fait de nous des êtres humains, qui nous donne l'art, nous permet d'exprimer des idées complexes, et nous fournit les outils nécessaires pour créer des solutions aux problèmes. Dans le même temps, le langage pose la fondation d'une bonne partie de notre misère émotionnelle. Comment est-ce possible ?

Vous pensez peut-être que les chiens ne sont jamais anxieux, mais ce n'est pas vrai. Pourtant, ils ne sont anxieux que lorsqu'ils ont des expériences directes qui leur causent de la douleur ou de la gêne. Par exemple, les chiens aiment rarement aller chez le vétérinaire. Et plus d'un propriétaire de chien doit tirer de toutes ses forces son chien pour que celui-ci franchisse la porte du cabinet du véto.

Et pourtant, les hommes font ce que jamais des chiens ne feraient. Ils se réveillent en appréhendant les événements de la journée à venir. Les chiens ne se réveillent pas à 3 heures du matin en pensant « Oh non ! C'est aujourd'hui le jour où je dois aller chez le véto ? Qu'est-ce qu'ils vont me faire, là-bas ? »

Et les chiens n'ont que peu de regrets. Oh, bien sûr, ils ont parfois l'air assez coupables lorsqu'on les surprend à mastiquer soigneusement la chaussure de leur maître. Mais il suffit d'un mot gentil et d'une tape sur la tête pour qu'ils oublient tout cela. Certains anxieux se rappellent encore du mot de remerciement qu'ils ont oublié d'écrire à tante Irma il y a six ans.

De manière générale, les chiens semblent bien plus heureux que la plupart d'entre nous, les êtres humains. À moins qu'un chien n'ait été horriblement maltraité, il continue comme d'habitude sa vie avec contentement, joie, et, bien sûr, pas mal de sommeil. Les êtres humains, quant à eux, se font beaucoup de souci : ils sont obsédés par des horreurs imaginaires qui les attendent au bas de la rue, et ils ruminent leurs transgressions du passé.

Lorsque vous amenez des catastrophes futures possibles et des regrets passés dans le présent, ce que vous faites pour l'essentiel, c'est utiliser votre langage pour vous déconnecter de l'expérience de la vie réelle. Ce faisant, vous risquez de ruiner complètement vos *moments présents*, c'est-à-dire le temps durant lequel vous vivez en réalité votre vie toute entière ! Voyez l'exemple de Serge, qui redoutait la quantité de travail qu'il croyait devoir finir cinq jours plus tard.

Serge, qui est avocat, a son propre cabinet où il travaille seul. Un procès important va se dérouler dans cinq jours. La quantité de travail qui l'attend le fait presque suffoquer de peur. Bien sûr, il se fait du mauvais sang au cas où il fournirait une prestation moins que brillante, mais surtout, il est préoccupé par la lourde préparation des papiers, dossiers, dépositions et requêtes qui doivent être achevés très rapidement. Il sait qu'il devra travailler du matin au soir en ayant à peine le temps de respirer. Ce qui est bizarre, c'est qu'une fois l'épreuve passée, il s'est rendu compte que la plus grande partie de ces cinq jours s'est révélée assez plaisante. Il se faisait du souci de ne pas pouvoir terminer ses tâches à temps, mais cela n'a en fait rien eu à voir du tout avec le travail réel qu'il a accompli. La plupart de tout ce travail a en fait été assez plaisant à effectuer. Pas un seul moment n'a été *horrible* en soi.

La prochaine fois que vous êtes obsédé par certains événements, certaines tâches, certains résultats futurs ou passés, essayez la technique suivante :

- Restez concentré sur chaque moment et seulement sur ce moment, et ce, de la manière dont il vient à vous.
- Passez quelques minutes à noter toutes les sensations de votre corps au moment présent, les sensations de toucher, les odeurs, les images et les sons.
- Lorsque des pensées sur les tâches qui vous attendent vous viennent à l'esprit, reconnaissez simplement la présence de ces pensées, et redirigez votre attention sur le moment présent.
- Si des pensées d'échecs passés ou de regrets vous viennent à l'esprit, notez la présence de ces pensées et redirigez votre attention sur le moment présent.
- Souvenez-vous que les *pensées* ne reflètent pas la réalité et ce que l'on vit vraiment ; ce ne sont que des *pensées*.
- Lorsque vous remarquez des pensées dérangeantes sur l'avenir ou le passé, essayez simplement de les observer, notez comme il est intéressant que votre esprit produise de telles pensées, et revenez au moment présent.
- Souvenez-vous-en : il n'y a que peu de moments qui soient véritablement insupportables. C'est simplement notre aptitude à ruiner le présent par des pensées au sujet de l'avenir ou du passé qui nous dérange.
- Pensez à relire le **chapitre** 4 qui montre comment peuvent être les pensées déformées, et travaillez à les rendre plus réalistes. Puis revenez encore au présent.

N'OUBLIEZ PAS !

Au **chapitre** 4, nous vous avons expliqué comment analyser soigneusement la manière dont l'anxiété peut vous amener à faire des prévisions négatives et déformées. Puis nous vous avons montré comment faire des prévisions plus exactes

Pourtant, cette approche ne pourra vous amener que là, et pas plus loin. Peu importe que vous travailliez dur on non à y parvenir, il est probable que des prévisions négatives vous viendront à l'esprit de temps en temps. Lorsque ce sera le cas, en dépit de vos meilleurs efforts pour les repenser avec des prévisions plus exactes, essayez de mettre en pratique les conseils de la liste qui précède. Ils vous aideront à éteindre le flot du bavardage négatif.

À ESSAYER

Nous avons une autre idée pour vous permettre d'arrêter d'écouter ce flot occasionnel de soucis à cause d'événements futurs.

1. **Pensez au nombre de fois dans le passé où vous avez fait des prévisions négatives sur des événements qui allaient se produire.**

2. **Puis, demandez-vous combien de fois ces prévisions se sont révélées exactes.** Si vous n'êtes pas sûr, tenez un journal de vos prévisions négatives, et voyez quel pourcentage en ressort.

3. **Parmi les prévisions exactes, combien de fois sont-elles aussi mauvaises que ce que vous avez anticipé ?** Si vous n'êtes pas sûr de leur fréquence, tenez un journal pendant un certain temps.

La plupart des gens nous disent qu'au moins 90 % de ce pourquoi ils se font du souci ne se produit jamais. Parmi les événements redoutés qui se produisent vraiment, moins de 10 % sont réellement aussi mauvais qu'ils l'avaient anticipé. On peut donc conclure qu'il y a une surabondance de soucis et de moments présents ruinés juste pour anticiper quelques occurrences déplaisantes.

À ESSAYER

Prendre ces prévisions au sérieux, c'est un peu comme si vous écoutiez tous les jours un bulletin météo à la télé qui ne prédirait pour chaque jour que des tornades, des vagues de froid rigoureux et des tempêtes de neige. Par soumission, vous revêtez donc un lourd manteau, des gants et des bottes. Seulement, y a un petit problème qui vous tourmente : 90 % du temps, le bulletin météo est complètement faux, et le temps est chaud et ensoleillé. Lorsque les prévisions du bulletin sont presque exactes, les conditions météo ne sont que rarement aussi mauvaises que celles prévues par le bulletin. Peut-être est-il temps de cesser d'écouter le bulletin météo de votre tête. Vous ne pouvez pas éteindre cette télé, mais vous pouvez au moins prendre son bulletin météo moins au sérieux !

Entrez en contact avec le moment présent

À ESSAYER

En cet instant même, pensez à entrer en contact direct avec l'expérience que vous vivez réellement. C'est quelque chose que beaucoup de gens n'ont encore que rarement fait. N'ayez aucune attente relative à ce que cet exercice est censé faire. Observez juste ce qui se passe :

1. **La sensation que ce livre vous procure entre les mains.** Sentez la couverture douce et le bord des pages.
2. **Les sensations de votre corps : que vous soyez assis, debout dans une rame de métro, dans un bus, ou allongé sur un lit.** Observez les sensations de votre peau en contact avec le fauteuil, le lit, le sol si vous êtes debout, etc.
3. **Sentez les muscles de vos jambes, de votre dos, de vos mains et de vos bras en tenant le livre.**
4. **Sentez l'air qui entre dans vos narines et qui en ressort.**
5. **Toute odeur, qu'elle soit agréable ou déplaisante. Pensez au compte rendu que vous pourriez écrire sur ces odeurs.**
6. **Si des pensées envahissent votre esprit, notez-les aussi.** Ne les jugez pas. Puis revenez à l'observation de vos sensations présentes.
7. **Soyez attentif à tous les sons qui vous entourent.** Si vous entendez des sons lourds et désagréables, essayez de *ne pas* les juger. Au lieu de vous dire qu'ils sont vraiment discordants, étudiez les nuances de ces sons. Imaginez comment vous décririez ces sons à un ami.

8. **Encore une fois, si des jugements surgissent dans votre esprit, observez comment votre esprit les prolonge et les délaie comme par réflexe.** Ne faites pas vous-même de jugement sur ces pensées.

9. **Revenez à votre concentration sur la gamme complète des sensations du moment présent.**

Maintenant, observez comment vous vous sentez à la fin de cet exercice. Avez-vous vécu complètement et entièrement ces sensations ? Qu'est-il advenu de votre anxiété ? Nombreux sont ceux qui disent ne ressentir que peu ou pas du tout d'anxiété durant cet exercice. D'autres rapportent que leur anxiété s'intensifie.

Si votre anxiété augmente durant vos premières tentatives de connexion aux sensations du moment présent, ne vous en faites pas. Il y a plusieurs raisons à cela. L'anxiété intensifiée ne signifie pas que vous faites mal quelque chose. Il est très probable que :

- Vous n'avez pas l'habitude de vous connecter au présent. En conséquence, cela vous semble étrange.
- Des pensées anxiogènes vous interrompent peut-être fréquemment. Dans ce cas, vous avez besoin d'entraînement pour réduire l'influence de ces pensées anxiogènes.
- Vous faites face en ce moment à un stress tellement accablant qu'il n'est pas réaliste d'utiliser cette technique. Dans ce cas, essayez d'abord d'autres techniques de ce livre.

Quel que soit votre cas, nous vous recommandons de pratiquer fréquemment la connexion avec les sensations du moment présent.

N'OUBLIEZ PAS !

La plus grande partie de l'anxiété ou de l'angoisse provient de pensées relatives à l'avenir ou au passé, mais pas à ce qui se passe dans le moment présent.

Observez attentivement la vie, et prenez-y plaisir

Outre son effet de réduction de l'anxiété, l'acceptation attentive pourra améliorer la qualité de votre vie. Lorsque vous êtes anxieux, une quantité telle de votre énergie mentale se concentre sur les sensations, les pensées et les images négatives que vous passez à côté des plaisirs simples de la vie.

Mangez de façon attentive

Combien de fois avez-vous mangé un repas en le goûtant à peine ? Bien sûr, s'il a le goût de carton réchauffé au micro-ondes, peut-être que c'est très bien comme ça. Pourtant, la plupart des aliments que nous mangeons ont un bon goût. Quel dommage de passer à côté de l'expérience de dégustation pleine et entière !

Choisissez un moment pour manger attentivement. Veillez à ce que ce ne soit pas un déjeuner de 10 minutes. Mais pas besoin non plus de plusieurs heures. Des pensées inquiètes détourneront peut-être votre attention. C'est normal, et ce n'est pas grave. Pourtant, essayez de vous contenter de les noter. Plutôt que de juger ces pensées ou de vous juger vous-même, revenez dès que vous le pourrez à la concentration sur votre acte de manger, comme dans l'exercice qui suit :

1. **Ralentissez et concentrez-vous avant de prendre une bouchée.**
2. **Regardez ce que vous mangez.**
3. **Observez comment votre nourriture est présentée sur votre assiette ou dans votre bol.**
4. **Observez ses couleurs, ses textures et ses formes.**
5. **Prenez le temps de sentir ses arômes.**
6. **Prenez-en une petite portion avec votre fourchette ou votre cuillère.**
7. **Avant d'en prendre une bouchée, tenez-la brièvement sous votre nez.**

8. **Placez brièvement la nourriture sur vos lèvres, puis sur le bout de votre langue.**
9. **Introduisez la nourriture dans votre bouche, mais attendez un instant avant de vous mettre à mâcher.**
10. **Mâchez très lentement.**
11. **Observez comment le goût et la texture de cette nourriture se transforment au fur et à mesure que vous mâchez.**
12. **Observez quel goût a cette nourriture sur différentes parties de votre langue.**
13. **Avalez la bouchée, et observez comment elle descend en glissant dans votre gorge.**
14. **Suivez la même procédure pour la totalité de votre repas.**
15. **Restez assis à table pour votre repas pendant au moins 20 minutes.** Si vous avez fini de manger en moins de 20 minutes, restez assis jusqu'à ce que les 20 minutes se soient écoulées, et observez votre environnement et les sensations dans votre corps.

Réfléchissez à la possibilité de faire de ces repas pris avec une attention consciente une partie intégrante de votre vie. Vous vous sentirez plus calme, vous profiterez davantage de votre nourriture, et vous perdrez même peut-être un peu de poids. De nombreux régimes d'amincissement prônent de manger moins vite lors des repas. Cette approche vous apportera même encore plus de bienfaits, car elle vous amènera à déguster complètement et entièrement votre nourriture. Or, lorsque l'esprit se concentre entièrement sur le présent moment et le plaisir de manger, l'anxiété disparaît.

Marchez de façon attentive

Regardez autour de vous les gens qui marchent pour se rendre à leurs destinations différentes. Trop souvent ils courent ça et là avec frénésie comme des hamsters sur une roue d'exercice, en ne remarquant même pas leur environnement. Contrairement aux hamsters, les gens pressés n'aiment pas ce genre d'exercice. Au contraire, leur esprit est rempli d'anticipations anxieuses et de soucis. C'est un petit miracle que nous n'ayons pas une épidémie d'hypertension de nos jours.

Nous avons une alternative à vous proposer. C'est la marche attentive. Vous avez probablement songé à aller vous promener un jour que vous étiez particulièrement stressé. Ça vous a probablement servi à quelque chose. Or, la marche attentive pourra vous faire encore davantage de bien. Voici comment procéder :

1. **Faites une pause avant de commencer.**
2. **Observez la sensation de l'air qui entre dans votre nez et dans vos poumons, puis en ressort.** Respirez tranquillement cinq fois.
3. **Commencez à marcher.**
4. **Observez les sensations dans les muscles de vos jambes, dans vos chevilles, vos mollets et vos cuisses.** Concentrez-vous 1 ou 2 minutes uniquement sur ces muscles et sur les sensations qui en proviennent.
5. **Si des pensées inquiètes viennent vous déranger, contentez-vous de les remarquer.** Observez-les comme des nuages flottant au-dessus de votre tête. Dès que vous le pourrez, revenez à la concentration sur vos muscles.
6. **Maintenant, observez la sensation de vos pieds au moment où ils touchent le sol.** Essayez d'observer la façon dont le talon touche le sol, puis la plante qui se déroule dessus, et enfin la manière dont vous poussez avec la partie antérieure de la plante et avec les orteils. Concentrez-vous 1 ou 2 minutes sur les plantes de vos pieds.
7. **Revenez à l'instant présent si des pensées inquiètes viennent vous déranger.**
8. **Maintenant, concentrez-vous sur le rythme de votre marche.** Sentez le rythme de vos jambes

et le mouvement de balancier de vos bras. Restez concentré sur ce rythme pendant 1 ou 2 minutes et prenez-y plaisir.

9. **Sentez l'air qui s'écoule à travers votre nez et vos poumons.** Puis, en expirant, prenez note du rythme de votre respiration. Concentrez-vous dessus et sur rien d'autre pendant 1 ou 2 minutes, et prenez-y plaisir.
10. **Maintenant, observez vos pieds, vos muscles et votre respiration, en faisant passer votre attention de l'un à l'autre à votre convenance.**
11. **Pratiquez cette marche méditative pendant 5 minutes, 5 jours de suite.** Puis posez-vous la question de savoir si vous voulez en faire une partie intégrante de votre vie.

Certains fans de la marche attentive (marche méditative, méditation en marchant, etc.) en font l'éloge. Ils affirment qu'elle les aide à réduire leur stress et à être plus sereins. Vous pouvez varier cette marche attentive de diverses manières. Par exemple, essayez de vous concentrer sur les vues et sur les sons ou sur les odeurs lorsque vous les rencontrez. Jouez avec cette technique et développez votre propre approche. Il n'y a pas de bonne ou de mauvaise manière d'être attentif.

Acceptez l'attention consciente dans votre vie

Certaines personnes qui se sont informées au sujet de l'attention consciente pratiquée dans la vie courante s'inquiètent du temps qu'elle peut prendre. Pour eux, il s'agit de vivre la vie au ralenti, et ils disent qu'ils n'arriveront jamais à faire avancer les choses s'ils essaient de vivre ainsi. Autant nous pensons que vivre à un rythme un peu plus lent, n'est pas une si mauvaise idée pour beaucoup de gens, autant nous sommes sûrs que l'acceptation attentive ne requiert pas de quantités de temps considérables.

Plus que du temps, c'est un changement d'attitude que requiert l'attention consciente. Il s'agit d'adopter une autre approche de la vie, qui réduit la part accordée à l'ego, à la fierté et au contrôle, et qui met l'accent sur l'acceptation du moment présent avec tous ses cadeaux et tous ses défis. Être attentif, cela exige de l'humilité, parce qu'il faut reconnaître l'incertitude qui est inhérente à la vie.

Faire de l'acceptation attentive une habitude, cela ne se produira pas du jour au lendemain. Avec la pratique, permettez-lui de s'installer progressivement à l'intérieur de votre vie. Acceptez le fait que vous ne pourrez pas toujours rester dans l'instant présent. Ne jugez pas vos tentatives de vivre de façon consciemment attentive. Lorsque vous constaterez que vous êtes en train de vivre soit dans le passé dominé par le sentiment de culpabilité, soit dans l'avenir anxieux, rappelez-vous doucement qu'il vaut mieux revenir à l'instant présent.

5

La partie des Dix

« CET AFFICHEUR INDIQUE LE RYTHME CARDIAQUE, LA TENSION ARTÉRIELLE, LA DENSITÉ OSSEUSE, LE NIVEAU D'ANXIÉTÉ, L'ACCUMULATION DE PLAQUE DENTAIRE, LA FONCTION HÉPATIQUE ET L'ESPÉRANCE DE VIE. »

DANS CETTE PARTIE...

Nous vous proposons dix manières de vaincre les sentiments d'anxiété sur le champ. Ensuite, nous allons vous mettre en garde contre dix approches qui pourraient sembler utiles contre l'anxiété, mais qui ne fonctionnent pas. Pour le cas où l'anxiété revienne, nous passons en revue dix manières de faire face à de telles rechutes. N'oubliez pas non plus de jeter un œil aux dix signes indiquant que vous devez peut-être consulter un professionnel.

Chapitre 15

Dix manières de stopper rapidement l'anxiété

DANS CE CHAPITRE :

- **Parlez de votre anxiété pour la faire tomber**
- **Sautez à pieds joints dans l'action**
- **Faites-vous plaisir**

Vous aurez parfois besoin d'un soulagement rapide et temporaire de votre anxiété. Avec cela en tête, ce chapitre vous propose dix trousses de premiers secours différentes. Choisissez-en une lorsque les soucis et le stress commencent à échapper à votre contrôle.

Expirez votre anxiété

L'anxiété a tendance à rendre la respiration superficielle et rapide. Et justement, cette respiration rapide et superficielle fait augmenter l'anxiété. C'est un cercle vicieux. Essayez cette technique rapide et facile à apprendre pour retrouver une respiration apaisante. Vous pouvez la pratiquer n'importe quand et n'importe où. Elle marche vraiment. Essayez-la.

1. **Inspirez profondément par le nez.**
2. **Retenez votre respiration pendant quelques secondes.**
3. **Laissez lentement sortir l'air de votre bouche en faisant un léger son, de sifflement, de soupir, ou autre.**
4. **Répétez les étapes 1 à 3 pendant dix respirations au moins.**

Parlez-en à un ami

Lorsqu'on est anxieux, on se sent seul, et la solitude accroît l'anxiété. Des études montrent que le soutien de l'environnement social aide les gens à faire face à quasiment n'importe quel type de douleur émotionnelle. Donc n'hésitez pas à vous adresser à vos amis et aux membres de votre famille. Trouvez une personne de confiance à qui vous confier. Vous pensez peut-être que personne ne veut écouter vos problèmes, mais il ne s'agit pas là de pleurnicher ou de se plaindre. Il s'agit de parler et de communiquer à un autre ce que vous ressentez.

Vous feriez sans aucun doute la même chose pour quelqu'un d'autre. Il y a probablement des gens qui veulent que vous les appeliez lorsque vous avez des problèmes. Si vous vous trouvez sans ami, appelez un prêtre, un pasteur ou un rabbi. Si vous n'avez pas de liens religieux, appelez un centre d'aide ou un numéro d'urgence.

Pratiquez une activité physique, des exercices cardio-vasculaires par exemple

L'anxiété submerge le corps d'adrénaline. L'adrénaline fait battre le cœur plus vite, contracte les muscles, et provoque diverses autres sensations corporelles pénibles. Rien d'autre ne brûle l'adrénaline plus rapidement que les exercices cardio-vasculaires. Reportez-vous au **chapitre 10** pour en savoir plus sur ce type d'exercices. Le jogging, une longue marche à un rythme rapide, la danse, le saut à la corde et le tennis en sont de bons exemples.

Apaisez votre corps

L'aspect le plus angoissant de l'anxiété, c'est qu'elle rend votre corps tendu, raide, et qu'elle vous donne des nausées. Parmi les méthodes rapides pour briser temporairement la tension, on peut :

- Prendre un bain chaud pendant un bon moment ;
- Prendre une longue, longue douche chaude ;
- Savourer un massage de 15 minutes, par exemple dans un fauteuil ou une natte avec chauffage électronique et massage vibrant.

Riez !

Le rire sollicite le diaphragme, les muscles respiratoires et détend l'ensemble de l'organisme. Lisez quelques histoires drôles (plusieurs éditeurs en publient des recueils) passez un film comique, écoutez un CD d'humoristes. Bref, accordez-vous quelques instants de vraie détente : vos soucis vous paraîtront plus légers et vous dormirez comme un ange...

Remettez en question vos habitudes de penser anxiogènes

Vos habitudes de penser influencent fortement ce que vous ressentez. Les personnes anxieuses pensent inévitablement d'une manière qui accroît leur anxiété. L'une des meilleures façons de gérer l'anxiété, c'est d'examiner les preuves qui sont à la base de vos pensées anxiogènes.

D'abord, écrivez ce qui vous cause du souci. Ensuite, posez-vous certaines questions au sujet de ces pensées, comme :

- Ce souci est-il vraiment aussi affreux que je le pense ?
- Est-ce que des preuves pourraient contredire mes pensées anxiogènes ?
- Dans un an, quelle importance cet événement aura-t-il pour moi ?
- Suis-je en train de prévoir une catastrophe sans réel fondement ?

Après avoir répondu à ces questions, essayez d'écrire une perspective plus réaliste. Reportez-vous au **chapitre** 5 pour voir comment écrire vos pensées anxiogènes, analysez-les pour trouver les distorsions par rapport à la réalité, et remplacez-les par des pensées plus réalistes et plus calmes.

Écoutez de la musique

La musique influence la manière dont vous vous sentez. Réfléchissez-y. Si vous entendez des ongles gratter un tableau noir, quel effet cela vous fait-il ? La plupart des gens disent que cela leur donne la chair de poule et que cela leur cause un sentiment d'anxiété. De même qu'un son ignoble met les nerfs en boule, les sons apaisants peuvent vous calmer.

La musique adoucit les mœurs. Choisissez une musique que vous trouvez relaxante. Mettez-vous à l'aise et fermez les yeux. Mettez le volume à un niveau agréable. Détendez-vous. Écoutez.

Trouvez des distractions

En général, éviter l'anxiété, ce n'est pas une bonne idée. Mais en attendant d'avoir trouvé de meilleures façons de la gérer, les distractions peuvent parfois s'avérer utiles. Mais souvenez-vous-en, elles ne constituent qu'une sorte de pansement temporaire, elles ne dureront pas. Pourtant, de temps en temps, elles pourront peut-être vous aider. Réfléchissez aux distractions suivantes :

- Un bon livre ;
- Un film ;
- La télé, aussi abrutissante qu'elle puisse être ;
- Des jeux vidéo.

Faites l'amour

Si vous avez un partenaire disponible et bien disposé, le sexe est une merveilleuse façon de se détendre. Et comme un bon exercice cardio-vasculaire, il brûle aussi de l'adrénaline. Une combinaison parfaite.

ATTENTION !

En revanche, certains anxieux se soucient de leurs performances sexuelles. Si c'est votre cas, n'essayez pas cette technique, du moins pas avant d'avoir surmonté l'anxiété concernant vos performances au lit. Et si vous n'avez pas de partenaire disponible et disposé à faire l'amour avec vous, nous ne vous en recommandons pas d'en louer un.

Vivez dans l'instant présent

Qu'est-ce qui vous rend soucieux ? Il y a de bonnes chances que ce soit quelque chose qui ne s'est même pas encore produit et qui ne se produira peut-être jamais. 90 % des événements redoutés par les anxieux ne se produisent en fait jamais. Et s'ils se produisent vraiment, leurs résultats sont rarement aussi catastrophiques que les prévisions.

En conséquence, nous vous suggérons de vous concentrer sur l'ici et maintenant. Qu'êtes-vous en train de faire ? Regardez autour de vous. Observez la sensation de l'air en train d'entrer et de sortir par vos narines. Sentez vos pieds et les muscles de vos jambes alors que vous êtes assis. Si vous ressentez encore de l'anxiété, étudiez-la. Observez les diverses sensations de votre corps et prenez conscience qu'elles ne vont pas vous détruire ; elles finissent par disparaître lorsque vous les observez. Si vous acceptez de vous sentir juste un peu anxieux, ce sentiment s'apaisera plus rapidement que si vous essayez de vous en débarrasser immédiatement. Reportez-vous au **chapitre** 16 pour trouver davantage d'idées sur l'acceptation attentive.

Chapitre 16

Dix manières de gérer une rechute

DANS CE CHAPITRE :

- » **Rendez-vous compte que l'anxiété réapparaît**
- » **Comprenez le processus du changement**
- » **Faites-vous une « piqûre de rappel »**

Si vous lisez ce chapitre, vous avez probablement fait des progrès en ce qui concerne votre anxiété. Peut-être avez-vous fait une rechute après votre dur labeur, ou peut-être vous faites-vous du souci à ce sujet. Ne vous en faites pas. Voici dix idées que nous vous suggérons de mettre en pratique lorsque l'anxiété surgit de nouveau.

Ne soyez pas surpris que l'anxiété réapparaisse de temps en temps

Peut-être avez-vous durement travaillé à surmonter votre anxiété. Et maintenant, votre travail a porté ses fruits. Vous l'avez vaincue. Félicitations ! Mais hélas, un jour vous vous réveillez en sentant l'anxiété qui vous regarde droit dans les yeux. Vous transformez cela en catastrophe et vous pensez alors que vous avez échoué.

Allons, soyez raisonnable. Vous n'arriverez jamais à réduire l'anxiété à néant. À moins que vous ne cessiez de vivre. Il est inévitable qu'elle resurgisse de temps en temps. Attendez-vous à l'anxiété. Attachez-vous à détecter ses signes avant-coureurs sans aggraver la situation. Si vous constatez que l'anxiété réapparaît, vous pouvez en amoindrir l'impact.

Comptez les « hirondelles »

Le proverbe « une hirondelle ne fait pas le printemps » reflète le fait qu'un seul signe n'indique pas nécessairement que quelque chose de plus grand est inévitable. L'anxiété a une marée basse et une marée haute. Ce n'est pas un épisode d'anxiété ou deux qui va vous ramener à la case départ. Vous avez trouvé comment gérer une partie de votre anxiété, et ce savoir-faire peut encore vous aider. Vous n'êtes pas obligé de repartir de zéro.

Vous devez avancer et réutilisier ce que vous avez pratiqué à l'époque. Dramatiser des rechutes mineures ne servirait qu'à augmenter votre anxiété et à immobiliser vos efforts. Reprenez-vous, réorganisez-vous et remettez-vous-y !

Analysez pourquoi l'anxiété est revenue

Les rechutes mineures procurent de bonnes occasions pour découvrir ce qui vous dérange. Trouvez quels événements ont précédé votre dernier accès d'anxiété :

- Avez-vous récemment rencontré des difficultés au travail, des dates butoirs à respecter, une promotion, des problèmes avec des collègues, etc. ?
- Avez-vous récemment rencontré des problèmes à la maison ?
- Y a-t-il eu récemment de grands changements dans votre vie, tels que mariage, divorce, naissance d'un enfant, revers financier, ou perte d'un proche ?

Dans ce cas, comprenez bien que l'augmentation de votre anxiété est une réponse naturelle aux événements, et qu'elle ne sera probablement que temporaire. Utilisez cette nouvelle information sur vos déclencheurs d'anxiété pour remettre en question vos pensées anxiogènes, comme nous le décrivons au **chapitre 4**.

Consultez un médecin

Si, après avoir passé en revue toutes les situations et tous les événements qui pourraient avoir entraîné votre rechute, vous ne parvenez pas à trouver l'origine de votre anxiété, prenez rendez-vous chez votre médecin généraliste. L'anxiété peut avoir plusieurs causes physiques :

- les effets secondaires d'un médicament délivré sur ordonnance ;
- les effets secondaires d'un médicament délivré sans ordonnance ;
- les effets secondaires d'un complément alimentaire ;
- trop de caféine ;
- des troubles physiques (voir le **chapitre** 2).

N'essayez pas d'établir vous-même votre diagnostic. Si vous rencontrez de l'anxiété sans aucune cause discernable, veuillez vous faire prescrire des examens médicaux complets.

Reprenez ce qui a déjà fonctionné

Si l'anxiété se glisse à nouveau dans votre vie, passez à nouveau en revue les techniques qui ont marché pour vous auparavant. Certaines de ces techniques devront peut-être devenir des habitudes à adopter pour le restant de votre vie. Gardez la relaxation (voir les **chapitres** 10 et 11) dans votre vie. Faites régulièrement de l'exercice (voir le **chapitre** 8). Prenez pour habitude d'écrire au moins quelques-unes de vos pensées anxiogènes et puis de les remettre en question (voir le **chapitre** 4). Examinez vos croyances de base de temps à autre, et débattez-en (voir le **chapitre** 5). Et est-ce que vous utilisez trop de mots inquiétants ?

L'anxiété n'est pas une maladie que l'on peut guérir en faisant une piqûre unique, en prenant une seule pilule ou par une simple opération chirurgicale. Avoir un peu d'anxiété, cela fait partie de la vie. Lorsqu'elle augmente au point d'atteindre un niveau pénible, il vous suffit de remettre en œuvre vos techniques éprouvées pour la gérer.

Essayez aussi une technique différente

Nous vous avons présenté une pléthore de techniques destinées à surmonter l'anxiété. Il est très probable que vous en ayez choisi quelques-unes qui sont compatibles avec votre style de vie. Étudiez maintenant quelques idées que vous n'avez pas encore essayées. Nous vous recommandons instamment de faire quelque chose de différent. Essayez une technique de la liste qui suit si vous ne l'avez pas déjà fait :

- remettez en question votre anxiété (voir les **chapitres** 4 et 5) ;
- affrontez directement votre peur (voir le **chapitre** 6) ;
- essayez les techniques de relaxation (voir le **chapitre** 10) ;
- faites de l'exercice (voir le chapitre 8).

Et si vous n'avez essayé qu'un tout petit peu l'une des techniques issues de cette liste, remettez-vous-y de façon plus intensive et voyez si cela marche mieux comme ça. Tout ce que vous n'avez pas encore essayé dans ce livre devrait être quelque chose à envisager.

Ayez recours à l'assistance proposée par les groupes d'entraide

Pas besoin de faire face tout seul aux rechutes. Parler à d'autres personnes vous aidera à gérer votre émoi. Vous trouverez dans le bottin sur minitel ou internet les adresses de groupes d'entraide dans quasiment tous les domaines : divers problèmes de santé, problèmes émotionnels, relationnels et, bien sûr, problèmes d'anxiété.

Vous pouvez utiliser un moteur de recherche Internet, comme Google (www.google.fr) et taper par exemple « forum discussion anxiété ». En cherchant, vous trouverez de nombreux contacts intéressants pour entrer en relation avec des groupes d'entraides ou obtenir de l'aide. Essayez-en quelques-uns et voyez si vous pouvez trouver un groupe qui semble vous convenir. Des millions de gens souffrent d'anxiété, et ils ont des conseils formidables et de l'aide à vous proposer. Vous n'avez pas besoin de souffrir tout seul.

ATTENTION !

De nombreux forums sur le Web hébergent des espaces de discussion (« chat rooms ») pour les personnes ayant des problèmes d'anxiété. N'hésitez pas à vous y rendre pour chercher de l'aide. Dans le même temps, soyez conscient que vous ne savez pas qui se trouve à l'autre bout. Il peut s'agir de quelqu'un n'ayant pas la moindre formation en matière de traitement de l'anxiété, ou, pire, de quelqu'un voulant profiter de personnes en détresse. Ne prenez donc pas à la lettre tout ce que vous allez y lire.

Envisagez de prendre des séances de « rappel »

Si vous avez consulté un professionnel et ensuite constaté une augmentation imprévue de votre anxiété, pensez à reprendre quelques séances. Votre thérapeute ne va pas penser que vous avez échoué. Une deuxième série de séances est habituellement utile, et elle ne dure pas aussi longtemps que la première. En outre, certains patients aiment consulter leur thérapeute de temps en temps, chaque semaine ou chaque mois à titre préventif. Répétons-le, l'anxiété n'est pas une maladie qui se guérit du jour au lendemain.

D'autre part, si vous n'avez jamais consulté de professionnel et si vous faites une rechute, vous devriez maintenant envisager d'en consulter un. Si vous avez réussi tout seul auparavant, vous allez probablement faire de rapides progrès avec un peu d'aide.

Franchissez les étapes du changement

Tout changement implique une série d'étapes à franchir. Ces étapes ne sont pas nécessairement franchies de manière linéaire dans l'ordre présenté. Comme nous l'avons exposé en détail au **chapitre 2**, elles incluent :

- **La phase antérieure à la prise de conscience** : on ne pense même pas au changement. Si vous lisez ce livre, vous n'en êtes pas à ce stade.
- **La prise de conscience** : à ce stade, on pense au changement mais on n'est pas encore prêt à faire quelque chose.
- **La préparation** : on dresse maintenant des plans pour s'attaquer à son problème.
- **L'action** : on s'attaque de front au problème.
- **La maintenance** : on fait des efforts soutenus pour régler le problème.
- **La cessation** : seuls de rares veinards atteignent ce niveau. Plus besoin alors de s'occuper du problème.

Or, une rechute peut se produire à n'importe laquelle de ces étapes. Par exemple, il se peut que vous rétrogradiez de la phase d'action à la phase de prise de conscience ou même à la phase antérieure à la prise de conscience. Souvenez-vous-en : c'est normal. Si vous reculez pendant une période, cela ne veut pas dire que vous ne pourrez pas rassembler les forces pour vous attaquer au problème à nouveau plus tard. La plupart de ceux qui ont réussi ont essayé plusieurs fois avant d'y arriver.

Acceptez l'anxiété

Avec ce conseil, nous avons fait le tour de la question. L'anxiété est parfois présente dans la vie, et elle reviendra. Accueillez-la à bras ouverts. Ça veut dire que vous êtes encore en vie ! Appréciez-en les aspects positifs. L'anxiété vous indique de porter votre attention sur ce qui se passe autour de vous. Suivez le mouvement.

Nous ne voulons pas dire ici que vous devez supporter des niveaux horribles d'anxiété. Mais un peu d'anxiété, c'est inévitable. Et l'anxiété, lorsqu'elle n'est pas accablante, peut vous aider à mobiliser vos ressources pour faire face à des situations difficiles.

Index

Achevé d'imprimer en France par EPAC Technologies

N° d'édition: 4550414303818

Dépôt légal: mars 2017